U0455347

 集人文社科之思　刊专业学术之声

集 刊 名：体育文化与产业研究

主办单位：中国科学院大学

协办单位：中华文化促进会体育文化与产业委员会

STUDIES OF SPORTING CULTURE AND INDUSTRY (No.5)

编辑委员会

主　任　杨国庆

编　　委（以下排名不分先后，按姓氏笔画排序）

王凯珍　孙　科　杨国庆　张　欣

范　峰　易剑东　季　浏　金　涛

周爱光　赵子建　钟秉枢　洪　浩

高向辉　鲍明晓　漆昌柱　戴　健

编辑部

主　任　孙　科

副主任　王永顺　朱天宇

主　编　孙　科

副主编　赵子建

第5辑

集刊序列号：PIJ-2020-413

中国集刊网：www.jikan.com.cn/ 体育文化与产业研究

集刊投约稿平台：www.iedol.cn

AMI（集刊）入库集刊
中国学术期刊网络出版总库（CNKI）收录
集刊全文数据库（www.jikan.com.cn）收录

體育文化與產業研究

STUDIES OF SPORTING CULTURE AND INDUSTRY (No. 5)

中国科学院大学　主办

孙科　主编

（第 5 辑）

社会科学文献出版社
SOCIAL SCIENCES ACADEMIC PRESS (CHINA)

目录

面向未来，积极推进新时代中国幼儿体育高质量发展

——2023 年首届全国幼儿体育科学论文报告会综述

王凯珍　韩晓伟　周志雄　殷　悦*

【摘　　要】为了搭建全国性幼儿体育学术交流平台，推进新时代幼儿体育高质量发展，首届全国幼儿体育科学论文报告会在多方支持下于 2023 年 9 月在安徽省合肥市巢湖学院举行。本文以会议概况和会议录用的论文综述为主要内容，对会议论文的投稿情况进行了统计分析，并选取有代表性的论文进行专题内容梳理。总体而言，本次会议作者投稿热情高，会议代表区域覆盖面广，高校和幼儿园论文作者各占 40% 以上；论文聚焦幼儿体育的价值、幼儿体质健康、动作发展，幼儿体育课程教学、师资培养等热点和前沿问题；论文整体水平高，幼儿体育研究领域有影响力的专家和后起之秀齐聚一堂；会议收集的丰富研究成果将为推进幼儿体育高质量发展提供有益参考。

【关 键 词】幼儿体育；体育强国；高质量发展

一　概况

推进新时代幼儿体育高质量发展对于加快建设体育强国具有重要价值。国务

---

* 王凯珍，首都体育学院二级教授，博士生导师，研究方向为社区体育、幼儿体育；韩晓伟，博士，助理研究员，研究方向为幼儿体育、身体运动功能训练；周志雄，博士，教授，研究方向为运动促进健康关键技术、科学运动和智能分析及体能训练；殷悦，博士，研究方向为幼儿体育、体育法。

院办公厅印发的《体育强国建设纲要》明确指出，要推进幼儿体育发展，完善政策和保障体系，推进幼儿体育项目和幼儿体育器材标准体系建设……①幼儿体育高质量发展已成为加快建设体育强国的重要内容。为了搭建全国性幼儿体育学术交流平台，提升幼儿体育理论研究水平，推进新时代幼儿体育高质量发展，由全国体育运动学校联合会和中国教育学会体育与卫生分会指导，全国体育运动学校联合会幼儿体育分会、中国体育科学学会学校体育分会和巢湖学院主办的首届全国幼儿体育科学论文报告会于 2023 年 9 月 16~17 日在安徽巢湖举行，来自全国 20 多个省份的幼儿体育领域的专家学者、研究生、幼儿园园长和该领域从业人员 300 多人参加了此次会议。本届报告会以"面向未来，积极推进新时代中国幼儿体育高质量发展"为主题。全国体育运动学校联合会理事长韦迪，国家体育总局网球运动管理中心党委书记、副主任白喜林，国家体育总局青少年体育司三级调研员陈石，安徽省体育局副局长菅青，巢湖学院党委委员、副院长丁俊苗，北京大学儿童青少年卫生研究所教授、所长马军，中国教育科学研究院体育美育教育研究所所长吴键，教育部全国高等学校体育教学指导委员会委员兼公共体育学科组副组长胡振浩，首都体育学院原副校长、全国体育运动学校联合会幼儿体育分会会长王凯珍，中国体育科学学会学校体育分会副秘书长李晓佳等领导出席了开幕式。开幕式由全国体育运动学校联合会幼儿体育分会副秘书长周志雄主持。在开幕式上，巢湖学院副院长丁俊苗致欢迎词，全国体育运动学校联合会理事长韦迪、教育部职业院校教育类教学指导委员会主任刘兰明、安徽省体育局副局长菅青分别致辞，对大会的召开表示祝贺，对来自全国 20 多个省份的会议代表表示欢迎。

大会邀请了体育、教育、卫生领域的知名专家进行主旨报告。马军教授作了题为《中国幼儿体质健康状况及存在问题分析》的主题报告，结合全国学生体质调研报告，对幼儿体质健康状况及存在的问题进行了详细的论述。白喜林博士阐释了《我国幼儿网球发展的价值意蕴、现状、国际经验与创新研究》，提出小网球运动的发展是儿童健康成长的新能量、家庭美好生活的新方式、体教融合的新纽带、国际交流的新链接。吴键研究员探讨了《把快乐还给孩子们——新时

---

① 《国务院办公厅关于印发体育强国建设纲要的通知》，中央人民政府网，2019 年 9 月 2 日，http://www.gov.cn/zhengce/content/2019-09/02/content_ 5426485.htm。

代幼儿体育高质量发展策略与路径》的时代议题，对儿童、青少年体育发展的过去、现在和未来作出了整体研判，提出幼儿体育是提升文化软实力的重要基石。王凯珍教授以《1980—2023 年我国幼儿体育科研论文发表状况的统计学分析》为题，阐述了 1980—2023 年我国幼儿体育的研究热点和前沿趋势，并对本次全国幼儿体育科学论文报告会投稿情况进行了总结和分析。四位主旨报告专家的学术影响力大，报告质量高，好评如潮。

二 会议论文统计分析

本次会议共收到来自全国 20 多个省份的投稿论文 442 篇，其中浙江省（87 篇）、北京市（81 篇）、广东省（48 篇）的投稿论文数量位居前 3。本届幼儿体育科学论文报告会是首次举办，大会组委会在一个多月的时间里就征得如此体量的论文，体现了国内学者对幼儿体育较高的关注度，展现出很高的研究热情。为了保证论文评审的科学性和公平性，大会组委会邀请国内 15 位幼儿体育领域的专家对投稿论文进行分组评审，经评审，大会最终录用论文 317 篇，录用率为 71.7%，其中专题主旨报告为 24 篇，专题报告为 138 篇，Mini 专题报告为 155 篇，这些论文一定程度上反映了当前幼儿体育研究的热点和趋势。本文重点梳理了此次大会录用的 317 篇学术成果，以期为国内学者了解当前幼儿体育领域的发展态势提供参考，助力我国幼儿体育实现高质量发展。本部分将从录用论文作者所在区域、所在机构和论文所属研究专题 3 个方面进行描述性统计分析。

（一）论文作者所在区域分析

本次科报会通过对录用论文作者所在区域进行分析，可以间接反映出我国不同地区的学者在幼儿体育研究方面的数量分布情况。根据统计结果，浙江省（63 篇，占比为 19.9%）、北京市（59 篇，占比为 18.6%）、广东省（35 篇，占比为 11.0%）的录用论文数量位居前 3，显示出比较强的幼儿体育研究实力。进一步依据作者所在区域进行统计发现（见图 1），东部地区的录用论文数量最多，占录用论文总数的 69.7%，中部地区占比为 13.6%，西部地区占比为 12.6%。这些数据表明，本届论文报告会录用的论文在区域分布上存在明显的非均衡性特征，这与我国经济区域发展的不平衡性有紧密关系，从一定程度上启发我们在推进幼儿体育研究的过程中应该关注这种区域间的不平衡性，积极通过宣传引导、帮助扶持等途径弥合这种差异，实现区域间幼儿体育研究的共同发展。

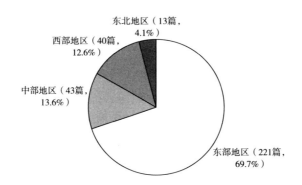

图 1 录用论文作者所在区域统计

（二）论文作者所在机构分析

经过对本次会议录用论文的梳理发现，这些论文源自 171 个机构的作者投稿，表 1 是本次会议录用论文数量达到 5 篇及以上的机构列表，共计 81 篇，占总数的 25.6%。

其中，北京体育大学和首都体育学院两所高校的论文被录用数量最多，均为 17 篇（两所学校共占比为 10.7%），见表 1。进一步依据机构类型进行统计发现（见图 2），高校（含科研所）共计 85 所，占机构总数的 49.7%，其被录用论文数量为 171 篇，占被录用论文总数的 53.9%；幼儿园共计 74 所，占机构总数的 43.3%，其被录用论文数量为 133 篇，占被录用论文总数的 42.0%；另外，还有 4 所中小学和 8 家企业。以上统计结果表明，高校和幼儿园是幼儿体育研究的主要阵地。高校云集众多专家、学者，拥有相对有利的研究条件，他们带领一大批学生开展幼儿体育研究，其研究成果也相应较多。幼儿园是幼教工作者学习、施教的场所，也是与幼儿直接接触的地方，幼儿园是实现幼儿体育理论与实践相互转化的最有利场所，是幼儿体育研究领域中不可忽视的重要力量。

表 1　录用论文数量达到 5 篇及以上的机构统计

单位：篇

序号	机构名称	论文数量
1	北京体育大学	17
2	首都体育学院	17
3	广州市荔湾区多宝路幼儿园	8
4	怀化学院	8
5	北京市昌平区工业幼儿园	7
6	巢湖学院	7
7	陕西师范大学	6
8	萧山区义桥镇御景蓝湾幼儿园	6
9	北京市海淀区太阳幼儿园	5

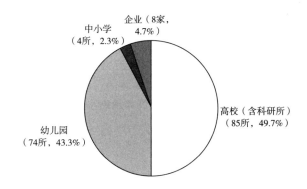

图 2　录用论文作者所在机构类型统计

（三）论文所属研究专题分析

本次会议遴选了当前我国幼儿体育领域中的重点研究方向，征文覆盖幼儿体育理论与发展，幼儿体育课程教学与师资培养研究，幼儿体质健康、动作发展与运动技能学习，幼儿体育管理及其产业发展和市场开发，幼儿体育创新案例 5 个专题，包括 49 个选题方向，为研究者提供了丰富的选题参考。对各专题的论文数量进行统计后发现（见图 3），关于幼儿体质健康、动作发展与运动技能学习专题的论文数量最多，共计 116 篇，占比为 36.6%；关于幼儿体育理论与发展专题的论文数量共计 75 篇，占比为 23.7%；关于幼儿体育课程教学与师资培养研究专题的论文数量共计 68 篇，占比为 21.5%，这三类专题是本次会议的主要研究专题。而关于幼儿体育管理及其产业发展和市场开发专题的论文仅征文 27 篇，为本次会议论文数量最少的专题类型，反映出研究者对于该领域的关注较少。可喜的是，本次会议还录用了 31 篇幼儿体育创新案例，虽然数量较少（下届可适当增加录用比例），但是这是一线幼儿体育教师对幼儿体育实践思考与研究的创新成果，对于幼儿体育活动的开展具有重要参考价值。下文将对这些专题收录的幼儿体育研究内容进行详细梳理论述。

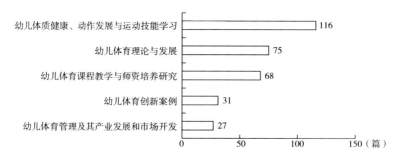

图 3 各专题论文数量统计

三 会议论文专题分析

（一）幼儿体育的价值理论研究

幼儿体育作为幼儿教育的重要组成部分，是一种富有价值的实践活动，本次会议录用论文中，部分学者对幼儿体育所蕴含的价值进行了深入探讨，为进一步丰富幼儿体育的价值理论提供了依据。胡文娟[①]基于体育强国建设的背景探讨了幼儿体育教育的价值，其主要体现在唤醒未来体育强国建设者的主体意识、培养未来体育强国建设者的体育精神、激发未来体育强国建设者的发展潜能，幼儿体

---

① 胡文娟：《体育强国背景下幼儿体育教育的价值及推进路径》，参见《首届全国幼儿体育科学论文报告会论文集》，2023，第 338 页。

育教育能够为体育强国建设奠定重要的基础。陈卓[①]分析了藏族民间舞蹈《木雅锅庄》具有促进幼儿身心发展、培养幼儿的交流能力、促进幼儿的大脑发育等价值。侯欣华[②]指出，开展基于"精神运动学"理念的幼儿园体育活动将全面激发、培养幼儿的体育运动兴趣，使幼儿养成良好的运动习惯，促进幼儿身心和谐发展。张邯、周鑫和张昌含[③]指出，运动对改善幼儿的情绪调节和社会适应能力具有重要的促进价值，在幼儿教育中要充分重视运动的重要性，引导、鼓励幼儿参与多种多样的运动，促进幼儿全面健康发展。柴宁[④]从身体发展和心理发展两个维度探讨了幼儿体育游戏对幼儿发展的价值，并指出体育游戏在身体发展层面能够提升幼儿的身体素质、增强幼儿的运动能力，在心理发展层面能够改善幼儿的认知能力、促进幼儿的情绪控制力和社会交往能力、培养幼儿的合作精神和团队意识。总的来说，无论是从国家层面还是个体层面来看，幼儿体育的开展都具有十分重要的价值，在新时代体育强国建设过程中应该重视并发挥幼儿体育的价值。

（二）幼儿体育发展历程研究

当前，幼儿体育作为体育强国建设的重要内容正在受到全社会的重视，然而幼儿体育的发展历程总是与国家不同时期的经济社会发展紧密相关，回顾总结幼儿体育的发展历程对于推动幼儿体育的高质量发展具有重要的借鉴意义。殷悦[⑤]在分析了新中国成立后幼儿体育的发展历程后指出，我国幼儿体育的发展经历了初创探索（1949～1965 年）、曲折发展（1966～1976 年）、调整与改革发展（1977～2012 年）、全面发展（2013～2023 年）四个时期，同时梳理总结了各个时期幼儿体育的发展特征及经验启示，对完善幼儿体育政策体系、搭建师资培养

---

① 陈卓：《运动促进幼儿身心体智全面发展——以木雅锅庄为例》，参见《首届全国幼儿体育科学论文报告会论文集》，2023，第 940 页。
② 侯欣华：《动学乐相融促幼儿身心和谐发展》，参见《首届全国幼儿体育科学论文报告会论文集》，2023，第 919 页。
③ 张邯、周鑫、张昌含：《运动对幼儿情绪调节和社会适应能力的影响研究》，参见《首届全国幼儿体育科学论文报告会论文集》，2023，第 901 页。
④ 柴宁：《浅析体育游戏对幼儿发展的综合影响：基于身体发展和心理发展维度的探讨》，参见《首届全国幼儿体育科学论文报告会论文集》，2023，第 951 页。
⑤ 殷悦：《新中国成立以来幼儿体育发展历程及特征研究（1949—2023）》，参见《首届全国幼儿体育科学论文报告会论文集》，2023，第 175 页。

体系等具有重要作用。黄章旭①从政策文本的视域指出，我国幼儿体育发展经历了借鉴与探索（1949～1957 年）、倒退与调整（1958～1965 年）、严重受挫（1966～1976 年）、恢复与重建（1977～1999 年）、完善与提高（2000～2012 年）、高质量发展（2012 年至今）六个阶段，整个演变过程与时代特征紧密吻合，政策文本呈现继承性与发展性的特征。虞淳智和张爱红②认为，新中国的幼儿体育发展经历了初创探索期（1949～1977 年）、全面发展期（1978～2000 年）和深化发展期（2001 年至今），并依据我国幼儿体育发展的历史规律和现实需求提出新时代我国幼儿体育发展的策略。上述学者站在历史的角度，从不同视角审视我国幼儿体育发展的脉络，虽然划分的时间段有所不同，但都是对不同历史时期我国幼儿体育发展的一种思索与探讨，能够为新时期我国幼儿体育高质量发展提供历史镜鉴。

此外，还有一些学者围绕新时代我国幼儿体育发展的现实困境与实践策略展开了探索。周雯和陈颖③在体教融合背景下指出，当前我国幼儿体育发展面临政策资源短板、师资队伍建设落后、教学理念评价机制滞后以及家庭社会环境欠佳等多方面困境，并根据这些困境提出相应的解决策略。雷欣④认为，体育强国建设背景下我国幼儿体育教育面临教学大纲不规范、师资队伍缺乏、体育环境欠佳等困境，并从推进本土化教学、创新人才培养机制和优化体育环境等方面提出了解决路径。杨叶红和满进前⑤认为，我国幼儿体育发展面临发展理念与社会需求背离、发展主体与社会力量脱节、人员需求与培养错位、区域发展失衡等困境。针对这些困境，他们提出了幼儿体育发展的四重逻辑，即社会需求是幼儿体育发展的现实逻辑，政策文本是幼儿体育发展的历史逻辑，制度保障是幼儿体育发展的理论逻辑，健康是幼儿体育发展的实践逻辑。这些学者从不同的角度剖析了当

① 黄章旭：《政策文本视域下新中国幼儿体育发展历程及内在特征》，参见《首届全国幼儿体育科学论文报告会论文集》，2023，第 170 页。
② 虞淳智、张爱红：《新中国幼儿体育历史演进过程及现代启示》，参见《首届全国幼儿体育科学论文报告会论文集》，2023，第 914 页。
③ 周雯、陈颖：《体教融合背景下我国幼儿体育发展的现实困境与实践策略》，参见《首届全国幼儿体育科学论文报告会论文集》，2023，第 924 页。
④ 雷欣：《体育强国建设背景下我国幼儿体育教育高质量发展研究》，参见《首届全国幼儿体育科学论文报告会论文集》，2023，第 1012 页。
⑤ 杨叶红、满进前：《我国幼儿体育发展的现实困境、发展逻辑和策略》，参见《首届全国幼儿体育科学论文报告会论文集》，2023，第 980 页。

前我国幼儿体育发展面临的困境并提出了相应的解决策略，对助推幼儿体育高质量发展提供了很好的研究素材。

（三）幼儿体质健康研究

幼儿的体质健康问题历来是国家重点关注的议题，随着人们生活水平的提高，近年来肥胖人群的年龄逐渐呈现低龄化趋势。例如，国家卫健委发布的《中国居民营养与慢性病状况报告（2020 年）》显示，2020 年，我国 6 岁以下儿童超重肥胖率达到 10.4%[1]。北京大学马军教授在《中国幼儿体质健康状况及存在问题分析》的主旨报告中指出，3~6 岁幼儿时期是形成良好体质的基础阶段，幼儿的体质状况对于未来国民体质具有重要的影响。根据第五次国民体质监测数据，幼儿的下肢力量、协调和柔韧素质有所下降。先天遗传、后天喂养方式、体育锻炼、营养等是影响幼儿体质的重要因素。王欢和李晨妍[2]基于 2000~2020 年连续 5 次国民体质监测的数据探讨我国幼儿超重和肥胖率变化的区域特征，研究认为，2000~2020 年我国幼儿超重和肥胖率持续攀升，乡村幼儿增速更快，城乡差异持续缩小，东北地区的幼儿超重和肥胖率始终保持在最高水平，东部地区其次，中西部地区相对较低。从平均增速来看，中部地区最快，西部地区、东北地区其次，东部地区最慢。此外，还有学者围绕幼儿身体素养、感觉统合、体成分以及体质健康干预方面的问题进行了研究分析。

在幼儿身体素养研究方面，刁玉翠、王丽和吕慧敏等[3]指出，身体素养对儿童、青少年的体育活动、心肺功能和心理健康有重要影响，我国 4~6 岁幼儿的身体素养随着年龄的增长逐步提升，幼儿身体素养的社会领域和身体领域存在性别差异，在实施幼儿身体素养干预时需重点关注幼儿身体素养的年龄和性别差异。

在幼儿感觉统合研究方面，李哲、吕宗南和杨光[4]通过大样本调查发现，幼

① 《第八次全国学生体质与健康调研结果发布，我国学生体质健康达标优良率逐渐上升》，央视网，2021 年 9 月 3 日，http://news.cctv.com/2021/09/03/ARTIs7nnOefaaN3lXT4I44gI210903.shtml。
② 王欢、李晨妍：《2000—2020 年中国幼儿超重和肥胖率变化的区域特征和干预策略》，参见《首届全国幼儿体育科学论文报告会论文集》，2023，第 108 页。
③ 刁玉翠、王丽、吕慧敏等：《中国幼儿身体素养发展调查》，参见《首届全国幼儿体育科学论文报告会论文集》，2023，第 506 页。
④ 李哲、吕宗南、杨光：《幼儿感觉统合失调现状及其影响因素研究》，参见《首届全国幼儿体育科学论文报告会论文集》，2023，第 93 页。

儿感觉统合失调的发生率较高，年龄、出生过程、喂养方式、饮食习惯、运动行为等是影响幼儿感觉统合失调的重要因素，需要家长、幼儿园和医疗机构加强对幼儿感觉统合失调的重视并采取针对性的防治措施。

在幼儿体成分研究方面，杨欣欣[1]在探讨了 3~6 岁幼儿体成分与骨密度之间的关系发现，幼儿体成分与骨密度指标之间存在较高的相关度，其中幼儿骨密度与骨骼肌、水分量呈负相关关系，与去脂体重、体脂百分比呈正相关关系。幼儿体成分和骨密度均存在性别差异，其中男童的骨骼肌、水分量、去脂体重均高于女童，而女童的体脂百分比比男童高，女童的骨密度水平也更好。屈莎、王宋扬和赵凤阳等[2]发现，参与较大强度身体活动将更有利于幼儿身体成分构成的优化。幼儿的食量是超重肥胖的主要预测因素，良好的睡眠质量是幼儿脂肪正常发育的重要保证，夜醒次数相对多的幼儿体重偏低。刘晓飞、高兴和严成群等[3]探讨了幼儿身体成分与基本动作技能的关系发现，瘦体重和下肢瘦体重与移动动作技能、物控动作技能、基本动作技能呈现弱到中等程度的相关关系。高雅楠、周志雄和李振[4]探讨了 4 个月母乳喂养对 3~6 岁儿童肥胖的影响，研究发现母乳喂养与中国中东部地区 3~6 岁儿童的消瘦程度无关，但证实了母乳喂养对超重或肥胖的发生有显著预防作用。

在幼儿体质健康干预研究方面，叶悦、宁科和上官纯子等[5]发现，12 周的结构化与自主性相结合的体育活动教学能够有效改善幼儿的身体素质指标。徐双田[6]通过为期 16 周的篮球操活动干预，发现其能够显著提升 5~6 岁幼儿的身体素质和心理素质，他建议在幼儿园阶段可以推广篮球操活动，但需要教师更新体

[1] 杨欣欣：《3~6 岁幼儿体成分、骨密度的发展现状及相关性研究》，参见《首届全国幼儿体育科学论文报告会论文集》，2023，第 451 页。
[2] 屈莎、王宋扬、赵凤阳等：《幼儿身体成分发育影响因素的纵向研究》，参见《首届全国幼儿体育科学论文报告会论文集》，2023，第 598 页。
[3] 刘晓飞、高兴、严成群等：《学龄前儿童身体成分与基本动作技能关系研究》，参见《首届全国幼儿体育科学论文报告会论文集》，2023，第 688 页。
[4] 高雅楠、周志雄、李振：《四个月母乳喂养对 3 至 6 岁儿童肥胖的影响》，参见《首届全国幼儿体育科学论文报告会论文集》，2023，第 643 页。
[5] 叶悦、宁科、上官纯子等：《体育活动教学对幼儿基本动作技能和身体素质的影响》，参见《首届全国幼儿体育科学论文报告会论文集》，2023，第 551 页。
[6] 徐双田：《篮球操活动对 5—6 岁幼儿身心健康影响的实验研究》，参见《首届全国幼儿体育科学论文报告会论文集》，2023，第 625 页。

育教学的幼儿观，提升篮球操的创编能力等。庄灼、陈磊和周梦如[1]设计了以"爬行"为特色的体适能课程，通过3个月的干预实施发现，其能够有效改善幼儿的身体素质。

（四）幼儿动作发展研究

幼儿时期是发展基础动作、培养动作能力的关键阶段，在此期间各种基本动作技能初步形成，为其后期动作技能的发展奠定基础[2]。幼儿动作发展是国际上幼儿体育研究的一个热点，本次会议也有部分学者围绕幼儿动作发展的理论、幼儿动作发展的关联性和幼儿动作发展干预等方面进行了探讨分析。

在幼儿动作发展的理论研究方面，庄弼、荆鹏飞和李孟宁[3]围绕幼儿平衡能力、灵敏与协调能力和力量与持久力（耐力）"三维动作"目标进行了探讨，并指出"三维动作"的进阶是人类脑神经不断发育和完善的结果，也是人类动作发展基始动作与基本动作的分界点，基始动作的特征是聚焦"一维动作"和"二维动作"，基本动作的特征是聚焦"三维动作"。3~6岁是发展幼儿"三维动作"的敏感阶段，其中幼儿发展平衡能力的最佳年龄为3~5岁，发展力量与持久力的最佳年龄为5~6岁，而3~6岁均是灵敏与协调能力发展的敏感期。

在幼儿动作发展的关联性研究方面，李致远、张有明和张鹏等[4]探讨了幼儿大肌肉动作发展与注意力稳定性的关系，认为幼儿的大肌肉动作发展和注意力稳定性存在正相关关系，幼儿注意力稳定性的发展会促进其大肌肉动作的发展，而幼儿大肌肉动作的发展也会促进其注意力稳定性的发展。高兴、刘晓飞和严成群等[5]探讨了幼儿基本动作技能与心肺适能的关系，认为幼儿基本动作技能、物控技能都与心肺适能之间存在中等程度的显著性正相关关系，幼儿基本动作技能可

---

① 庄灼、陈磊、周梦如：《爬行体适能对3—6岁幼儿身体素质的影响研究》，参见《首届全国幼儿体育科学论文报告会论文集》，2023，第444页。

② 韩晓伟、周志雄：《国际幼儿体育研究演进特征及启示》，《北京体育大学学报》2020年第5期，第50~65页。

③ 庄弼、荆鹏飞、李孟宁：《幼儿"三维动作"进阶理论与实践研究》，参见《首届全国幼儿体育科学论文报告会论文集》，2023，第120页。

④ 李致远、张有明、张鹏等：《幼儿大肌肉动作发展与注意力稳定性的关系研究》，参见《首届全国幼儿体育科学论文报告会论文集》，2023，第729页。

⑤ 高兴、刘晓飞、严成群等：《3~6岁幼儿基本动作技能与心肺适能的关联性研究》，参见《首届全国幼儿体育科学论文报告会论文集》，2023，第672页。

对心肺适能水平进行显著预测，在幼儿园教学活动中应重视基本动作技能和心肺适能的协同发展。赵星和王天放①基于纵向追踪探讨 4~5 岁幼儿粗大动作技能与身体素质的关系指出，幼儿在 4~5 岁阶段，除柔韧素质外，其他身体素质都与粗大动作技能保持低等至中等的相关性，但两者的发展速度不同步。同时幼儿的粗大动作技能初始水平能够预测 10 米折返跑、平衡木、双脚连续跳等素质的发展速度，在幼儿体育活动设计时可以参考它们之间的这种相关关系。

在幼儿动作发展干预研究方面，陈皆播、赵星和罗冬梅②探索了注意焦点在幼儿基本动作技能练习中的应用效果，指出与内部注意焦点和无特定的注意焦点相比，外部注意焦点在促进学龄前儿童的基本动作技能方面能产生更好的即刻动作表现，且该优势效应不受动作类别的影响。叶悦、宁科、上官纯子等③通过 12 周的结构化与自主性相结合的体育活动教学干预发现，结构化与自主性相结合的体育活动教学能够有效提高幼儿的基本动作技能水平。李司轶、刘琬旭和李小芬④探讨了多重体育舞蹈教学对幼儿粗大动作发展的影响认为，经过设计的多重体育舞蹈教学（包含 80% 非线性和 20% 常规教学）对促进幼儿的粗大动作技能的效果要优于常规体育舞蹈教学。李林怡等探讨了快乐体操对 5~6 岁幼儿基本动作技能的影响，认为融入快乐体操元素的体育课程能够提升幼儿的基本动作技能水平，其中对幼儿身体移动能力的优势更加突出。

（五）幼儿体育课程教学研究

幼儿体育课程教学是实施幼儿体育教育的基础，当前我国幼儿园的体育活动尚未建立统一的课程与教材标准，因此对幼儿体育课程教学进行研究对于推进新时代幼儿体育高质量发展具有重要价值。本次会议有部分学者围绕幼儿体育课程建设、幼儿体育教学模式、幼儿体育教学评价及幼儿体育专业建设等方面进行了探讨分析。

---

① 赵星、王天放：《基于纵向追踪的 4~5 岁学龄前儿童粗大动作技能与身体素质关联性研究》，参见《首届全国幼儿体育科学论文报告会论文集》，2023，第 679 页。
② 陈皆播、赵星、罗冬梅：《注意焦点对学龄前儿童基本动作技能练习效果的影响》，参见《首届全国幼儿体育科学论文报告会论文集》，2023，第 119 页。
③ 叶悦、宁科、上官纯子等：《体育活动教学对幼儿基本动作技能和身体素质的影响》，参见《首届全国幼儿体育科学论文报告会论文集》，2023，第 551 页。
④ 李司轶、刘琬旭、李小芬：《多重体育舞蹈教学对 4—5 岁儿童粗大动作发展影响的实证研究》，参见《首届全国幼儿体育科学论文报告会论文集》，2023，第 584 页。

在幼儿体育课程建设研究方面，白喜林在《我国幼儿网球发展的价值意蕴、现状、国际经验与创新研究》的主旨报告中指出，幼儿网球适合在 3~10 岁儿童中开展，其中 3~6 岁阶段称为幼儿 Mini 网球，是网球运动的启蒙期，幼儿网球在促进儿童体质健康、身心体智全面发展、运动兴趣培养、网球后备人才培养以及网球运动项目文化学习和传播等方面具有十分重要的价值，并在梳理国际经验的基础上提出了我国 Mini 网球发展的创新路径，为幼儿 Mini 网球课程的开展提供了重要的参考。张超、吕万刚和张汇敏[1]以情境教育和认知发展理论为指导，基于现有"适切性"体育特色课程资源匮乏和中华传统体育课程缺失等突出问题，以武术、舞龙舞狮、投壶射箭及短兵等民族传统体育项目为载体，融入中华优秀传统文化创编了适用 3~8 岁儿童的"宝宝功夫"体育特色课程。刘凤梅[2]基于基本动作技能发展，以幼儿身心发育规律为核心，依据游戏发展分期理论和认知发展理论设计了幼儿手球游戏课程。王天祎、彭庆文和陈怡静[3]审视了当前比较流行的幼儿园体育游戏课程、专项化课程、体适能（或体智能）3 种幼儿体育课程模式，认为这 3 种课程模式分别存在或忽略动作技能的学与练，学与练过于成人化和专向化等问题，并指出，以动作发展为幼儿体育课程模式设计的主线乃是后续研究的方向。

在幼儿体育教学模式研究方面，童甜甜、汪晓赞和张艳平等[4]认为，传统体育游戏是集传统体育文化与社会生态环境于一体的娱乐性体育活动，它是国内推进文化自信自强的重大任务以及破解幼儿体育实践困境的重要推手，发展传统体育游戏应充分挖掘传统体育游戏的文化价值和教育价值，打造幼儿传统体育游戏教学新模式。杜舒雅[5]以"蛛网结构"为灵感，建构了"玩家养成记""脑力运动营""民间达人秀""童兴月创节"四大游戏载体，构建了适合幼儿发展的运

---

① 张超、吕万刚、张汇敏：《"宝宝功夫"体育特色课程建设与实践》，参见《首届全国幼儿体育科学论文报告会论文集》，2023，第 80 页。

② 刘凤梅：《基于基本动作技能发展的幼儿手球游戏课程内容构建》，参见《首届全国幼儿体育科学论文报告会论文集》，2023，第 437 页。

③ 王天祎、彭庆文、陈怡静：《基于动作发展的现行幼儿体育三种课程模式检审》，参见《首届全国幼儿体育科学论文报告会论文集》，2023，第 376 页。

④ 童甜甜、汪晓赞、张艳平等：《我国幼儿传统体育游戏发展的时代诉求、运行逻辑与推进路径》，参见《首届全国幼儿体育科学论文报告会论文集》，2023，第 55 页。

⑤ 杜舒雅：《蛛网式运动：指向幼儿未来发展的游戏新样态建构研究》，参见《首届全国幼儿体育科学论文报告会论文集》，2023，第 349 页。

动玩学新模式，并取得了积极的成效。董玉环[1]基于"快乐运动、情境游戏、三格发展"理念，以游戏为载体，通过空间的"巧"利用、材料的"巧"投放、内容的"巧"生成，创新了幼儿园大班室内运动游戏模式，对幼儿园室内游戏教学具有很好的借鉴价值。

在幼儿体育教学评价研究方面，路珍珍、张莹和孙玉珠等[2]分析了学习故事评价方法在幼儿园体育活动中的应用（学习故事评价方法是用图文记录方式捕捉幼儿发展的重要时刻，注重在自然情境下对幼儿发展进行评价的叙事性评价方法），并指出，该方法在促进幼儿个性发展、推动教师专业发展、提升家园关系及丰富幼儿园课程开展方面具有重要价值。赵洪飞和谭杏芝[3]尝试探索了具有园本特色的三观视角下的"三个一"运动评价模式，即宏观视角的"一图卡"、中观视角的"一模式"、微观视角的"一流程"，该评价模式能够对幼儿的运动行为提供针对性的评价。赵旭琳[4]以"智慧手环"为载体，通过"3A"大数据运用模式，即对幼儿运动数据的"整理（arrange）、评价（appraise）、调整（adjust）"，建立幼儿游戏运动监测系统、幼儿运动数据评价档案、幼儿个性化运动游戏方案，实现运动评价的可视化，促进幼儿健康成长。

在幼儿体育专业建设方面，张春波和刘鹏[5]对济南幼儿师范高等专科学校体育教育专业（学前体育方向）专业建设进行了全面分析和论证，并指出：该专业发展态势良好，专业建设已初具雏形；体育教育专业的学生能够胜任学前教育课程的学习；学生在专业方向选择上动力不足，进入公办幼儿园的就业机会较少，需要政策上的支持。唐志娟和闫丽敏[6]认为，当前幼儿体育类专业人才培养主要围绕学前教育领域、体育教育领域展开，但面临幼儿体育类专业缺乏、专业

---

① 董玉环：《幼儿园大班室内运动游戏的探索与实践》，参见《首届全国幼儿体育科学论文报告会论文集》，2023，第 407 页。

② 路珍珍、张莹、孙玉珠等：《学习故事评价方法在幼儿园体育活动中的应用研究》，参见《首届全国幼儿体育科学论文报告会论文集》，2023，第 69 页。

③ 赵洪飞、谭杏芝：《"一·一·一"：三观视角下中班幼儿运动评价模式的研修实践》，参见《首届全国幼儿体育科学论文报告会论文集》，2023，第 416 页。

④ 赵旭琳：《智慧手环："3A"模式下幼儿运动评价的实践研究》，参见《首届全国幼儿体育科学论文报告会论文集》，2023，第 801 页。

⑤ 张春波、刘鹏：《体育教育专业（学前体育方向）专业建设实践研究——以济南幼儿师范高等专科学校为例》，参见《首届全国幼儿体育科学论文报告会论文集》，2023，第 426 页。

⑥ 唐志娟、闫丽敏：《新时代幼儿体育类专业人才培养的现实困境、实然审视及应然策略——以河南省为例》，参见《首届全国幼儿体育科学论文报告会论文集》，2023，第 432 页。

定位不清晰及课程体系不完善等困境，需要进一步采取措施优化幼儿体育专业的建设。

（六）幼儿体育师资培养研究

幼儿体育师资是实施幼儿体育教育的核心资源，没有高水平的师资就不能实现高质量的幼儿体育教育。党许诺和李艳茹[①]指出，当前我国幼儿体育师资建设面临的困境主要体现在幼儿体育师资数量不足、师资培养机制缺失以及现有幼儿教师专业基础薄弱3个方面。他们进一步提出，我国幼儿体育师资建设的对策主要包括培训在职幼儿教师的体育教学技能、完善学前体育教育专业人才培养体系、建立校—园合作共同体、规范和核验培训机构及相关人员资质。顾恩丽[②]指出，当前我国幼儿教师中体育教育人才缺口大、幼儿教师体育素养不足、专业化体育教学能力欠缺。并进一步提出，要在培养端建强相关专业，保障体育教学能力专业化幼儿教师的源头供给；用人端完善相关体系，提升在职幼儿教师体育专业素养；构建"政府—高校—幼儿园—社会"协同育人机制，共担幼儿教师体育教学能力培养重任。王悦同和姚蕾[③]构建了包括专业理念与师德、专业知识、幼儿体育专业技能、综合性专业技能等4个维度的幼儿教师体育教育能力结构框架，认为幼儿教师在开展体育教学活动中，专业理念与师德是思想基础，专业知识是认知基础，幼儿体育专业技能是核心驱动，综合性专业技能是成长辅助，教师应能充分掌握并合理运用这些能力，以实现幼儿体育与个人成长的双向发展。吕巧玲[④]针对幼儿教师在组织和设计运动游戏时存在的不足，提出运用"问题式""学习式""体验式""主题式"四式研修的教研策略提升教师运动游戏设计能力，从而激发幼儿参与运动的兴趣，培养幼儿快乐运动的健康核心素养。张

---

① 党许诺、李艳茹：《我国幼儿体育师资建设的现实困境与应对策略》，参见《首届全国幼儿体育科学论文报告会论文集》，2023，第294页。
② 顾恩丽：《新时代中国幼儿教师体育教学能力培养研究》，参见《首届全国幼儿体育科学论文报告会论文集》，2023，第29页。
③ 王悦同、姚蕾：《基于德尔菲法的幼儿教师体育教育能力结构构建》，参见《首届全国幼儿体育科学论文报告会论文集》，2023，第63页。
④ 吕巧玲：《四式研修：提升教师运动游戏设计能力的教研策略研究》，参见《首届全国幼儿体育科学论文报告会论文集》，2023，第437页。

娇和刘新民[①]指出，在数字时代要重视幼儿体育教师数字素养的培养，让数字化赋能幼儿体育教学过程。进一步提出，以问题为导向，国家统筹教师数字培养规划；以目标为导向，学校统筹教师数字素养提升过程；以实践为导向，教师统筹自身专业发展的幼儿体育教师数字化培养策略。总的来说，幼儿体育师资建设不足是制约幼儿体育实现高质量发展的重要因素，以上几位学者提出的解决策略为推进幼儿体育师资培养提供了可参考的方案。

（七）幼儿体育管理及其产业发展研究

当前，我国幼儿体育发展还面临很多问题，提升幼儿体育管理水平，促进幼儿体育产业良性发展是实现幼儿体育高质量发展的重要途径。丁喆晶、王晓云[②]分析了我国幼儿体育相关政策的历史演变，认为我国幼儿体育政策呈现政策制定部门单一，部门协同执行力不足；政策发布数量增多，行业标准有待完善；宏观政策占比较大，地方政策缺乏特色等特征。进一步提出多部门协同推进政策落实、丰富政策文本的多元维度和加强政策文本制定精准化等建议。李寅[③]基于政策网络理论视角对我国幼儿体育政策的政策网络要素进行了研究，认为幼儿体育政策网络各利益圈层的互动机制表现为中央政府纵向垂直——中央、地方高效协同模式，地方政府模糊不清——辨别指标推进缓慢，基层组织相互博弈——多元层级效率低下等特征。唐艳丽等指出，我国幼儿体育政策工具存在运用失衡、在幼儿体育作用领域发展程度不一等问题。进一步建议，优化政策工具结构，完善政策工具体系；遵循作用领域发展规律，推动各领域均衡部署；结合新发展阶段特点，完善幼儿体育配套政策。齐晨晖[④]认为，幼儿体育标准化是幼儿体育高质量发展的必由之路，其可以促进幼儿体育治理现代化、促进幼儿体育市场规范化、促进幼儿公共体育服务均等化发展。推进幼儿体育标准化建设，在政策层

① 张娇、刘新民：《数字时代幼儿体育教师数字素养的培养》，参见《首届全国幼儿体育科学论文报告会论文集》，2023，第 316 页。
② 丁喆晶、王晓云：《我国幼儿体育相关政策的历史演变与现状——基于 96 份政策文本的 NVivo 分析》，参见《首届全国幼儿体育科学论文报告会论文集》，2023，第 145 页。
③ 李寅：《推进我国幼儿体育政策的政策网络要素研究——基于政策网络理论视角》，参见《首届全国幼儿体育科学论文报告会论文集》，2023，第 147 页。
④ 齐晨晖：《幼儿体育标准化建设：时代价值、体系框架与推进路径》，参见《首届全国幼儿体育科学论文报告会论文集》，2023，第 136 页。

面，要谋划制度设计，引领幼儿体育标准化建设方向；在研究层面，要夯实幼儿体育标准化理论基础；在执行层面，要完善标准化体系，积极制定、修订幼儿体育标准，完善幼儿体育认证制度；在保障层面，要落实服务保障，加强幼儿体育行业管理与行业服务，促进幼儿体育标准化服务多元发展。

此外，在幼儿体育产业研究方面，温大治[1]认为，幼儿体育培训行业处于体育产业和教育行业两大交叉板块之中，虽然我国幼儿体育培训市场上的需求较大，但是行业尚未形成强有力的竞争性企业，未来应该多层次完善自上而下的实施架构，打造幼儿体育教育立体化支持系统，创设与国际接轨的幼儿体育专业化研究与实践环境，研发适合幼儿的本土化运动玩具和器材设备，促进幼儿体育产业健康发展。范美琪和张莹[2]通过分析我国幼儿体育服务产业的发展现状提出，应该建立幼儿体育服务产业协会，制定行业标准，规范市场发展；提高服务人员的能力和素质；促进校企合作，加强幼儿体育理论基础建设；设立幼儿公共体育服务基金，推动幼儿体育公益事业发展。

（八）幼儿体育创新案例研究

幼儿体育创新案例是本次会议的一个特设专题，该专题旨在收集一线幼儿体育教师对幼儿体育实践思考与研究的创新成果，以期为幼儿体育活动的创新设计提供参考。例如，杭州市富阳区新登镇第二幼儿园钱淑芬老师设计的《有趣的线运动》，将幼儿与一条线产生的各种运动称为"线运动"，教师及时捕捉幼儿在线运动中的创造性行为，并对"线运动"展开分析，利用各种各样的"线"设计出多样化的体育活动，让幼儿在体验快乐的同时提升他们的技能和促进其思维发展，深受孩子们的喜爱。96603部队幼儿园韩榕等老师设计的《灵敏的身体》借助音乐和道具，鼓励幼儿使用滚动、爬行等多种方式移动身体，让幼儿在愉快的情绪下，积极动脑、相互合作，并主动探索出多种动作，根据各自的实践能力达到不同层次的动作发展要求。

---

[1] 温大治：《幼儿体育市场开发及策略研究》，参见《首届全国幼儿体育科学论文报告会论文集》，2023，第141页。

[2] 范美琪、张莹：《我国幼儿体育服务产业发展的战略思考》，参见《首届全国幼儿体育科学论文报告会论文集》，2023，第1209页。

四 整体评价

2023 年全国幼儿体育科学论文报告会作为幼儿体育领域首次举办的全国性会议，其收录的论文聚焦当前我国幼儿体育研究的热点和前沿问题，对推进新时代幼儿体育高质量发展具有重要价值。总体而言，本届论文报告会具有以下特点。

（一）投稿热情高，作者区域覆盖面广，幼儿园和高校论文各占 40% 以上

幼儿体育作为一个新兴的小众研究领域，本次会议征稿仅 40 天，投稿 442 篇，参会代表约 300 人，覆盖 22 个省份。参会代表有幼儿园园长、教师，高校师生及企业人员，幼儿体育研究领域有影响力的专家和后起之秀齐聚一堂，共同探讨幼儿体育领域的研究话题。

（二）五大研究专题契合实践发展需求

本次会议收录论文的研究专题较为全面，无论是从历史角度把握幼儿体育的价值理论和发展历程，还是关于幼儿体质健康、动作发展，幼儿体育课程教学、师资培养等方面的研究都紧紧围绕幼儿体育发展的实践需求与热点问题和难点问题展开，研究成果为推进新时代幼儿体育高质量发展提供了可参考的方案。

（三）研究方法多样

本次会议收录论文的研究方法呈现多元化特征，融合定性研究和定量研究方法，文献计量、历史比较、实验干预、政策工具、案例分析等多种方法也被广泛应用，部分研究甚至使用可视化技术直观地呈现研究结果。多元化的研究方法使研究成果更加丰富，同时也为后续研究者从事相关研究提供了参考。

然而，需要强调的是，本次会议录用论文中也反映出基层一线幼儿园教师在科研层面存在的一些短板，例如研究设计、研究方法、论文撰写等方面存在不规范，需要进一步采取措施强化对一线幼儿园教师科研训练，促进其教学与科研双轨运行。

五 结束语

推进幼儿体育高质量发展已成为体育强国建设的重要内容。当前，我国幼儿体育发展还存在不平衡、不充分的困境。为了推进幼儿体育发展，首届全国幼儿体育科学论文报告会在多方支持下应运而生，为全国幼儿体育领域的研究者提供了展示成果的平台。本次会议聚焦幼儿体育发展的热点问题和难点问题进行了研讨，收集了丰富的研究成果，为推进幼儿体育高质量发展提供了可参考的方案。然而，需要强调的是，实现幼儿体育高质量发展并不是一蹴而就的事情，仍然需要各级政府部门的政策制定者、幼儿体育工作者、幼儿体育研究者深刻认识幼儿体育发展的重要性，树立推动幼儿体育发展的"主人翁"意识，不断深入探索幼儿体育实践发展过程中的问题，用科学严谨的方法研究解决问题，助力幼儿体育实现高质量发展。

Facing the Future, Actively Promoting the High-Quality Development of Preschool Children's Sports in China in the New Era:
Overview and Summary of Papers of the First National Preschool Children's Sports Scientific Paper Conference in 2023

Wang Kaizhen, Han Xiaowei, Zhou Zhixiong, Yin Yue

Abstract: In order to establish a nationwide academic communication platform for preschool children's sports and promote the high-quality development of preschool children's sports in the new era, the First National Preschool Physical Education Scientific Paper Conference was held in September 2023 at Chaohu University, Hefei City, Anhui Province, with support from multiple parties. Based on the general situation of the conference and the summary of accepted papers as the main content, this paper makes a statistical analysis of the submission of the conference papers, and selects representative papers to sort out the theme content. Generally speaking, the conference receives a high number of submissions from authors, and the area where the conference delegates belong is wide, and the authors of universities and kindergartens account for half of the country respectively. These papers focus on the hot and frontier issues in preschool children's sports, such as the value of preschool physical education, physical fitness and health, motor development, curriculum and teaching, and teacher training. The overall quality of the papers is high, with influential experts and rising stars in the field of preschool children's sports research gather together. The rich research results collected at the conference will provide valuable references for promoting the high-quality development of preschool children's sports.

Keywords: Preschool Children's Sports; Leading Sporting Nation; High Quality Development

从民俗游戏到竞技体育

——《人民日报》龙舟报道（1949~2022）的话语变迁

【摘　　要】随着社会的变迁，龙舟作为代表性的民俗体育项目并未像某些民俗运动一样逐渐式微、消亡，而是乘着时代的东风不断适应和转型。笔者运用费尔克劳夫三维话语模型对《人民日报》290篇龙舟相关报道进行梳理分析，梳理龙舟在主流媒体话语中的变迁脉络，并探究其背后的推动力量。研究发现，《人民日报》随着时代的发展不断革新龙舟报道内容，丰富文本内涵，呈现"民俗文化""经济建设""竞技体育""社会整合""国际交流"五种话语框架，在不同时期构建出代表中华传统文化和中国时代精神，拥有庞大的商业潜力、产业规模以及市场号召力，具备出色的竞技性与庞大的受众群体，成为中华民族同心协力的象征并得到国际社会的高度认同与喜爱的龙舟媒介镜像。同时，《人民日报》龙舟报道中五种框架之间的文本内容展现，也反映出意识形态、社会环境对报道框架的影响，为未来的探索提供了方向。

【关 键 词】龙舟报道；话语变迁；文本特征

一　引言

党的二十大报告指出，要推进文化自信自强，铸就社会主义文化新辉煌，特别是加大文物和文化遗产保护力度，增强中华文明传播力、影响力。2023年6

＊ 洪建平，北京体育大学新闻与传播学院副教授，研究方向为体育媒体与社会；潘岳，北京体育大学新闻与传播学院硕士研究生，研究方向为体育新闻传播。

月 2 日，习近平总书记在文化传承发展座谈会上强调，要坚定文化自信，秉持开放包容，坚持守正创新，建设中华民族现代文明。①

龙舟竞渡，起源于春秋战国时期的端午节民间习俗，是龙图腾文化的典型代表。② 人们将龙图腾装饰在舟头，以期风调雨顺、丰衣足食。③ 随着时代的发展，龙舟的"龙"逐渐褪去了神性，1984 年，国家体育运动委员会把龙舟竞渡正式列为比赛项目。龙舟作为最能代表中国文化的传统体育项目，在 2010 年广州亚运会上，首次成为正式比赛项目。2021 年东京奥运会期间，竞技龙舟作为展示项目亮相海之森水上竞技场，古老的龙舟正在以竞技体育的头衔走向世界。

从节日民俗游戏到竞技体育项目，龙舟随着时代的变迁不断转型。《人民日报》作为主流媒体，见证当代历史的同时，也记录着龙舟的发展，其关于龙舟的报道不仅可以帮助我们梳理出一条清晰的龙舟在主流媒体新闻话语中的变迁脉络，也反映了政府、社会与龙舟所代表的民俗体育项目之间的互动图景。

二　文献回顾

目前，学界关于龙舟的研究文献主要来自民俗学和体育学。近代民俗学者江绍原于 1926 年便发表了长文《端午竞渡本意考》。人类学家张建世走访江西省高安县、浙江省余杭、湖南省汨罗、贵州省施秉、云南省大理洱海区域和西双版纳傣族自治州等 10 个地区的龙舟竞渡之后，考证了龙舟竞渡的起源、日期、地理分布和构造，以及竞渡方式、群众基础及弊病和体育化等问题。④ 体育人类学者倪依克等关注了龙舟文化在历史演进中逐渐形成的文化、经济等多层次功能，也提及了龙舟项目的现代化需求，他认为，如果我们不把中华民族体育文化视为世界体育文化的组成部分，并自觉地从事世界体育文化的创造，那么中华民族体育文化就要失去其创造的活力与对话的权力。⑤ 另外，从新闻传播学角度对龙舟展开的研究还付之阙如。

费尔克劳夫（Fairclough）提出的三维话语模型从文本、话语实践与社会实

---

① 习近平：《在文化传承发展座谈会上的讲话》，人民出版社，2023，第 10~12 页。
② 任海：《中国古代体育》，商务印书馆，1996。
③ 倪依克、孙慧：《中国龙舟文化的社会品格》，《成都体育学院学报》1998 年第 3 期，第 17~21 页。
④ 张建世：《中国的龙舟与竞渡》，华夏出版社，1988。
⑤ 倪依克：《当代中华民族传统体育发展的思考——论中国龙舟运动的现代化》，《体育科学》2004 年第 4 期，第 73~76 页。

践三个层面出发，为新闻语篇的批评分析视角提供了相对完善的探索路径。其中，文本分析层面侧重词汇、语法以及语言特征的描述；话语实践层面则偏向阐释话语生成、传播与接受；社会实践层面则将话语置于意识形态与权力背景之下加以解释。① 运用费尔克劳夫的话语三维模型并理解其中各要素的互动，可以为挖掘隐藏于《人民日报》龙舟报道文字背后复杂的社会环境与意识形态互动提供恰当的分析手段。本文将立足《人民日报》龙舟报道的文本内容，在归纳整理出其报道框架的基础上，挖掘其内在的生产逻辑与价值取向。同时，结合不同时期的报道框架，尝试阐明不同社会环境下龙舟媒介话语构建的内在动力。

三 《人民日报》 龙舟报道的文本特征

笔者以"龙舟"为关键词，在"人民日报图文数据库"中对《人民日报》1949～2022 年的文章标题进行检索，共得到图文报道 1591 篇，经过详细阅读，选取"龙舟"相关文化、活动作为主要报道对象的文章，剔除特征不显著的样本（如仅提及"龙舟"或将龙舟作为修辞意象，如"龙舟水"）后，共得到有效报道文本 290 篇，将其作为主要研究样本。

（一）《人民日报》 龙舟报道时空分布

1. 报道时间分布

通过观察样本发现，《人民日报》关于龙舟的报道自 1950 年开始，数量总体呈逐渐上升的趋势（见图 1）。"文化大革命"期间，端午划龙舟活动暂停，直到 20 世纪 80 年代才逐渐恢复。1984 年国家体育运动委员会决定将龙舟竞渡正式列为体育比赛项目，并举办了"屈原杯"龙舟赛。此后，龙舟报道迎来数量上的逐年增长，并在邓小平南方谈话的 1992 年达到高峰。进入 21 世纪，2010 年龙舟进入亚运会正式比赛项目，标志着龙舟文化转型的新阶段，在龙舟体育化的大背景下，《人民日报》龙舟报道数量进一步攀升，在 2012 年达到顶峰，当年《人民日报》龙舟发文量达到 17 篇。2019 年，龙舟报道短暂遇冷，直到 2022 年下半年，《人民日报》龙舟报道才逐步回到正轨。

---

① Fairclough, N.. *Language and Power*, London and New York: Longman, 1989.

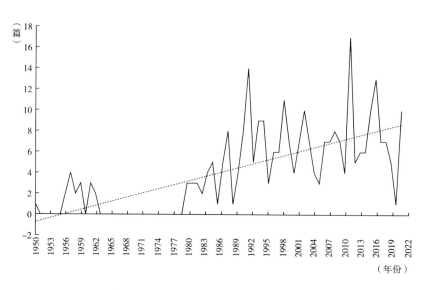

图 1　《人民日报》龙舟报道数量按年份的分布情况

2. 报道空间分布

从观察样本中统计发现，290 篇样本中有 271 篇明确交代了龙舟竞渡地点信息。如图 2 所示，湖南（34 篇）、广东（33 篇）、湖北（26 篇）三省为被报道数量最多的三个地区。由于与龙舟竞渡起源有关，湖南省岳阳市汨罗江是传说中屈原投江自尽的地方，湖北省宜昌市秭归县则是屈原故里，两地都将龙舟作为地方文化资源，积极举办龙舟赛事，以弘扬龙舟文化，因此两地成为《人民日报》的重要报道对象。广东省则以下辖竞技龙舟发达的佛山市顺德区而成为重要消息来源地。北京（25 篇）作为我国的政治、经济、文化中心，承接了许多与龙舟相关的大型赛事与经济交流活动，成为龙舟报道较为密集的北方特例。国际报道方面，东南亚地区如泰国、老挝、印度的龙舟习俗也受到关注，而加拿大、英国等国家则多从龙舟文化节的视角出发来报道。总体上看，《人民日报》龙舟报道在我国呈现南多北少、东多西少的特点，这与当地龙舟民俗传承、群众基础和经济水平有关，也受到龙舟竞渡依赖水道特性的影响。

（二）《人民日报》龙舟报道的关键词

笔者首先观察样本内容并建立基本参照语料库，其次运用数据处理软件"NVivo 11"在参照语料库的基础上制作高频词汇表（见图 3、表 1），最后通过

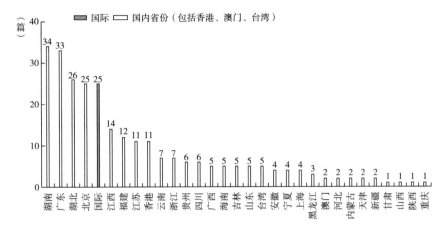

图2 《人民日报》龙舟报道数量的地域分布情况

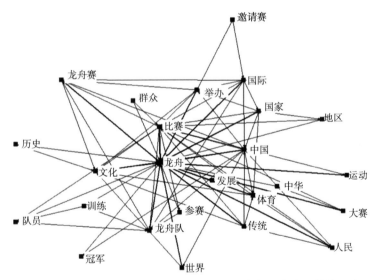

注：连接线表示高频词之间的相互关系。线越粗，表示两者关系越紧密；线越细，表示两者关联越小。

图3 语义网络分析结果

语义网络分析探索高频词之间的共同语境空间。按词频由多到少排列，频次位于前10并持续出现的有效高频词为龙舟、比赛、中国、文化、国际、传统、世界、大赛、人民和冠军。结合语义网络我们发现，《人民日报》龙舟报道以龙舟为核心要素，以龙舟历史传承与中华民俗文化为背景，衍生出国内、国外两条报道线索。

面向国内，注重国家、地方各级赛事规模发展、龙舟队伍建设、历史文化挖掘、群众体育普及以及赛事冠军归属；放眼世界，关注国际邀请赛举办情况、中外沟通渠道搭建等。结合龙舟的发展和《人民日报》的报道实践发现，以龙舟体育转型中的两个关键年份 1984 年、2010 年为节点，将《人民日报》龙舟报道分成三个阶段并扩展高频词汇表可以发现，1984 年以前有"人民""工人"等关键词，龙舟被嵌入"人民以喜悦心情度过劳动的节日""纪念爱国诗人屈原"等命题之中被解读；而在 1984~2009 年，出现了"国际""世界""赞助""旅游"等关键词，体现了龙舟文化走向世界和拥抱市场经济；2010 年龙舟进入亚运会体育项目后，作为"传统""文化""体验"的龙舟活动在"群众"中得到进一步"推广"。

表 1《人民日报》各个时期龙舟报道中的高频词

单位：次

序号	高频词（1950~2022 年）	频次	高频词（1984 年以前）	频次	高频词（1984~2009 年）	频次	高频词（2010~2022 年）	频次
1	龙舟	2006	龙舟	102	龙舟	922	龙舟	982
2	比赛	534	人民	98	比赛	280	比赛	204
3	中国	297	比赛	50	中国	193	文化	165
4	文化	281	工人	48	国际	154	中国	104
5	国际	181	竞渡	44	文化	116	大赛	76
6	传统	157	大会	41	世界	108	传统	61
7	世界	126	纪念	33	冠军	51	体验	49
8	大赛	120	传统	31	群众	51	大学	49
9	人民	104	屈原	30	赞助	49	推广	45
10	冠军	78	伟大	30	旅游	46	群众	41

四　《人民日报》龙舟报道的话语实践

为理解媒体如何通过文本构成的话语影响社会实践，我们需要研究其新闻报道中的文本是如何生成、传播以及被接受的。话语实践充当了连接文本与社会实践的桥梁。因此，笔者对《人民日报》的龙舟报道进行了解构，从其报道框架拆解出呈现的龙舟媒介镜像。

甘姆森认为，媒体话语作为一个大的议题文化的一部分，通常包含一个"诠释包裹"（interpretive package）。这个围绕核心"框架"，包括隐喻、描述、论据与视觉影像等一系列象征性符号的"诠释包裹"无声地存在于报道之中，影响我们所看到的新闻。① 笔者使用"NVivo 11"对样本内容进行逐句编码并仔细阅读，总结出五类《人民日报》常见的龙舟报道框架，包括民俗文化、经济建设、竞技体育、社会整合和国际交流。其中每种报道框架都包括框架装置与推理装置，框架装置通过隐喻、描述、短语以及论据展示报道形塑龙舟镜像的一系列象征符号，推理装置则列举话语主体、原因分析以及镜像建构来揭示隐藏在框架背后的目的（见表2）。通过框架的梳理，笔者发现《人民日报》龙舟报道通常采用一个或几个框架编排文本，这些框架之间也存在着互动关系——对话或竞争。

表2　《人民日报》龙舟报道中的"诠释包裹"框架

项目		民俗文化	经济建设	竞技体育	社会整合	国际交流
框架装置	隐喻	农民、节日、仪式	赛会、戏台、交易会	冠军、记录、奖杯	纽带、同舟共济、平台	东方、渠道、桥梁
	描述	龙舟是中华民族传承千年的传统文化，并仍在不断进取创新	龙舟作为社会主义市场经济建设中的要素发挥助推器作用	龙舟作为现代体育项目，发展迅速，并在群众中受到欢迎	龙舟可以将各民族、各地区人民感情融和，并与祖国命运紧紧联系起来	龙舟相关活动拥有大量海外粉丝，国际影响力日益提高
	短语	"端午节的龙舟竞渡，是中华民族悠久的传统风俗""推动赛龙舟这一非遗文化在青少年中的传承"	"以舟为媒，以文促贸""文体搭台，经贸唱戏""乐山市利用地方文化优势，举办龙舟会，吸引万名客商到这里参加盛况空前的经济交易会"	"中国广东东莞队和顺德队获得1984年香港国际龙舟邀请赛冠军""龙舟项目被正式确认为2010年广州亚运会比赛项目，这也是该项目第一次进入亚运会大家庭"	"经多年举办，海峡两岸赛龙舟活动已成为推动两岸交流、传承发扬中华优秀传统文化的重要平台""今天能同其他兄弟民族选手一起同场竞技，我们非常高兴"	"龙舟赛的举办标志着春节庆祝活动临近尾声，但同时也是今年中埃乃至中国与阿拉伯世界文化交流的新开端""龙舟赛已成为英国西北地区大型的华人文化活动品牌"
	论据	手艺人左文康制作龙舟的非遗技艺、"起龙"习俗教育青少年亲近非遗文化	岳阳龙舟节成交量巨大，吸引外商、华侨以及国内企业的关注	龙舟首次成为亚运会正式项目	关注少数民族地区运动开展情况、少数民族特色龙舟讲解、两岸龙舟赛事持续开展	世界各地举办龙舟节与龙舟赛事，国际友人积极参与体验龙舟文化

---

① Gamson, W. A., "The 1987 Distinguished Lecture: A Constructionist Approach to Mass Media and Public Opinion", *Symbolic Interaction*, 11(2)，1998, 161-174.

続表

项目		民俗文化	经济建设	竞技体育	社会整合	国际交流
推理装置	话语主体	节日、活动、劳动人民、龙舟赛	龙舟节、龙舟赛、贸促会、旅游节	龙舟队、龙舟协会、锦标赛、亚运会	少数民族、边远地区、海外华侨、两岸同胞	国际社会、海外华侨、国际组织、龙舟赛
	原因分析	龙舟的民俗文化基因和龙舟赛的团体竞技属性可以很好地传承、补充、发扬中华传统文化	龙舟的"商品经济"属性使其在"以文促贸"的发展策略中展现出巨大的潜力，发源地周边商业开发水平日渐提高	龙舟作为源远流长的体育项目，在民间拥有深厚的群众基础，而其现代化转型又再度扩大了此优势	龙舟作为符号象征将全世界的中华儿女团结在"龙的传人"旗帜下，作为纽带将各民族命运同国家命运联系在一起	不断转型的龙舟竞技项目凭借其出色的观赏性、竞技性、文化性完成了出色的跨域文化传播
	镜像建构	代表中华传统文化和中国时代精神	拥有庞大的商业潜力、产业规模以及市场号召力	具备出色的竞技性和庞大的受众群体	成为中华民族同心协力的象征	得到国际社会的高度认同与喜爱

（一）民俗文化

"民俗文化"框架将龙舟视为传统节日的习俗、对英雄先辈的缅怀以及作为文化遗产的传承。1957 年 6 月 3 日的《锣鼓喧天百里江面泛龙舟　汨罗江农民纪念诗人屈原》就报道了端午节当天"湖南省湘阴县汨罗江下游百余里长的江面上，龙舟如织，锣鼓喧天，近三万的男女老少农民，一清早就齐集江岸观看龙舟竞赛"，"汨罗江附近有屈原墓和当地人民为纪念他而建的屈子祠……端午节前夕，附近几十里内准备下水参加竞赛的龙舟桡手们都先到这里来朝庙"。20 世纪 60 年代初，广东、广西、福建等地的龙舟竞渡习俗都曾登上《人民日报》版面。1984 年 6 月 5 日的《喜看余江端午龙舟赛》报道："江西余江县人民兴高采烈地在白塔河上举行了赛龙舟活动。……县委书记告诉记者：'近几年，大伙日子越过越好，赛龙舟活动也恢复起来了。'"

2019 年 6 月 7 日的《岭南龙舟季　一水寄乡情》①中对"起龙"习俗的起

---

① 《岭南龙舟季　一水寄乡情》，《人民日报》2019 年 6 月 7 日，第 7 版。

源和模式进行了详细描述。2020 年 6 月 25 日的《与龙舟相守六十年》①讲述了龙舟雕刻手艺人左文康的故事。一般来说，手工制作一对龙头和龙尾，需要近一个月的时间。每制作一套龙头，左文康都会先走访村里的老人，了解文化习俗，综合大家的意见，将传统特色融入龙头制作。左文康大师在现代龙舟的制作中仍然保留了这一古老的传统技艺，仪式性的行为将村民的美好祈愿汇聚在小小的龙船上，其中便流淌着最纯正的民俗文化血脉。"这门手艺再传到我的两个儿子，已经是第四代了"，左文康对非物质文化遗产的直白介绍似乎更直接地体现了"民俗文化"框架的教育取向。

（二）经济建设

20 世纪 60 年代，作为"民俗文化"的龙舟就与经济元素产生了交集。1959 年 7 月 4 日的《贵州苗族欢度龙船节》报道，"黔东南苗族侗族自治州两万多苗族人民欢度公社化以后的第一个龙船节。……在龙船节这天，黔东南商业部门还举行了物资交流会，及时供应各种日用百货，收购农村产品"。改革开放后，"文化搭台，经济唱戏"的理念指导了中国 20 世纪八九十年代许多城市的文化建设与经济发展工作。②由此导致《人民日报》在 80 年代中期到 90 年代频繁出现"经济建设"框架的龙舟报道，即将龙舟视为经济增长的"动力""机遇"，在报道中落点直指外商、华侨，以提振投资信心为目的进行赛事和民俗风貌介绍。例如，《我国明年举办龙年大型旅游活动》刊登于《人民日报》1987 年 11 月 8 日第 1 版，第一次详细报道了以"龙文化"为中心的经济建设活动。文中将端午节特色龙舟竞渡作为对华侨、外商以及旅游者的卖点。1992 年 12 月 31 日的《岳阳将举办龙舟大赛》写道："近几年，龙舟之乡湖南岳阳成功地举办了多次全国性和国际性的龙舟赛，吸引了国内外各界人士，形成了体育比赛'搭台'，经贸、科技、文化'唱戏'的大型群众性文化活动。"1993 年 4 月 30 日刊登的《广告全部招标竞买》③写道："93'炎黄杯'世界华侨、华人龙舟赛九江赛区的广告将全部以招标竞买方式组织。这是该赛区组委会最近公布的一项重大

---

① 《与龙舟相守六十年》，《人民日报》2020 年 6 月 25 日，第 6 版。
② 叶皓：《经济搭台，文化唱戏——兼论文化与经济的关系》，《南京社会科学》2010 年第 9 期，第 1~5 页。
③ 《广告全部招标竞买》，《人民日报》1993 年 4 月 30 日，第 2 版。

举措。竞买范围包括奖杯、标志产品等十余项。消息传出，即引来多家海内外企业洽谈。"

随着社会日益发展，党的十七大将文化软实力在国家发展中的地位确立之后，《人民日报》龙舟报道中的"经济建设"框架出现了转向。以文化为手段、经济为目的的片面认知被颠覆，转化为"经济搭台，文化唱戏"。新时代的《人民日报》的经济建设报道巧妙地融入文化要素，实现与"民俗文化"框架的对话。例如，2019 年 5 月 14 日的报道《龙舟，划向美好生活》[①] 在介绍淮安以龙舟为核心的休闲体育产业发展的同时不忘点出其"'傍水而生，因水而兴'的优势。既有'四水穿城、四湖镶嵌'的城市格局，又因历史上作为'南船北马、九省通衢'的漕运转运中心而享有盛名"的人文积淀。

（三）竞技体育

1976 年香港国际龙舟赛开启了龙舟竞技化的进程，之后的"竞技体育"框架重点关注龙舟项目的竞技化转型。1984 年 6 月 13 日报道的《广东东莞队、顺德队获两项冠军》是该框架的典型案例。一方面，现代体育与古代体育区别的一个特点就是对竞技化的挑战和追求。报道中对两队"2 分 27 秒和 2 分 36 秒"成绩的描述体现了现代体育专业化、竞技化的特征。另一方面，聚焦专业化、规范化要求与完善的体育竞赛规则。如"近年来，龙舟比赛已成为一项国际性体育活动。龙舟比赛赛程为 640 米，赛道宽 15 米，龙舟长 11.58 米，宽 1.07 米，龙舟深度为 0.46 米，舟上载 20 名划船手、1 名舵手和 1 名作为指挥的鼓手"就介绍了专业化龙舟的赛事规格。另外，龙舟赛事规模的扩张、协会的成立等元素也是"竞技体育"框架的报道重点。1984 年 9 月 17 日的《全国首届"屈原杯"龙舟赛在佛山举行》报道，"9 月 16 日下午，广东省佛山市顺德县龙江水面上，锣鼓声、鞭炮声连成一片，沿江两岸近三十万观众兴致勃勃地观看全国首届'屈原杯'龙舟赛。……这次比赛是我国第一次举行的全国性龙舟比赛"。1985 年 4 月 24 日的《葛洲坝三江水面将举行盛大龙舟赛》报道，"国家体委已决定把龙舟列为正式比赛项目。中国龙舟协会也将于今年 6 月正式成立"。1995 年 1 月 11 日的《岳阳将办世界龙舟赛》报道，"第一届世界龙舟锦标赛，将于 1995

---

① 《龙舟，划向美好生活》，《人民日报》2019 年 5 月 14 日，第 15 版。

年 6 月 13 日至 18 日在中国著名的龙舟文化之乡湖南省岳阳市举办。……近十年来，龙舟运动在国际化发展方面有了重大的突破。1991 年，国际龙舟联合会在香港成立。1992 年，亚洲龙舟联合会在北京成立，美洲、欧洲龙舟联合会组织也相继成立"。2010 年 11 月 19 日的《龙舟首次"划进"亚运》报道，"18 日，中国女队队员在决赛中。当日，在广州增城龙舟场举行的龙舟项目女子 1000 米直道竞速决赛中，中国队以 4 分 03 秒的成绩夺得冠军"。

值得注意的是，《人民日报》也注意到如何看待竞技龙舟与传统龙舟的关系问题。2012 年 6 月 25 日刊登的评论《赛龙舟的魅力》就提到，"搞竞技龙舟势在必行，但赛事不能停留在表演赛阶段，今后还要在推动俱乐部建设和组织联赛方面下足功夫。龙舟项目要走向世界，专业化、规范化、竞技化一定是其中必不可少的内容。但这并不意味着竞技龙舟就可以替代传统龙舟，现实的发展路径恰恰是，只有传统龙舟发展得风生水起，竞技龙舟的推广才能水到渠成……在民族传统体育项目的发展问题上，不再强调传统与创新的非此即彼"。例如，2014 年 8 月 20 日《人民日报》上刊发的《"业余"龙舟人》[①] 讲述了北京后海一群"志趣相投"的"玩家"，他们"零基础，不相识，挡不住归心；拉队伍，练体能，燃起了激情"，积极参与龙舟训练，自发组织小型比赛的故事。

（四）社会整合

龙舟文化对中华民族的凝聚与维系作用被《人民日报》延伸为"社会整合"框架，该框架将龙舟活动视为龙的传人的标志，联系各民族的"纽带"，作为有着历史溯源的民俗传统为全国各地、两岸乃至海外华侨同胞提供交流互通的"平台"。龙舟本身的文化属性也给了新闻创作者与读者"同舟共济"的联想空间。同时，该框架在《人民日报》的选题层面也产生了影响，民族地区和农村地区的龙舟节事、比赛成为选题热点。1991 年 11 月 13 日的《龙舟竞渡同胞情》报道，"海峡两岸少数民族选手，新中国成立 42 年来首次相聚在壮乡首府南宁，这不能不说是一次难得的机会，用民族传统体育联结的聚会，用龙舟来互诉同胞亲情的聚会……海峡两岸的少数民族选手，终于首次在这里同湖竞技。有了首次，就会有第二次、第三次，以至无尽的未来"。

---

① 《"业余"龙舟人》，《人民日报》2014 年 8 月 20 日，第 20 版。

2000 年 10 月 2 日的《二〇〇〇年炎黄杯世界龙舟龙狮系列赛开幕》报道，该系列赛由国家体育总局、国家旅游局、中国侨联联合举办，旨在"进一步弘扬中华文化，促进海内外华夏儿女的相互了解，体现中华民族热爱和平、团结拼搏、自强不息的精神"。2006 年，厦门集美举办了首届海峡两岸龙舟赛，并于 2008 年升级为国家级赛事，成为推动两岸交流的重要平台。2022 年 6 月 4 日的《同舟共济 奋勇争先——海峡两岸千余名选手端午赛龙舟》报道，"2022 海峡两岸赛龙舟活动共吸引了两岸 41 支参赛队的千余名选手参加，其中大陆队伍 24 支、台胞队伍 17 支"。作为一名资深龙舟队员，台胞张金南经常和队员们交流划龙舟的经验和技巧，他表示："在台湾时，我参加过多次龙舟赛，现在到大陆工作，看到有机会，就带着妻子一起报名，这种过端午节的方式，让我更加感觉到两岸文化的同根同源。"《台湾龙舟运动员抵达南宁》①、《融江河上练龙舟》②、《千年水墨龙川村》③、《独木龙舟划起来》④ 等报道都体现了"社会整合"框架。

（五）国际交流

"国际交流"框架下的报道内容涵盖国内举办的国际性龙舟赛事、海外华侨组织的龙舟活动以及外国人参与龙舟活动的情况等。

在 1988 年 6 月 21 日《奋力划向世界》的报道中，时任中国龙舟协会主席路金栋介绍说："目前，赛龙舟已逐步成为世界性体育比赛，大约有 20 个国家和地区开展了这个项目，其中不仅有日本和东南亚各国，还有英国、法国、美国和意大利等欧美国家。日本和澳大利亚等国经常举办龙舟国际比赛，而一年一度的香港国际龙舟赛规模最大，水平最高，我国广东顺德队已是该项比赛的三连冠获得者。这么多国家和群众喜爱赛龙舟，是我们把它推向世界的有利条件。"20 世纪 90 年代，国内先后有中国长江三峡国际龙舟拉力赛、岳阳国际龙舟节、"炎黄杯"世界华侨华人龙舟系列赛、"庐山杯"国际龙舟邀请赛、"九龙杯"国际龙舟邀请赛、宏远国际龙舟邀请赛、中国国际龙舟争霸赛、澳门乙亥端午国际龙舟赛等赛事在湖北省宜昌市、湖南省岳阳市、江西省九江市、北京、澳

---

① 《台湾龙舟运动员抵达南宁》，《人民日报》1991 年 11 月 10 日，第 4 版。
② 《融江河上练龙舟》，《人民日报》2016 年 6 月 15 日，第 15 版。
③ 《千年水墨龙川村》，《人民日报》2014 年 1 月 6 日，第 2 版。
④ 《独木龙舟划起来》，《人民日报》2017 年 6 月 20 日，第 12 版。

门等地举行。

1994 年 9 月 24 日的《欧美龙舟热》报道，龙舟运动在 10 年前还仅限于中国和东南亚地区流行。但据国际龙舟联合会透露，英国有 100 支龙舟队，瑞典有 60 支，丹麦有 50 支，挪威有 50 支，德国有 25 支……在欧美诸国中，龙舟运动发展最快的首推德国，尽管德国起步较晚。据德国龙舟协会主席透露，5 年前德国仅汉堡市有龙舟队，如今已有 18 个城市拥有了龙舟队，参与者和爱好者达数十万人之多。关于华侨龙舟活动已经在国外形成规模与影响力的"品牌"报道，例如，2002 年 11 月 11 日的《中国，龙舟划进世界》报道，"第七届加拿大蒙特利尔国际龙舟节在蒙特利尔圣母岛水上奥林匹克竞赛场隆重开锣……本届国际龙舟节历时两天，21 日将决一雌雄。来自美国纽约、华盛顿、费城、芝加哥、波士顿等地和加拿大各地的 131 支龙舟队参赛。这是自 1996 年蒙特利尔华人社团首次举办龙舟赛以来规模最大的一次，也是华人社区以外各民族族裔参与最多的一次。……龙舟节已经成为蒙特利尔夏日最受欢迎和令人瞩目的一项国际性体育文化交流活动"。2015 年 6 月 17 日《曼城水港龙舟欢跃》[①] 的报道中提到"经过 4 年的打造，龙舟赛已成为英国西北地区大型的华人文化活动品牌"。此外，"国际交流"框架擅长利用地标词语展现龙舟文化已在全世界遍地开花。"尼罗河""恒河""悉尼情人港湾"等地标性词语编制起龙舟文化的影响力。正如 2018 年 2 月 26 日首届新春杯尼罗河龙舟大赛的报道《尼罗河上赛龙舟》中中国驻埃及大使宋爱国所说，"相信经过大家的共同努力，有一次龙舟大赛能像西方的圣诞节和情人节一样为当地民众所熟知"。

五　《人民日报》龙舟报道的社会实践

《人民日报》龙舟报道历经 65 年的历史，见证了龙舟竞渡的现代化转型。龙舟从地方传统民俗文化到现代竞技运动，《人民日报》也在不同时期通过框架策略组织文本形塑了其代表中华传统文化和中国时代精神，拥有强大的吸引力与庞大的受众群体，具备出色的商业潜力、产业规模以及市场号召力，成为中华民族同心协力的象征并得到国际社会的高度认同与喜爱的龙舟媒介镜像。前文通过

---

① 《曼城水港龙舟欢跃》，《人民日报》2015 年 6 月 17 日，第 21 版。

梳理文本、框架策略以及媒介话语，我们得以明确《人民日报》龙舟报道文本、话语实践与社会实践的辩证关系。《人民日报》的话语策略嵌入社会实践中，在被其所反映的社会现实所形塑的同时也在影响着社会实践本身。

《人民日报》龙舟报道的对象随着社会进步与龙舟现代化的推进不断扩大、丰富。1984 年以前，《人民日报》主要关注端午节及其相关活动，随着 20 世纪 80 年代龙舟赛事的恢复，其报道对象又扩大到各级龙舟赛事以及围绕赛事展开的地方经济发展成果。由于龙舟文化的民俗性，民族地区、偏远地区以及农村一直是龙舟报道的关注重点。进入 21 世纪以来，两岸、国际社会以龙舟为媒介的交流活动日渐增多。报道对象也逐渐涵盖相对微观的群众生活、校园体育以及广大龙舟体育人物。

社会语境不仅包括话语产生的局部语境，还包括话语所处的社会、政治、历史、文化等外部环境，这些要素在随时代变迁的过程中不断形塑着《人民日报》龙舟报道的话语。《人民日报》龙舟报道的话语策略随语境的更新不断调整以适应社会需要，某种程度上扮演了意识形态与社会思潮的"晴雨表"角色。具体而言，《人民日报》龙舟报道的框架范式互相激活、扩散、补充、对抗，在不同的语境中共同构成多层级的框架场域，反映出框架发生情景的复杂性、丰富性。[1]

龙舟竞渡原本是中国南方的端午节传统民间习俗，后来逐渐演变成全国性的节令活动。其文化起源可追溯至先民时期的图腾崇拜，在靠天吃饭的农业社会中，具有呼风唤雨能力的龙自然成为人们膜拜的对象。早期《人民日报》对龙舟的报道，将龙舟文化置于"民俗文化"框架内，依附于节庆民俗（端午节）这一文化母体，以重大节事活动习俗的形象出现。

直到改革开放前后，龙舟的文化属性才以中华传统文化或地方特色民俗的形式重新回归。[2] 20 世纪 80 年代是我国转型的关键时期，多种力量在此时期交汇碰撞。在"以舟为媒，以文促贸"的指导思想下，"经济建设"框架日益活跃，同时改革开放为"国际交流"框架的引入也提供了合法性。1994 年 7 月，国家体育运动委员会将龙舟列为正式体育比赛项目，标志着龙舟竞技体育化转型的开

---

[1] 王彦：《沉默的框架：框架理论六十年的时间脉络与空间想象》，《浙江大学学报》（人文社会科学版）2017 年第 6 期，第 197~215 页。

[2] 任海：《中国古代体育》，商务印书馆，1996。

始。随着社会主义市场经济对生产力发展需求的增加，"经济建设"框架的角色变得更加重要，在该时期的《人民日报》龙舟报道中，一些赛事报道甚至出现了企业名称（如宏远、健力宝）以及招商信息。抽离文化属性的"竞技体育"框架出现并与"经济建设"框架相辅相成，成为报道的主流。

20世纪90年代末香港、澳门先后回归。在全球化的冲击下，本土文化资源的价值被重新挖掘。"民族认同"成为龙舟文化这一中华民族延续几千年的共同意义空间所独有的优势。"社会整合"框架应运而生，其内涵也从同胞情与华侨的思乡情扩展至中华民族一家亲。海外华人华侨所创办的龙舟文化品牌逐渐形成规模。正如安东尼·史密斯所言，"拥有共同的公共文化并对这一公共文化传统认同是民族的关键特征"。

龙舟的竞技化进程既被《人民日报》的报道所呈现，也是反思的对象。龙舟在竞技化发展这个去仪式化的化繁为简的过程中，逐渐走出了两条道路。一是两条道路使龙舟习俗继续保持文化原生态，向作为非物质文化遗产的传统文化方向靠拢。二是从传统民俗的范畴里抽身出来，龙舟作为"入亚""入奥"的竞技体育项目的体育化面向逐渐浮现。当然，在"竞技体育"框架中也衍生出以娱乐、健身为目的的大众取向。随着龙舟"入奥"进程不断推进，龙舟作为皮划艇分项"入奥"的路径也逐渐清晰，这和中国文化影响世界的诉求是相通的，一种更具跨文化属性的特质积极与"国际交流"框架互动，结合成熟的"竞技体育"框架，或成为龙舟"入奥"的重要舆论支撑。

六　小结

龙舟竞渡经历现代化转型，从民俗项目走出国门奔向世界的过程在一定程度上反映了我国社会转型背后的意识形态动力。《人民日报》作为主流媒体，随着时代的发展不断革新报道内容，丰富文本内涵，针对不同主体制定恰当的话语框架编排内容，并在不同时期建构出多样化的龙舟媒介镜像。通过分析"民俗体育""经济建设""竞技体育""社会整合""国际交流"等框架文本内容，我们可以梳理出龙舟这一传统民俗体育项目在各个历史时期是如何顺应时代要求做出改变，并在保留文化基因的同时，将自身推向了更大的舞台。

随着经济社会转型的逐步深入和龙舟"入奥"进程的不断推进，可以预见，龙舟竞渡在未来将以更符合时代要求的媒介形象出现。如高丙中所谈及的端午节习俗传承的断裂问题，是否可以通过龙舟活动的举办和报道来重塑破碎、分散的端午节价值？[①] 在现代世界中，一个民族要显示文化自信，标榜自己所钟情的特定的体育运动项目是一个途径。这种特色运动项目应在本国具有历史传统，有普及性的群众基础，最好还具有较好的对抗性和观赏性，而赛龙舟就是一个较优的选择。城市之间、省份之间可以举办挑战赛，全国可以举办锦标赛。如果龙舟竞渡能成为举国振奋的节日焦点事件，那将是中国公共空间的一件盛事。我们期待在此过程中《人民日报》这样的主流媒体能发挥更大的建设性作用。

From Folk Games to Modern Sports: The Discourse Changes of *People's Daily* Report about the Dragon Boat:
The Discourse Changes of *People's Daily* Dragon Boat Report (1949−2022)

Hong Jianping, Pan Yue

Abstract: With the changes of society, dragon boat, as a representative folk sports event, has not gradually declined or disappeared like some folk sports, but has constantly adapted and transformed with the changes of the times. The transformation of its image also reflects the constantly transforming social environment in China. The author used the Fairclough three-dimensional discourse model to sort and analyze 290 Dragon Boat Reports in *People's Daily*, sort out the evolution of Dragon Boat mainstream media images, and explore the driving forces behind them. Research has found that the *People's Daily* continuously innovates its reporting content with the development of the times, enriches the textual meaning, and specifies five framework paradigms for different subjects: "folk culture", "economic construction", "competitive sports", "social integration", and "international exchange". Construct a dragon boat media image that represents traditional Chinese culture and the Time Spirit, possesses huge commercial

---

① 高丙中:《端午节的源流与意义》,《民间文化论坛》2004 年第 5 期, 第 23~28 页。

potential, industrial scale, and market appeal, possesses excellent competitiveness and a large audience, and has become a symbol of the unity of the Chinese nation, highly recognized and loved by the international community. Also, the interaction between the five frameworks of the *People's Daily* Dragon Boat Report also reflects the impact of ideology and social environment on the reporting paradigm, providing a direction for future exploration.

Keywords: Dragon Boat; Changes In Discourse; Text Features

• 文史沉思 •

"文艺与体育的因缘"：论新中国第一部
体育短篇小说选集《礼物》

张宝元 *

【摘　　要】1963 年，人民体育出版社出版了体育短篇小说选集《礼物》，这是新中国第一部体育短篇小说选集，在以往的"十七年"时期文学研究及体育文学研究中，在文学史研究视角内《礼物》这部体育小说选集常常被忽视，没有得到应有的评价和重视。本文即从《礼物》的生成背景与编选着手，分析这部体育小说集的内容特点，最后指出，《礼物》作为新中国第一部体育小说选集，在当代文学史及体育文学史中具有的"节点性"意义。《礼物》的编选体现出有意识地对体育文学概念进行自觉构建的尝试。

【关 键 词】《礼物》；体育文学；"十七年"时期文学

引　言

　　1963 年，人民体育出版社出版了新中国成立以来的第一部体育短篇小说选集——《礼物》。在《人民日报》的"新书架"栏目中也被介绍与推荐：体育题材的短篇小说选集《礼物》，最近由人民体育出版社出版。作家夏衍为它写了

---

　　*　张宝元，吉林辽源人，复旦大学中文系在读硕士，研究方向为中国现当代文学。

一篇序，他从文艺与体育的因缘谈起，说到新中国成立后我国体育事业的飞跃发展，运动员的精神面貌的巨大变化。① 选集所包含的十篇作品，是从各个报刊发表的体育小说中选辑出来的。新中国成立后，随着国家体育事业的繁荣发展，描写体育题材的小说、特写等也日益增多，这既与时代的风貌相吻合，也有"以苏为师"的借鉴。由此，新中国成立后体育文学便更加繁荣地发展起来。关于体育文学的定义，学界已有论述，例如，陈学新直截了当地提出："体育文学是以体育为题材的文学。"② 申相星认为，"体育文学是从体育的基本精神及立足于此的体育的现实情况出发所进行的文学性的虚构"。③ 孙永泰认为，体育文学就是把各种体育活动以文学作品的形式表现出来，从而体现体育运动的文化内涵与艺术魅力，最终融生命、健康、审美、艺术于一体的文学艺术表现形式。具体来说，"体育文学"就是以体育为题材的文学。而"体育文学"是作者把自己对体育运动的观察与亲身体会经过不断的探索和提炼并将之表达在文学作品中的一个过程。④ 以上定义大致可以为我们勾勒出体育文学的一些关键词，即从题材或内容角度书写体育活动，从主旨思想或精神意义上应该反映体育精神，实质上，体育文学有着文艺的一般审美需求，也如同体育运动一般，需要给予人精神力量，是一种美育与体育的结合，创作者如无体育生活的经验或观察，决然不能写出生动的体育文学，而阅读者如无体育生活，决然无从体会体育文学中的滋味与深意。如仅就题材而论，我国古典文学中也有众多涉及体育运动的描写，如"自教宫娥学打球，玉鞍初跨柳腰柔。""蹴鞠当场二月天，仙风吹下两婵娟。"等，但这些玩赏之貌，并无体育之精神，只是一种单纯的玩物描写。因此，体育文学不能与文学中的体育书写画等号，作为独立概念的体育文学无疑是一种近代化的且"具身性"的类型化文学，且以小说和散文（报告）为主要文体的文学，这在朱光潜的《谈体育》中已经有所论述，它要求一种身体和心灵体验的同一与协调（平等）。从这一角度来反观新中国成立以来的体育文学发展，便可以以一种新的思路来重新评估体育文学的文学史成就。

① 路灯：《礼物》，《人民日报》1963年7月11日。
② 陈学新：《体育文学探源》，《北京体育大学学报》2000年第1期。
③ 申相星：《论体育文学》，杨伟群译，《成都体育学院学报》1994年第1期。
④ 孙永泰：《从体育与文学的关系谈"体育文学"》，《体育文化导刊》2005年第11期。

一 《礼物》的生成背景与编选

我国有着悠久的选集编纂传统，选集的编纂与文学史经典的形成有着密不可分的关系，而在选集编纂（众多的选集便汇成了系列丛书）构建之中，新中国的人民文艺也逐渐诞生。例如，新中国成立初期的"中国人民文艺丛书"和"新文学选集"，无疑是助推文学经典化的重要组成部分，作为新中国第一部体育小说选集——《礼物》的编选，也同样意味着体育文学不断朝着经典化前进，不再是载之于报刊的即时性读物，而是有着自上而下的经典化构建意识。而这种经典化的构建过程，也展现出政治与体育及文学三者间微妙而复杂的关联。中华人民共和国的成立，标志着当代文学开始伴随新的传统和意识形态而源源不断地生产出来。

（一）出版背景：人民体育出版社的体育文学出版实践

作为文学出版的阵地，不同类别的出版社有其本领域的特点与风格，因此，不同领域的出版社在经典作品的生成中起到的作用也不同，而在新中国体育文学的发展与经典化的过程中，人民体育出版社无疑发挥了重要作用。人民体育出版社于 1954 年成立，作为国家级别的体育专业出版机构，其专门从事体育相关图书出版，除了体育训练的教材和相关体育常识读物等知识性图书外，也陆续出版译介了苏联的一些体育图书，而体育文学自然也包括其中。例如，1956 年出版的 H. 泽列兰斯基的体育小说《罗斯托夫草原上》（李鹤龄译）；1957 年出版的兹·别里亚的《战斗舰艇的故事》（喻学群、李沃根译）；1957 年出版的 Б. 拉也夫斯基的《一心向前》（李敬新译）；等等。"大跃进"后，人民体育出版社逐渐开始出版国内体育报告文学，1958 年，史占春出版了《我们征服了世界闻名的高峰——中国第一支登山队征服贡嘎山的日日夜夜》；1959 年，在中华人民共和国成立十周年之际，人民体育出版社出版了一系列具有科普与报告文学性质的各体育项目门类的报告集，这些报告集兼具文学性和真实性，同样也是对该项体育运动自新中国成立以来的发展做简明扼要的总结，如《不断跃进争上游——谈谈新中国的田径运动》（郁正汶、王元敬编写）、《推开海洋千层浪——

谈谈新中国的游泳运动》（王冠英、王绍裘编写）等①。上述图书都兼顾了时效性和阅读性，注重与现实的交互关系。1960 年 5 月 25 日，中国登山队第一次从北坡成功登上珠穆朗玛峰，同年，人民体育出版社就出版了郭超人所著的《红旗插上珠穆朗玛峰》，从中也能看到这种体育出版与现实体育成就的紧密联系。人民体育出版社于 1960 年出版了由刘卓甫等口述的《八路军"战斗队"（一二〇师"战斗"篮球队回忆录）》；同年还出版了《跳伞小姑娘》（中央人民广播电台对少年儿童广播稿选）作为儿童体育文学读物（而儿童文学在 50 年代末 60 年代初的当代文学教材中也占有相当的篇幅）。

在对《礼物》出版前人民体育出版社关于体育文艺读物的出版情况进行梳理后可以看出，《礼物》的出版不是偶然的，而是有其必然性的。《礼物》中的副文本，如鲜艳的彩色插图，与上述的出版实践一脉相承，而在"十七年"时期，能够在文学作品中大量插入彩色图片，与同时期人民文学出版社出版的当代文学经典小说相比，其插图无疑是独具特色的。

（二）微观背景：《礼物》编选成集的"文艺与体育的因缘"

《礼物》的编选成集既有必然性也有偶然性，正如夏衍为《礼物》作的序言"文艺与体育的因缘"。1963 年，不仅是《礼物》的出版年，也是北京体育学院成立 10 周年，人民体育出版社成立 9 周年的时间节点。自 20 世纪 60 年代开始，体育逐渐成为外交的重要组成部分。随着体育文艺从翻译与模仿，到大量作品在《新体育》《体育报》《人民文学》中的不断涌现，体育电影也得到了一定发展。这样的宏观大环境所营造的必然性，为《礼物》的出版（责任编辑：鲁光、周溪）创造了条件。

在"十七年"时期的文学中，作家对现实格外关注，对体育的热爱与关注在一

---

① 此外还有如：《在前进的道路上——谈谈新中国的排球运动》（王祖洪，钱家祥，程之编写）；《在绿茵场上——谈谈新中国的足球运动》（何礼荪，李思编写）；《向世界纪录进军的尖兵——谈谈新中国的举重运动》（张之编写）；《从胜利走向胜利——谈谈新中国的乒乓球运动》（梁焯辉，袁卓编写）；《民族体育之花——谈谈新中国的武术运动》（蔡京编写）；《千万人热爱的运动——谈谈新中国的篮球运动》（张长禄，于刚，程之编写）；《在银光闪烁的道路上——谈谈新中国的滑冰运动》（王冠英，刘敏庆编写）；《踏破冰山万年雪——谈谈新中国的登山运动》（胡琳编写）；《青春和力量的旋律——谈谈新中国的体操运动》（李世铭，韩毅编写）；《银箭红心攀高峰——谈谈新中国的射箭运动》（马庸编写）；《神枪手们的成长——谈谈新中国的射击运动》（叶树骝编写）。

定程度上形成了"体育文学作家群"。当代文学的编辑在文学发展中扮演了重要角色，郭小川创作的引起全国轰动的《小将们在挑战》，正是在编辑鲁光的帮助下访问了乒乓球队。鲁光后来写的《中国姑娘》《中国男子汉》，无疑是中国当代体育文学的经典之作，从体育文学的角度对"女排精神"的构建和传播产生了巨大影响。

《礼物》出版那一年，鲁光 26 岁。华东师范大学中文系毕业的他，毕业后在北京作为体育记者，与玛拉沁夫等北京一众热爱体育、关心体育事业发展的作家建立了深厚的友谊。作为一名热爱文艺却从事体育工作的青年人，这部《礼物》正是文艺与体育友谊的象征。1961 年，鲁光前往内蒙古草原那达慕大会采访，结识了民族作家玛拉沁夫。玛拉沁夫拥有丰富的民族知识和对体育的热爱与热情。鲁光在回忆中曾提到玛拉沁夫的投稿缘起。

> 我第一次见玛拉（沁夫）是 20 世纪 60 年代初。1961 年的初夏，我去草原采访那达慕盛会。进草原之前，我先去了呼和浩特。当时，玛拉沁夫是文学天空上刚刚升起的一颗明亮的星星。……这次走访，我收获颇丰，一是他给我讲述了许多草原知识和牧民风俗；二是结识了一位狂热的体育迷，找到了一位善写体育题材文学作品的作家。……果不其然，刚一回到北京，就收到了他的一篇很有特色的小说《花的草原》。小说主要描写了主人公杜古尔从一个"终身奴隶"到著名长跑家的过程，叙述了他回故乡途中的奇遇，描写了他对故乡的深情。之后，他又写出了《女篮 6 号》《在墨绿色的球台旁》等多篇体育小说。这些作品先后发表在我供职的《体育报》杂志上，同时也刊登在《人民文学》上，影响颇大。①

作为一名"狂热"的体育爱好者，玛拉沁夫从年轻时代就喜爱各种体育活动。对体育的执着，自然会使其在文艺创作过程中对体育类题材格外关注，玛拉沁夫也同样在其散文集中回忆道：

> 长跑短跑，我试过；滑冰、游泳，我练过；排球，从九人制打到六人制；至于篮球与乒乓球，我不但打过多年，而且在很长一段时间，我的业余

---

① 鲁光：《随缘笔记》，武汉出版社，1999，第 192~193 页。

时间全用在这两项球类运动的理论研究和战术探讨上，夸张一点地说，还真下过一番功夫。……如果您读一读我写的小说：《在墨绿色的球台旁》、《女篮6号》和《花的草原》，您就会了解我对乒乓球、篮球和长跑的技术与战术，不说是精通至少也不算是外行。[①]

20世纪60年代，爱好体育的作家众多，如周立波、郭小川、康濯、李冰等。而玛拉沁夫不仅自己热爱体育，而且是众多热爱体育的作家、诗人进入体育界的"红娘"。其中最著名的一位是夏衍，新中国成立后他在文化领域工作，多次关注体育活动和体育类电影的拍摄。改革开放后，夏衍还专门为《体育报》撰写体育评论。1960年，中捷友好协会会长、中国文化部副部长夏衍应邀参加了捷克第二届全国运动会。体育作为一种文化软实力，在外交场合往往扮演着重要角色，这也是夏衍所深知的。因此，鲁光请夏衍为《礼物》作序，可谓水到渠成。这篇由夏衍写就的序——"文艺与体育的因缘"十分贴切又简明扼要地指出了体育与文艺之间的紧密关系，并且给予《礼物》高度评价。鲁光邀请夏衍作序，在很大程度上是出于夏衍对体育的热爱，而这种热爱自其青年时期在国内和日本求学时就已展现。

同时，时任湖南省文联副主席的康濯（1962年11月任湖南省文联副主席）也对体育格外热爱。青年时期，他曾担任过学生会体育部的干事。据康濯的初、高中同学钟定樵回忆，康濯特别爱好体育运动，尤其对乒乓球和篮球特别感兴趣，"二年级时，每天午饭后，别人都在伏案休息或做作业，他总是和几个爱好打乒乓球的同学去操场练球；篮球场上，也经常看到他和一些篮球爱好者在驰骋"。[②]

可以说，正是作为责任编辑之一的鲁光与玛拉沁夫和热爱体育的作家之间密切的交往，才促使《礼物》这部小说以高质量、大阵容的形式呈现在读者面前。

二 《礼物》何以为题与内容特点

（一）为什么以《礼物》为题目

一部小说选集题目的确定，并非随机选取，而是有着一定的考量。题目的最

---

① 玛拉沁夫：《想念青春 玛拉沁夫散文选》，作家出版社，2003，第273页。
② 湖南省文学艺术界联合会编《康濯纪念集》，湖南少年儿童出版社，1991，第97页。

终确定，往往是选择其中最具有代表性的一篇小说的题目作为整部小说选集的题目。当阅读过这 10 部小说后，读者或许会产生疑问：为什么要以魏金枝的《礼物》作为新中国的第一部体育短篇小说选集的名称。综合考量，大概有以下三点原因。

一是受献礼思想的影响。作为新中国的第一部体育短篇小说选集，其结集无疑有一种成果性的意义，在《人民日报》的介绍中，十分融洽地将《礼物》这部小说集称为"是献给广大读者、特别是体育爱好者的一份礼物"。

二是从作者群体的年龄及身份角度考量，魏金枝作为作者群体中年龄最长者，其小说《礼物》作为小说集的题目并不会引起争议。如采用康濯的篇目为题，则未免有"为尊者讳"的嫌疑。玛拉沁夫的小说在小说选集中所占比例最多，再以玛拉沁夫的小说为题，亦有失偏颇。

三是综览小说集中的其他篇目，要么是专注某一项体育运动，作为整部小说的题目不合适；要么如玛拉沁夫的《花的草原》一样已经作为其个人小说集的题目所采用。"礼物"这个名称较为"中性"，题目中并没有涉及某单一专项体育运动。另外，小说集的名称应以代表性为主，如采用带有明显某项运动的篇目为题目，则不能代表所有篇目。

（二）《礼物》小说的内容特点

《礼物》作为体育小说集，其题材本身有着成长题材与青春题材的交织，亲情、爱情、友情在 10 篇小说中体现得淋漓尽致，矛盾挫折与赛场上的激情吸引着读者的阅读兴趣。而从整体来看，《礼物》文风清新亮丽，昂扬向上，在重视对体育描写的同时也注重人的思想的转变与成长。这 10 篇小说总共涉及了 8 项体育运动：长跑、乒乓球、篮球、接力跑、体操、射击、足球、排球。其中篮球和乒乓球出现了两次，同时，还关注了女性运动员，10 篇小说中有 5 篇是专门描写女性运动员或女学生的体育生活。另外，以上海为背景的小说有 4 篇，即《礼物》《亲姐妹》《老鹰》《球场风云》；以内蒙古为背景的小说有 3 篇，即《花的草原》《女篮 6 号》《射箭选手》；以北京为背景的小说有《春晖寸草》《在墨绿色的球台旁》《关键的时刻》。这一方面反映了与作家的生活经历相关联，另一方面也从侧面看到了北京、上海体育发展的迅速。系统的体育训练是需要专业的场地和器械作为支撑的，《礼物》除了介绍专业运动员在赛场中训练和比赛的故事之外，还描述了人民大众业余的体育生活。而《花的草原》和《球场风云》，读起来有一种革命回忆一般的历史厚重感。《礼物》中各小说篇目信息如表 1 所示。

表 1　《礼物》中各小说篇目信息

篇目	作者姓名	作者写作时间或初刊时间	初刊报刊	作者出生年份	创作年龄
《花的草原》	玛拉沁夫	1961 年 8 月 20 日	《体育报》	1930	31 岁
《礼物》	魏金枝	1962 年 4 月 1 日	《人民文学》	1900	62 岁
《女篮 6 号》	玛拉沁夫	1962 年 12 月 14 日	《人民文学》	1930	32 岁
《亲姐妹》	任大霖	1962 年初秋	不详	1929	33 岁
《春晖寸草》	费枝	1962 年第 9 期	《人民文学》	1921	41 岁
《射箭选手》	张长弓、郑士谦	1962 年 8 月 20 日	《人民日报》	1931（张长弓）	31 岁
《老鹰》	沙叶新	1959 年完成，1962 年修改	《萌芽》	1939	20～23 岁
《球场风云》	罗国贤	1962 年 7 月 26 日	《体育报》	与沙叶新相仿（同年毕业）	
《在墨绿色的球台旁》	玛拉沁夫	1963 年第 5 期	《人民文学》	1930	33 岁
《关键的时刻》	康濯	1963 年第 3 期	《新体育》	1920	43 岁

1. 内容的丰富性

《礼物》中的 10 篇小说，涵盖了体育生活的各个方面，如同一篇对新中国体育事业歌颂的长赋一般，10 篇小说铺排而出，环环相扣，围绕着体育运动与思想转变，引人入胜。

《礼物》中的第一篇小说为玛拉沁夫的《花的草原》，这篇小说在 1962 年收录于其同名小说集《花的草原》中。小说讲述了一位过去曾是王爷的"终身奴隶"的杜古尔，参加革命斗争后翻身得以解放，在党的培养下，由内而外得到转变，成长为著名的长跑运动员，并帮助青年选手齐米德在跑步运动中成长。茅盾评价这篇作品的优点是具有"浓郁的民族情调和绚烂的地方色彩，并且还有浪漫蒂克神韵"。① 这部作品或许与玛拉沁夫笔下其他波澜壮阔的草原风景相比有一定的不及之处，但是如果考察玛拉沁夫的生平，便可以看出其对这部小说所赋予的浓厚情

---

① 玛拉沁夫：《花的草原》，人民文学出版社，1962，前言第 10 页。

感。玛拉沁夫出生于一个贫苦牧民家庭，幼年时期勤奋刻苦，与哥哥相依为命。玛拉沁夫"全靠大哥给王爷当奴隶赚得一点钱来上学"。[①] 1945 年冬，15 岁的玛拉沁夫参加了八路军在内蒙古的骑兵部队。由此可以看出，《花的草原》的原型，其实有玛拉沁夫本人和哥哥的影子。

玛拉沁夫《花的草原》这种革命回忆录所带来的历史厚重感，在罗国贤的《球场风云》中也有所体现。《球场风云》讲述了新中国成立前上海工人足球队打败美国水兵队，同时挫败了敌人色厉内荏的阴谋，全篇展现了辛辣的讽刺。

玛拉沁夫在《礼物》中的第二篇小说为《女篮 6 号》，讲述了体育学院女篮球运动员对爱情的看法与认识，以及对未来个人职业与毕业志向进行了生动的描绘，可以说与宗璞的《红豆》有异曲同工之处，虽然情节完全不同，但是都探讨了青年人对爱情和未来的发展志向的问题。小说中的主角"篮球 6 号"杨巧莲与唐大川的爱情和最后的开放式结尾都增强了故事的艺术感。玛拉沁夫的第三篇小说为《在墨绿色的球台旁》，讲述了中国乒乓球队队员小江出国为国争光，并遇到一位漂泊海外的曾经是乒乓球运动员的爱国老华侨的故事，小说跌宕起伏，韵味悠长。

《礼物》《亲姐妹》《老鹰》这三篇小说都以上海为背景，而且都可以视作儿童文学。与本部小说集题目同名的魏金枝的这篇《礼物》讲述的是在上海体育馆乒乓球馆担任勤务的老人卜正阳，一天收到了一份意外的礼物。这份礼物由陈东平教练带过来的，据说是卜正阳北京的朋友送的，包括一个烟盒、两包香烟和一张装在相框里的相片。经过反复回忆，卜正阳终于回想起当年两个偷偷瞒着家里提前跑到场地躲起来，准备观看第二天乒乓球赛的逃票的小孩。当年他主动帮忙，让两个小孩作为"招待员"观看了球赛。多年后，这两个"小鬼"成为优秀的乒乓球运动员，他们仍然清晰记得这件事，记得卜正阳当年的宽恕与帮助。作为典型的儿童文学，这种倒叙手法能够吸引读者不断阅读下去。全文没有直接描写两位孩子的成长，但从逃票的"小鬼"到乒乓球健将，展现了一种成就的慰藉之意。任大霖的《亲姐妹》讲述了女中学生林丽莺在上海市少年田径运动会参加接力赛的故事，反映了同学们在运动过程中的友谊与团结；沙叶新的《老鹰》讲述了上海三好小学老鹰篮球队的小同学们向沪光钢铁厂跃进篮球队的老师傅们下挑战书赛球的故事，

---

① 周作秋：《玛拉沁夫研究专集》，内蒙古人民出版社，1984，第 3 页。

以小战大，饶有趣味。

如同《亲姐妹》和《女篮 6 号》一样，《礼物》中余下的三篇小说也都刻画了鲜明动人的女性运动员形象。康濯的《关键的时刻》讲述了女子排球比赛中刘志男和刘志敏两姐妹在红、白两队的排球比赛和训练过程中的冲突、矛盾与友谊的成长故事。题目《关键的时刻》来自小说结尾教练的话："同志们！我说一句！依我看，眼前这是咱们的风格、技术和友谊更进一步发展的，关键的时刻！咱们可别放松了这大好的时刻！"因为排球训练时的一时胜负，两姐妹的矛盾不断加深，最后在老教练的帮助下，她们克服了骄傲自满和闹情绪等问题，在友谊赛后，姐妹二人相互道歉并和好。费枝的《春晖寸草》讲述了作为记者的"我"去江南采访全国最年轻的体操运动健将曹银娥，"我"在这一过程中也与小曹结下了深厚的友谊，由此记述了小曹逐渐成长，最终获得冠军的故事。而张长弓、郑士谦的《射箭选手》则讲述了为了参加那达慕大会而勤奋努力训练射箭的女运动员的故事。[①]

与内容的丰富性相对应的是受众的普适性，《礼物》的"全年龄向"特点既包含了"雅正"的思想政治教育因素，又有许多篇目本身就是儿童文学。作为副文本的彩色插图与文中的体育运动描述相搭配，使这部体育小说集能吸引更多的读者。由于其丰富的体育项目内容和小说人物形象的丰富多彩，《礼物》可谓"老少皆宜"的读物，而这种普适性，其本质上是服务于弘扬体育运动的目标的。在这种体育文学的宣传中，人们通过阅读小说更加受到鼓舞，愿意参与到体育锻炼或体育运动及赛事中来，进而提升国家文化的凝聚力，可以说是"兴观群怨""群"的作用。

2. 设计的美观性

在《礼物》的封面设计中，封面被划分为四个方格，左下角和右上角分别为红、绿双色，仿佛球场一般，左上角的空白处以红、绿双色的乒乓球拍被简洁线条勾勒，右下角的空白处则是一束盛开的鲜花，绿色的枝叶被红色丝带捆扎，红色盛开的花朵与未绽放的花骨朵交错，象征着运动场上的年轻小将与经验丰富的运动员。另外，《礼物》还特意选取了很多彩色的插图，这些色彩鲜艳的插图与小说内容相对应，更加吸引读者，尤其是儿童及青少年。

---

① 参见玛拉沁夫等《礼物》，人民体育出版社，1963。

《礼物》的发行量也是值得关注的一点，作为发行量达到 62000 册的一部小说选集，在 20 世纪五六十年代，人民体育出版社这种非专业出版文学类书籍的出版社能完成这么大的发行量，不仅在本社书籍中独树一帜，即使与人民文学出版社或作家出版社的部分作品相比，也具有一定的可比性。

3. 作品的成熟性

一方面，《礼物》中的作品都发表在《体育报》《人民日报》《人民文学》等报刊中，这些报刊的等级与审核流程确保了所录用作品在政治上无错误，在艺术上有价值，在思想上有一定高度。这些已发表的作品主题明确，主旨鲜明，由已发表过的稿件组成，而非向作者约稿（实际上，其中不少作品本身是《礼物》的责任编辑鲁光之前向作者约的稿）。在出版方面，这可以缩短出版审校时间，加快出版速度，无须再进行稿件的审核、讨论和修改。另一方面，《礼物》所选编的小说，尽管不能展现体育发展的全貌，但选自权威报刊所刊载的体育小说，一定程度上减少了争议的可能性。值得注意的是，《礼物》中的这些作品都是 20 世纪 60 年代初期发表的（见表 1），即便是 50 年代发表的小说，也在《礼物》结集前，由作者亲自进行了修改和完善，而非简单地付排。就题目而言，玛拉沁夫原载于 1961 年《体育报》的《在花的草原上》，在《礼物》中被修改为《花的草原》，而《在墨绿色球台旁》也微调为《在墨绿色的球台旁》；沙叶新原载于《萌芽》的《"老鹰"篮球队》，在小说集中被修改为《老鹰》且在小说结尾处备注"1962 年冬改于上海戏剧学院"；等等。这些被选编的小说还具有即时性，即它们不仅成功地通过了各报刊的编审，而且每篇小说的发表或修改的时间与《礼物》的汇合成集的时间相差无几，这也就意味着这些体育小说能够紧跟时代的步伐。饶有趣味的是，《礼物》中的两篇短篇小说还具有一定的模仿性，或者可以看作与新中国体育电影的互文，如 1957 年毛羽执导的电影《球场风波》到罗国贤的《球场风云》；以及从 1957 年谢晋执导的电影《女篮 5 号》到玛拉沁夫的小说《女篮 6 号》，如同即时性体育赛事报道，这种小说选编的"趁热打铁"无疑体现了作者在策划新中国第一部体育短篇小说选集过程中的深思熟虑，并非偶然的心血来潮，而是有计划、有组织地展开选编的。由此可见，《礼物》中各篇目的选编，不仅体现了作品本身的成熟性，更反映了编辑在作品出版过程中的考量。

三 《礼物》体育小说选集的文学史意义

（一）新中国正式出版的第一部体育小说选集

体育题材文学的创作与发表在民国时期已经数量众多，不乏佳作，但是往往散见于各类报刊。虽然小说中不乏精彩的体育情节，但是，整体以体育或竞技运动为核心题材的小说数量不多。武侠、武术（国技、国术）小说的体育元素较为丰富（如老舍的《断魂枪》），山水游记中也有提及（如爬山、越野、游泳、攀岩），体育或与言情相配（如漱六山房的《球王怪史》①），或滑稽搞笑（如1914年徐卓呆的《体育大师》②），或与报章评论文相合。但较为集中的，还是那些有着留学经历较早接触近代体育的作家们，或者近代新式教育学校所办刊物中的作品。体育作为教育的重要一环，学校刊物反映学生学习生活，体育便往往被书写入散文小说发表于其中，如光华大学附属中学发行的《光华附中半月刊》、重庆大学体育科的《重光体育季刊》等，这些中学和大学的内部刊物数量众多。但是，在以市民文学需求为报刊导向的市场化运营中，更多出现的是以体育运动为外衣，偏离体育本身，更有甚者将体育作为赏玩的"游戏"之作，轻蔑地称呼女性运动员为"美人鱼"（如外史氏的《美人鱼的情俘》③），既无体育运动的内容，也毫无体育精神可言。在这样的背景下，真正具有现代体育精神，内容主要反映体育生活或竞技体育项目的"体育文学"或体育小说可谓寥寥无几，更无从谈起由体育专业出版社正式出版的体育小说集。

新中国成立后，随着"以苏为师"，人民的体育事业迈向正轨，体育运动、体育思想传播发展较为迅速。在体育文学方面，正是因为有了新的体育思想，对体育有了新的认知，这种思想上的进步为体育文学的创作奠定了重要的基础。在苏联体育文学的翻译和我国优秀作家对人民体育事业的热爱中，体育文学焕发了新的生机和活力。大量的报告、散文、诗歌、小说在20世纪50年代中期到50年代末60年代初蓬勃发展，这为体育小说的结集奠定了基础。《礼物》作为新

---

① 漱六山房：《球王怪史》，《海光（上海1929）》，1930第2卷第3期。
② 徐卓呆：《体育大师》，《体育杂志（上海1914）》，1914第1期。
③ 外史氏：《美人鱼的情俘》，《上海滩（上海1946）》，1946第1期。

中国第一部体育短篇小说集，其有着明确的定位。封面标题"礼物"下有着"体育短篇小说选集"的标注，扉页在"礼物"的左侧也有着"体育短篇小说选集"的旁注，在内容提要部分也在开头第一句就提到"这是我国第一个（部）体育短篇小说选集"。夏衍在所作序言中将《礼物》这部小说与谢晋的《女篮 5 号》相媲美，"我是一名体育运动爱好者，因此我就特别高兴能看到'女篮 5 号'这样的电影，《礼物》这样的小说。我希望我国的体育事业百尺竿头，日新月异，我推荐这本小说，是为了希望文艺工作者写出更多更好的以体育为题材的作品"。这标志着我国体育文学已经有了相当的基础。在《礼物》之后，人民体育出版社陆续出版了体育散文选集、体育诗歌选集、体育报告选集等，如 1965 年出版的体育散文选集《青春万岁》（邹荻帆、秦牧等），诗歌集《化雨春风功在党》，1975 年出版的报告文学集《迎风展翅》，等等。体育文学选集的出版意味着对体育文学开始尝试向经典化建构，当然这一时期的体育文学较少进入语文教材之中，也意味着体育文学的发展有一定的局限和不足。但作为新中国正式出版的第一部体育小说选集，《礼物》无疑具有重要的节点性意义。

（二）小说中体育新人形象的丰富展现与巡礼

文学是人学，它既是反映社会生活的一面镜子，也是生活的教科书。正如艾布拉姆斯提出的文学四要素中，作家、作品、读者与世界彼此交互，产生深刻影响。《礼物》的集中贡献是展现了众多运动员形象，正如新中国成立后当代小说中塑造的崭新的工人、农民形象一样，在国家各行各业、各条战线中。《礼物》这部体育小说也生动鲜明地描绘了我国体育运动员的精神面貌和体育爱好者的诸多形象。

正如《礼物》的内容提要中所提到的：

> 康濯、魏金枝、玛拉沁夫、任大霖、费枝、张长弓、郑士谦等同志，从各个不同角度，塑造了一群我们时代的运动员形象：驰誉世界乒乓球坛的小将，奴隶出身的老长跑家，理想崇高的女子篮、排球运动员，活泼可爱的少年短跑选手，年轻的全国女子体操冠军，草原上的射箭姑娘。此外，还有反映一对父子业余体育生活的《老鹰》，以解放前夕上海工人和美国水兵足球

赛为题材的《球场风云》。①

如果说体育报告文学和"报章体"还有着较为相似的地方，那么与这种"非虚构"相比，具有虚构性的体育小说，可以认为是有意识地写"体育文学"的一种开始。20世纪五六十年代从苏联文艺理论，尤其是季莫菲耶夫、毕达可夫的文艺理论观中吸收的"典型"的概念，无疑与体育小说作为类型文学的形式特征相契合，尤其是竞技体育运动员在夺冠过程中朝着"典型"前进。这种特色鲜明、典型突出的体育小说表现形式，也符合延安文艺传统的"普及与提高"。

《礼物》中小说内容的丰富性也必然带来形象的丰富性。在这些动人的形象中，既有专业的体育运动员，也有业余的体育爱好者；既有真正从奴隶"翻身"为健将的长跑老将，也有勇于挑战成年篮球队员的小"老鹰"们。最重要的是，《礼物》小说选集中还生动形象地刻画了女运动员和热爱体育运动的女学生群像。在《礼物》的10篇小说中，有5篇是描绘女性主人公，这些女性形象展现了新中国健康事业发展的活力，真正实现了鲁迅所说的"立人"。这些活泼、生动、积极、乐观、开朗、大方的女运动员和热爱体育的女学生，无疑在新中国成立后当代文学众多的新人形象中，有着鲜明而独特的地方。

从这些形象中我们可以充分看出，这10篇作品并非随意找来凑数的"十景"，而是有精心的构建。从这种群体形象的结构细节中，我们可以看到画卷一般的纵览，而这种形象设置也有巡礼的意味。它反映出无论是专业的体育运动员还是业余热爱体育的民众，无论是参加那达慕大会的蒙古族大汉与青年姑娘还是远在海外看到中华人民共和国国旗飘扬而热泪盈眶的华侨，这10篇小说中的各式各样的热爱体育的人物形象，都充分展现了我国体育事业的发展，激励着读者亲近体育、热爱体育，感受到体育所带来的震撼与骄傲，并从思想上实现一种"政教"与"兴感"的交织。《礼物》中所描绘的众多运动员和体育爱好者的形象，也是新中国成立后体育文学中较早出现的一批体育文学形象，对于当下体育文学形象的书写与构建有借鉴的意义与宝贵的社会历史价值。

（三）当代文学史传统叙述视角的协调与补充

当代文学史的传统叙述或书写在20世纪50年代以文艺斗争为主线，改革开

---

① 参见玛拉沁夫等《礼物》，人民体育出版社，1963，内容提要页。

放后的当代文学史叙述中仍然有着斗争史书写范式的残存，过于重视革命与启蒙之间的转换。题材是当代文学史中重要的讨论点，不论是农村题材的讨论还是写"中间人物"以及"第四种剧本"，对于题材的敏感度与《在延安文艺座谈会上的讲话》中的文艺为人民服务、为政治服务、为工农兵服务的理念一脉相承，贯穿始终。放在 20 世纪 60 年代的当代文学史思潮中，体育文学作为独特的领域，本身就带有斗争的思想因素，这种竞技体育的斗争精神，无疑暗含了时代潮流，在为国争光的叙事中，体育文学与描写其他领域的小说相比，尤其是工业、农业等生活的小说，有着天然的政策调性与安全性，体育政策的相对稳定性也为体育文学的发展保驾护航。体育文学既有科普文学的特征，又有经典当代文学的思想政治教育功能，弘扬爱国主义，使读者在体育文学的激动昂扬中获得积极向上的精神力量。体育文学与儿童文学的关系，如同科幻文艺与儿童文学的关系。体育文学还与民族文学、民间文学紧密相关。新中国成立后到改革开放前的体育文学是当代文学发展过程中的一朵鲜艳的花朵，即使在改革开放后也不是"重放"，而是绽放得更加鲜艳夺目。洪子诚先生曾强调当代文学与世界文学的紧密关系，正是由于对苏联体育文学的译介与学习，我国的体育文学与体育文学出版才逐渐走向正轨。"冷战"后的国际体育赛事与体育外交，成为各国激烈角逐的"非战争"手段。体育文学助力了体育事业的发展，反过来，体育竞技比赛和体育事业的发展成为体育文学极佳的素材，从体育文学角度加以考察，是一条跨越国际的独特桥梁。

在大文学史观的关照下，通过文本细读与文献细侦，勘察历史现场与作家、作品、读者之间的真实关系，进而尽可能追求文学史叙述的实证性。

从《礼物》这部体育短篇小说选集来看，实际上，为了研究的定位，首先是一种跨体育与文学学科的新视野。这种跨学科新视野无疑提供了一种站在文学学科之外的视角来反观文学史的发展，而这种反观会带来比此前更为宽广的文学知识的认知与文学史视野的拓展。这一点，陈子善教授在《中国现代文学文献学十讲》① 中已经提到了跨学科的重要性，在此无须赘述。从文学史研究的细节来看，《礼物》的研究至少需要讨论出版社与文学作品生产的关系，讨论文学编辑与文学作品及作者的关系。这一出版史、阅读史抑或人际关系考察的角度对于传统当代文学史的话语叙述有重要的补充。

---

① 陈子善：《中国现代文学文献学十讲》，复旦大学出版社，2020。

结　语

在体育文学的研究中，体育文学史料的收集、整理是基础性工作。正如中国人民大学文学院的程光炜教授不断在当代文学研究中所呼吁的"抢救当代文学史料"，体育文学史料也应该有系统的收集整理工作。而这项工作不可避免地要与体育史及体育文学理论的研究以及相关档案等的探索紧密结合起来。《礼物》作为新中国第一部正式出版的体育短篇小说选集，有其节点性意义。但是随着史料的挖掘，我们一定会发现那些潜在的、非公开出版的体育文学作品，也一定会发现更早的体育文学选集，或许在体育院校的档案馆中，或许是高校某次体育运动会的油印结集中。而晚清民国时期的体育文学也有着丰富的探索空间，那些在校刊、报纸、综合类杂志中的体育文学正随着时间的流逝，其载体的不断损坏和遗失而使寻找工作变得越发困难。尤其是晚清民国时期到新中国成立后，体育文学散见于官方与民间铅印或油印的报刊或书籍中，如能系统性地梳理挖掘，形成中国体育文学总书目乃至编纂中国体育文学大系，这对体育文学的研究和发展将具有基础性和关键性的影响。在当前国家体育强国政策大力支持的背景下，对体育文学史料的挖掘同样也是对体育精神的探寻，通过这一过程，我们可以更为清晰地发现近现代中国是如何了解体育和认知体育的。体育文学正与科幻文学等类型的文学一样，越来越受到人们的关注并形成重要的影响力。

"The Cause of Literature and Art and Sports": On the "Gift" of the First Collection of Sports Short Stories in the People's Republic of China

Zhang Baoyuan

Abstract: In 1963, People's Sports Publishing House of China published a collection of sports short stories titled "Gift", which was the first collection of sports short stories in the People's Republic of China. In previous contemporary literature and sports literature studies during the "seventeen year" period, the collection of sports novels "Gift" was often overlooked from the perspective of literary history research and did not receive the necessary evaluation and attention. This article starts with the background and compilation of "Gift", Analyze the content characteristics of this collection of sports novels, and finally point out that "Gift", as the first selected collection of sports novels in the People's Republic of China, has a "nodal" significance in the history of contemporary literature and sports literature. The compilation of "Gift" reflects a conscious attempt to construct the concept of sports literature.

Keywords: "Gift"; Sports literature; Literature of the Seventeen Years

中国体育产业研究综述（1992~2022）：
演进、特征、不足与展望[*]

刘冬磊　崔丽丽　孙晋海[**]

【摘　　要】改革开放以来，我国体育产业快速发展，相关学术研究紧跟时代发展脉搏，初步形成了体育产业学术研究体系。本文运用逻辑分析法与文献资料法，整理出改革开放以来的几百篇相关学术论文，对我国体育产业学术研究的演进历程、研究特征以及研究不足进行系统分析。研究认为，我国体育产业研究共分为三个历史发展阶段，总体呈现持续发展特征。从整体来看，体育产业研究呈现由逻辑分析到学科交叉的研究思路变化、由宏观概念到细分领域的研究焦点转移、由基础研究到应用研究的研究类型转变等三大特征，同时也提出思维视角有待拓展、细分领域研究进度不协调、研究下沉程度不足、研究方法有待进一步丰富等不足之处，并在此基础上提出研究启示与展望。

【关 键 词】体育产业；研究综述；学术演进

改革开放以来，国家体委开始鼓励体育系统在完成竞技体育和全民健身任务

---

　*　本文系 2020 年国家社科基金重点项目"体育产业高质量发展的制度阻滞与治理现代化研究"（项目编号：20ATY003）的研究成果。

**　刘冬磊，山东大学体育学院在读博士生，研究方向体育产业；崔丽丽，通信作者，博士，山东大学体育学院教授，博士研究生导师，齐鲁青年学者，研究方向为体育社会问题的诊断与控制、体育产业管理；孙晋海，山东大学体育学院教授，博士，博士研究生导师，研究方向为体育产业管理。

的条件下开展有偿服务，中国体育产业的雏形逐渐显现。1985 年，国务院发布
了《国民生产总值计算方案》，将体育列入国民经济第三产业的第三层次，为体
育产业的内涵奠定了政策基础①。1992 年，党的十四大作出关于建立社会主义市
场经济体制的决定，提出建设社会主义市场经济，为体育产业化道路奠定了理论
基础与政策引导。1998 年，国务院出台的《国民经济和社会发展“九五”计划和
2010 年远景目标纲要》明确规定，体育要走产业化道路。我国体育产业一路走来，
伴随着国家对外开放与治理能力的逐步提升，从无到有，从有到优，从优到卓越，
逐渐发展壮大。在此期间，我国学术界对于体育产业的研究已成为体育学术研究的
重要组成部分，研究成果众多，为体育产业发展提供了重要的理论借鉴。2014 年，
国务院下发了《关于加快发展体育产业促进体育消费的若干意见》（以下简称“46
号文件”），体育产业研究进入了新的发展阶段。然而，学术研究的进一步深入离
不开前人研究的基础。基于此，本文通过对体育产业研究的历史脉络、研究特征、
研究不足以及未来展望四部分的系统性梳理，厘清体育产业研究脉络，旨在为我国
体育产业学术研究的后来者提供借鉴与参考。

一 体育产业研究的学术史梳理

体育产业隶属于我国国民经济的第三产业，产业性质以及体育的公益性属性
决定了体育产业的发展需要紧跟时政。基于此，本文将体育产业研究划分为三个
阶段，划分的依据为：1999 年的《政府工作报告》首次在经济发展领域提及体
育，这表明国家层面开始正视体育产业的时代价值；2014 年国务院下发的“46
号文件”，将体育产业推向快车道，体育产业发展明显提速。

（一）业内讨论与尝试：体育产业研究的萌芽时期（1992~1998 年）

1985 年国务院批转了国家统计局《关于建立第三产业统计的报告》，体育被
正式列入第三产业，从而使其产业性质得到了确认②。自此，我国统计部门和体

---

① 姜彩楼：《我国体育产业发展中的基本理论问题研究》，《生产力研究》2008 年第 1 期，第 113~
114，157 页。
② 傅红岩、马家顺、陈联明：《试论市场经济中的体育产业化改革》，《世界经济文汇》1998 年第 1
期，第 33~35 页。

育管理部门以及体育科学界和经济界都开始使用"体育产业"这一概念①。自1992年"中山"会议后，学术界对体育产业的定义进行了广泛的讨论，主要集中于以下三个观点。第一种观点基于中共中央、国务院下发的《关于加快发展第三产业的决定》，认为体育产业就是提供各类体育服务的行业，隶属于第三产业，是体育服务业的简称②③④⑤。第二种观点与第一种观点形成对比，认为体育产业自成体系，不能简单地将其隶属于第三产业，主要是从体育消费和寻求国民经济新增长点的角度，把体育产业视为满足人民群众多样化体育消费需求的行业⑥⑦⑧⑨。第三种观点是从体育事业可营利性的角度，把体育产业界定为体育事业中可以进入市场，可以营利的那一部分⑩⑪⑫⑬。

体育产业始终处于从属地位，《体育产业发展纲要》虽然与《奥运争光计划纲要》《全民健身计划纲要》《体育法》一同被称为"一法三纲"，但是体育产业提出与发展的初衷还是发展体育事业这一核心思想。例如，在《体育产业发展纲要》中，对于体育产业的意义论述为：对于增强体育事业发展活力、保证全民健身计划和奥运争光计划的实施和实现，有着重要意义。同时，《体育产业发展纲要》是"一法三纲"中唯一由国家体委颁发的文件，其他文件的级别均高于它。直到2006年，国家体育总局才首次编制体育产业五年规划，即《体育产业"十一五"规划》，该规划首先明确了是按照"十一五"期间我国体育事业发展总体规划制定而成的。对于体育产业的未来，由于受限于国民恩格尔系数、

---

① 徐汶：《体育产业的发展与面临的问题》，《广州体育学院学报》1998年第2期，第22~26页。
② 张岩、王清芳：《我国体育产业化的理论思考》，《成都体育学院学报》2001年第2期，第9~12，52页。
③ 于长镇：《体育与第三产业》，《辽宁体育科技》1986年第2期，第60~62页。
④ 周旺成、段宏德、白宝荣：《发展体育产业增强事业活力》，《北京体育学院学报》1993年第2期，第4~7页。
⑤ 刘伯雄：《关于发展体育产业的思考》，《湖北体育科技》1993年第1期，第8~11页。
⑥ 李晓林：《我国体育产业的发展现状与展望》，《西安体育学院学报》1999年第3期，第8~10页。
⑦ 胡爱军：《体育产业与投资策略》，《中国投资》2000年第7期，第16~20页。
⑧ 胡鞍钢：《我国体育改革与发展的方向》，《体育科学》2000年第2期，第1~3，6页。
⑨ 荆福生：《适应社会主义市场经济大力发展体育产业》，《福建体育科技》1992年第3期，第1~4页。
⑩ 唐明：《多样化：体育产业的发展前景》，《体育与科学》1999年第5期，第16~17页。
⑪ 张尚权：《体育事业的属性及体育产业的发展》，《哈尔滨体育学院学报》1991年第4期，第1~4页。
⑫ 陈荫生：《中国体育改革概览》，《体育文化导刊》1992年第2期，第25~28页。
⑬ 许仲槐、徐斐新：《体育与第三产业——兼论体育的社会功能》，《广州体育学院学报》1986年第1期，第3~6页。

举国体制以及体育产业刚刚起步，学术界对体育产业的细分领域呈现明显的侧重，研究成果更多的是偏重于竞技体育职业化以及体育场馆的对外开放。虽然1998年国家发展计划委员会明确提出要积极开拓潜力大、预期效益好的第三产业，为国民经济提供新的增长点，而这10个新的增长点就包括体育产业①。但是学术界仍然存在不同的看法，有学者认为，体育产业作为朝阳产业，虽然体育消费已逐步展开，且具有一定的产业拉动能力，但是受限于国民消费预期以及体育产业发展水平的限制，我国体育产业还不具备在短时间内成为国民经济新增长点的必要条件②。总体来说，本阶段的理论界虽然对体育产业的内涵有较大的分歧，但是要大力发展体育产业是大家都赞同的③。

这个时期，还有一个论证重点就是社会主义市场经济背景下体育产业发展研究。学术界普遍认为，体育产业的发展要符合社会主义市场经济的发展规律，要提高效率，面向市场，大胆尝试，全方位开放，破除"左"的影响④，但是，也有学者提出，我国体育产业经济是一种特殊的公有制与私有制的结合，社会主义经济成分与非社会主义成分共存的市场经济，社会效益和经济效益并重⑤。对于体育产业化的理解，不能片面地理解为体育市场化，对于产出非商品体育劳务的单位，市场化发展是不恰当的，把体育产业化等同于体育市场化，说到底，是一种忽视体育运动自身规律，以经济效益替代体育综合效益，以市场机制简单地替代体育事业运行机制的企图，它在理论和实践上都是有害的⑥。还有学者提出，要加强体育产业化与商业化的思想教育工作，不能一切向"钱"看齐⑦。

（二）充分认可与设计：体育产业研究的发展阶段（1999~2013年）

1999年的《政府工作报告》首次将体育和经济发展联系在一起，这是自新

---

① 何锋：《论体育对经济增长的作用》，《武汉体育学院学报》2000年第4期，第25~27页。
② 鲍明晓：《对我国体育产业热点问题的思考》，《体育科学》1999年第4期，第49~52页。
③ 梁晓龙：《社会主义市场经济与体育改革几个基本理论问题刍议》，《上海体育学院学报》1993年第3期，第8~11页。
④ 陈勃：《体育在社会主义市场经济中的出路》，《体育成人教育学刊》1994年第Z1期，第93~94页。
⑤ 高扬：《社会主义市场经济与体育产业发展》，《成都体育学院学报》1996年第3期，第11~15页。
⑥ 鲍明晓：《关于体育产业的几个理论误区》，《安徽师大学报》（哲学社会科学版）1994年第1期，第53~56页。
⑦ 王诚：《体育产业化、商品化的思考——社会主义市场经济问题之一》，《福建体育科技》1994年第2期，第17~20、23页。

中国成立以来，历届政府工作报告中首次在谈到经济发展方向时提及体育。原文为"积极引导居民增加文化、娱乐、体育健身和旅游等消费，拓展服务性消费领域"。虽然只有寥寥几字，但具有里程碑意义，这意味着政府开始确认体育的产业地位，体育产业有望成为国民经济发展的增长点。通过文献整理发现，本阶段的体育产业研究呈现四大特征。第一，承接上一阶段研究脉络，紧跟社会发展现实与政策变化，继续深入探讨体育产业的价值内涵、产业要素、产业划分等核心概念，与此同时，体育产业定位解析性的理论探讨同样持续开展，如产业与产业化的区别[①]、体育产业与体育事业的关系[②]等。第二，体育产业的研究范式逐渐延伸至经济学、管理学、社会学等领域，基于产业耦合理论、自组织理论、PEST 分析、生态位理论等相关学科经典理论的体育产业研究得到广泛认可。同时，关于体育经济学、体育管理学、体育社会学、体育人类学、体育美学等衍生学科得到了发展，定量研究开始形成一定的研究热潮。第三，随着体育产业实践的发展，体育产业研究的细分领域得到快速发展，如体育用品制造业、体育竞赛表演业、学校体育产业、体育场馆、竞技体育职业化、体育项目产业化等。同时，体育相关领域的研究也得到一定的发展，出现了涉及体育保险、体育政策、体育统计、体育产业与城市发展、中外体育产业对比等相关研究，甚至出现了对于体育养殖业[③]的论述。第四，社会热点性研究不断涌现。如申奥成功、社会转型、金融危机、"十一五"规划、中国加入 WTO、后奥运时代等。通过社会热点与体育产业研究的结合，反映了体育产业作为我国产业结构中的一环，其发展进程深受社会发展大环境的影响。

在此阶段，体育产业研究出现四个表现突出的研究热点。（1）随着政策的逐步放开，民间资本进入体育产业领域逐步成为体育产业发展的重要方向，相关研究也逐渐显现，研究发现，体育产业的发展前景与利润空间是吸引民间资本进入的重要动因，但受到体育体制、社会观念、参与渠道与生产要素的制约，民间

① 杨年松：《体育产业与体育事业、体育产业化、体育市场化及其相互关系》，《成都体育学院学报》2005 年第 1 期，第 19～21、25 页。
② 西宗凤、楼小飞、黄海燕：《试论我国体育事业与体育产业的辩证关系》，《成都体育学院学报》2008 年第 2 期，第 52～55 页。
③ 张志刚：《论河北省体育产业的发展》，《体育文化导刊》2014 年第 12 期，第 98～101 页。

资本进入体育产业仍然任重而道远①。（2）随着体育产业的发展，体育产业集群现象的出现引起了学术界的研究兴趣。相关研究深入讨论了体育产业集群产生的原因、内涵以及未来发展的趋势，研究认为，体育产业集群要加强发展规划的制定，避免同质化竞争，培育特色体育产业集群②，加强园区建设③，加强与政府合作，体育产业要积极与相关产业形成合作，优化体育产业人力资本的积累④。（3）这一时期，关于各个省份的区域性体育产业研究呈现井喷状态。研究对象有河北省、辽宁省、上海市、陕西省、江苏省等，虽然研究对象为各省份体育产业，但是研究的切入点各不相同。有学者利用区域要素禀赋对体育产业进行规划布局⑤⑥；有学者利用共生理论，构建以目标机制、管理机制、市场机制、监管机制为主的区域体育产业共生机制⑦；还有学者在区位优势、人文优势、产业优势、政策优势的基础上，论证体育产业经济区的可行性⑧；等等。总之，各地区的体育产业研究表明，体育产业的关注度已从国家层面逐步下沉至地方，从侧面说明体育产业的快速发展趋势，同时也为体育产业全产业链在全国范围内的展开奠定了理论基础。（4）在此阶段，对于体育产业的学术研究已经开展了综述研究，标志着我国体育产业的学术研究逐渐形成体系，包括 2009 年张林、鲍明晓和曹可强等⑨，

① 朱建勇、战炤磊：《依托民间资本发展体育产业：综合动因与路径选择》，《贵州社会科学》2014年第 12 期，第 143~146 页。

② 宋昱：《体育产业的集群发展研究：中国的经验与问题》，《北京体育大学学报》2013 年第 8 期，第 17~23 页。

③ 宋昱：《中国体育产业集聚与集群演化实证分析（1994—2012）》，《西安体育学院学报》2014 年第 3 期，第 263~272、294 页。

④ 刘兵、董春华：《体育产业集群形成与区域发展关系研究》，《体育科学》2010 年第 2 期，第 48~54 页。

⑤ 李军岩、刘文境：《辽宁体育产业双核心区域要素禀赋的比较优势分析及其区域布局的设计构想》，《沈阳体育学院学报》2014 年第 6 期，第 57~61 页。

⑥ 范玉川：《上海市体育产业的核心竞争力研究》，《沈阳体育学院学报》2013 年第 2 期，第 59~62 页。

⑦ 李国、孙庆祝：《共生共荣：区域体育产业共生发展机制研究》，《武汉体育学院学报》2012 年第 9 期，第 50~54 页。

⑧ 乐仁沺、高松龄、董华等：《构建闽台体育产业经济区的可行性研究》，《体育文化导刊》2012 年第 7 期，第 98~102 页。

⑨ 张林、鲍明晓、曹可强等：《我国体育产业学科发展现状与展望》，《上海体育学院学报》2009 年第 1 期，第 12~16 页。

2012 年骆雷、张林和黄海燕[1]，以及钟天朗、张林、黄海燕等[2]发表的文章。

总体来说，学术界认为体育产业发展迅速，前景利好，但也存在诸多限制性因素，提出的建议整体可以总结为五大方向：第一，推动政府职能转变，处理好政府与市场的关系；第二，加强市场主体培育，坚持多元化发展方向；第三，加强体育产业的制度保障与法治保障，为体育产业发展"松绑"；第四，坚持市场化发展方向，按照市场规律办事；第五，完善体育产业结构，促进居民体育消费。这一阶段的学术积累，为体育产业研究的进一步开展夯实了理论基础。

（三）时代使命与实践：体育产业研究的腾飞阶段（2014 年至今）

2014 年，国务院下发的"46 号文件"明确提出，到 2025 年，体育产业总规模超过 5 万亿元，成为推动经济社会持续发展的重要力量。2016 年，体育产业成为"五大幸福产业"之一。2018 年，中国体育产业增加值占全国 GDP 的比重首次突破 1%。2019 年，国务院办公厅印发的《关于促进全民健身和体育消费推动体育产业高质量发展的意见》明确要求，推动体育产业成为国民经济支柱性产业。通过顶层设计的明确信号，体育产业近年来的产业效益明显提升，产业规模不断扩大，体育产业得到空前发展。基于此，本阶段的体育产业研究同样取得了新的突破。总结如下。

1. 全面深化改革背景下的体育产业研究

2013 年，党的十八届三中全会审议通过了《中共中央关于全面深化改革若干重大问题的决定》，全面深化改革成为国家未来一段时间的发展改革思路，体育产业研究在此领域也涌现出了诸多研究成果。（1）激发市场主体活力。近年来，我国体育产业市场主体发展迅速，截至 2018 年末，我国体育产业法人单位达到 23.8 万个[3]。有学者认为，体育市场主体作为体育产业的核心动力，决定

---

① 骆雷、张林、黄海燕：《改革开放 30 年我国体育产业研究的总体述评》，《体育科学》2012 年第 11 期，第 83～89 页。

② 钟天朗、张林、黄海燕等：《我国体育产业学科建设、发展现状与对策》，《上海体育学院学报》2012 年第 6 期，第 6～10 页。

③ 黄海燕：《推动体育产业成为国民经济支柱性产业的战略思考》，《体育科学》2020 年第 12 期，第 3～16 页。

了体育产业主动配置全球资源的话语权①。因此，要积极确立体育市场主体地位，加强政策引导，弥补市场缺失②，带动体育市场的主体活力。（2）完善体育产业治理。这一部分主要分为供给侧结构性改革③、体育产业法治建设④、体育产业引导资金的使用⑤、优化财税金融体制⑥、体育彩票⑦制度改革、建设体育产业市场标准体系等，其中，对于国外发达国家的体育产业建设也开展了借鉴性研究，如针对美国体育产业领域的反垄断法解析⑧、英国脱欧对我国资本并购欧洲足球产业的财政激励政策分析⑨等。（3）体育产业中政府治理效能⑩。最新研究表明，我国地方政府对体育产业的重视程度普遍提升，但是对体育产业工作回顾的注意力较弱⑪，即仅重视未来规划，不重视经验总结。因此可以看出，体育产业政策的规划制定是政府治理的重要手段，政策的实施要坚持社会协同的治理理念⑫，保证政策的连续性。关于政府治理路径，许多学者都提出了自己的见解，曹可强和兰自力⑬认为，有效的政府治理核心在于处理好政府与市场之间的关

① 陆乐、李刚、黄海燕：《全球城市体育产业发展评价指标体系的构建与实证》，《上海体育学院学报》2019 年第 3 期，第 39~45 页。
② 王家宏、蔡朋龙、刘广飞：《我国体育产业政策实施执行的分析研究》，《武汉体育学院学报》2019 年第 9 期，第 5~14 页。
③ 王志文、沈克印：《我国健身休闲产业供给侧改革的实施路径研究》，《山东体育学院学报》2018 年第 5 期，第 20~26 页。
④ 张健、戴羽：《论体育产业法律体系的完善：原则、路径与图景》，《体育文化导刊》2018 年第 10 期，第 83~87 页。
⑤ 张永韬、刘波：《我国体育产业政府引导资金健康发展对策研究》，《体育文化导刊》2019 年第 6 期，第 88~92,98 页。
⑥ 邵继萍、云锋、邵传林：《金融助推我国体育产业发展的现状、困境与政策选择》，《武汉体育学院学报》2018 年第 12 期，第 31~37,46 页。
⑦ 段宏磊、杨成、周东华：《中国体育彩票产业职能重合行为的法律规制——基于俄罗斯〈保护竞争法〉的经验启示》，《天津体育学院学报》2018 年第 6 期，第 479~484 页。
⑧ 任波、黄海燕、戴俊：《美国体育产业反垄断豁免政策内涵及启示》，《体育文化导刊》2018 年第 10 期，第 120~125 页。
⑨ 白怡珺、沈肇章、袁玉斌：《英国脱欧我国资本并购欧洲足球产业财政激励政策》，《武汉体育学院学报》2017 年第 10 期，第 57~62 页。
⑩ 白杨、郇昌店：《我国体育产业中政府与市场关系演变研究——基于"林张之争"的框架》，《山东体育学院学报》2018 年第 4 期，第 7~11 页。
⑪ 张文鹏、段莉、王涛：《地方政府体育治理聚焦与推进的注意力研究——基于 31 个省（区、市）政府工作报告的文本分析》，《中国体育科技》2021 年第 7 期，第 78~84 页。
⑫ 陈晓峰：《国家治理视域下我国体育产业政策的现实审视与发展策略》，《上海体育学院学报》2016 年第 6 期，第 16~23 页。
⑬ 曹可强、兰自力：《经济体制改革与我国体育产业发展》，《体育科研》2014 年第 1 期，第 14~16 页。

系，坚持市场的决定性作用。姜同仁、张林和王松等[1]认为，精准治理是政府保障体育产业高质量发展治理范式的进化。白杨和郇昌店[2]认为，政府治理需要坚持"有限政府"，积极发挥引导与协同的角色，保护市场有序开展自由竞争。总结学者的观点，核心焦点在于减少政府行政干预，政府治理由"面"退守为"点"，保护市场的有序开展即可。可以看出，体育领域的政府治理理念的研讨符合我国关于政府职能"放管服"改革的发展趋势，体育产业发展将进入一个由市场决定的时代。

2. 促进体育消费升级研究

推动体育产业的健康稳定发展，供需平衡至关重要。体育消费作为体育产业发展的需求侧，积极探索体育消费优化升级的路径显得至关重要。基于此，近年来国家社科基金选题指南逐渐侧重于体育消费研究领域，关于体育消费的研究成果显著提升。

目前，对于体育消费研究的细分领域已经全面展开，主要呈现五大研究方向。（1）关于不同消费人群研究。主要涉及老年人体育消费、青少年体育消费以及女性体育消费。可以看出，随着我国逐渐步入老龄化社会、青少年体质下降以及"双减"政策的出台、女性意识的觉醒，上述三类消费对应的消费人群均具备较高的消费能力。（2）空间地域性体育消费研究。这类研究主要包括两个方面。一方面是农村体育消费与城镇体育消费，主要探讨推动二者消费扩大升级的制约因素与破解路径；另一方面是针对特定区域的体育消费研究，如长三角地区、珠三角地区、京津冀地区等，采用的研究方法多为社会分层抽样的社会调查法。（3）运动项目体育消费研究。此类研究多为针对户外运动、路跑、冰雪项目等热门体育项目的消费意愿、消费结构、消费特征的研究。例如，张瑞林、李凌和车雯[3]基于社会阶层理论视角，运用社会网络分析、回归分析等方法对滑雪体育赛事消费者消费模式的网络化特征及社会阶层与投入程度之间的关系进行了分析与讨论。王洪

---

① 姜同仁、张林、王松等：《中国体育产业演进的内在逻辑、政策趋向和高质量发展路径》，《天津体育学院学报》2020年第6期，第658~665页。

② 白杨、郇昌店：《我国体育产业中政府与市场关系演变研究——基于"林张之争"的框架》，《山东体育学院学报》2018年第4期，第7~11页。

③ 张瑞林、李凌、车雯：《基于社会阶层理论的滑雪体育赛事消费行为与营销策略研究》，《北京体育大学学报》2019年第11期，第23~34页。

兵、陈广和汤卫东①（2017）以问卷调查法为基础，研究马拉松经济和赛事参与者之间的关系，通过描述性与实证性分析马拉松体育消费行为。（4）消费者心理及行为研究。研究方向一方面为消费动机，此类研究多以符号消费理论②、社会判断理论③、自我决定理论④、自我概念理论⑤等消费心理学理论的引入为基础，探究消费者进行体育消费心理活动规律。另一方面为消费者行为研究。社会阶层理论成为核心理论基础，学者们⑥⑦⑧通过对调查对象的社会分层，对不同阶层居民体育消费认知与体育消费意愿进行了深入研究，进而论证消费者行为的心理学解释。（5）关于体育消费其他研究方面，包括体育消费政策研究⑨、体育消费统计研究⑩、国外体育消费研究⑪、观赏性体育消费研究⑫、参与性体育消费研究⑬、体育彩票消费研究⑭等。

---

① 王洪兵、陈广、汤卫东：《马拉松赛事参与者消费偏好及影响因素研究——基于 126 份调查问卷的多元 LOGISTICS 模型分析》，《南京师大学报》（自然科学版）2017 年第 3 期，第 166~172 页。

② 黄美蓉、吉振峰、房纹萱：《权力、文化、消费与认同——近 20 年国外体育符号研究述评》，《上海体育学院学报》2021 年第 3 期，第 72~84 页。

③ 赵永峰、赵歌：《消费时代体育健身对身体形象构建的哲学研究》，《中国体育科技》2021 年第 10 期，第 107~113 页。

④ 马培艳、张瑞林、李凌：《自我决定理论视角下驱动持续性滑雪消费的动机研究》，《天津体育学院学报》2018 年第 6 期，第 485~491 页。

⑤ 王志英、苏钰：《基于消费者自我概念的高尔夫消费动机研究》，《心理与行为研究》2014 年第 3 期，第 395~399 页。

⑥ 韩勤英、刘献国、钟涛：《不同社会阶层群体休闲体育参与意识和行为研究》，《河南师范大学学报》（自然科学版）2019 年第 6 期，第 113~120 页。

⑦ 田虹、杨洋、刘英：《基于 SEM 和 HLM 的体育消费心理模型研究——社会分层的调节作用》，《天津体育学院学报》2014 年第 4 期，第 296~303 页。

⑧ 张瑞林、李凌、车雯：《基于社会阶层理论的滑雪体育赛事消费行为与营销策略研究》，《北京体育大学学报》2019 年第 11 期，第 23~34 页。

⑨ 王雪莉、付群、郑成雯：《2010—2019 年中国体育消费政策落实：问题与对策》，《体育科学》2019 年第 10 期，第 40~55，82 页。

⑩ 蔡军、康勤国、李法伟等：《我国体育消费统计调查制度建设与创新研究》，《西安体育学院学报》2018 年第 5 期，第 541~547 页。

⑪ 赵聪：《澳、英、韩三国居民体育消费状况及启示》，《体育文化导刊》2017 年第 4 期，第 129~133 页。

⑫ 苟阳、宋丽颖、黄谦等：《产品涉入作用下的观赏型体育消费忠诚度影响机理研究》，《西安体育学院学报》2020 年第 6 期，第 696~704 页。

⑬ 张林、李刚：《参与型体育消费理论审视：国外解析与中国镜鉴》，《体育学研究》2019 年第 4 期，第 21~28 页。

⑭ 方春妮、陈颞：《中国城镇化发展水平与居民体育彩票消费需求关系的实证研究》，《西安体育学院学报》2019 年第 5 期，第 562~569 页。

3. 区域协调发展视域下的体育产业研究

随着体育产业的飞速发展以及体育产业研究的逐渐深入，体育产业的区域协调发展成为研究的热点。与上一阶段仅关注省级地区产业协调研究不同，本阶段不仅继续深入省域体育产业协调研究，而且进一步拓展了关于国家战略新区、城乡间、东中西部间协调发展等研究领域。（1）国家战略新区协调发展。通过文献整理发现，当前体育产业研究涉及长三角地区、粤港澳大湾区、川渝地区、京津冀地区、珠三角地区、海南自贸区等地区。上述地区的区域协调发展各有其特殊性问题，例如，京津冀地区如何打破行政壁垒，川渝地区如何以双城经济圈带动周边地区产业协同，等等，同时也存在共性问题，如推动产业要素的自由流动、优化产业结构、打造体育产业全产业链、构建具有竞争力的区域产业集群等，但是研究认为，基于国家政策的扶持，上述地区未来将成为我国体育产业发展的增长极。（2）城乡协调发展。在城乡二元制的发展现状下，学术界提出了体育产业多中心结构、多元化主体、多样化手段、社会化评价、精细化分类、法治化运行[1]的治理方案。还提出了发展体育产业就业扶贫策略，利用体育产业惠及贫困人口，鼓励体育产业吸纳城乡贫困群体就业[2]，促进共同富裕。（3）东中西部协调发展。学术界认为，受区域工业结构、市场开放程度、固定资产投资、思想观念等因素的制约[3]，我国东西部经济发展总体不均衡导致体育产业市场发育程度不一[4]，进而限制了我国体育产业的整体发展。基于此，政策扶持、充分利用"一带一路"倡议、加强人才培养就成为缩小东西部体育产业差距的有效途径。（4）省域体育产业研究[5]。在上一阶段研究的基础上，本阶段的省域体育产业研究呈现研究领域全面化、研究方法定量化、研究对象精准化以及研究结论落地化的特征。与此同时，随着体育产业集群化以及国家战略新区的发展，涉及省域研究的数量在减少，在社会分工高度发展的今天，单独的省域体育产业研究

① 董红刚、孙晋海：《体育产业：以关键词为视角的学术观念史叙事》，《体育与科学》2021年第5期，第37~45，65页。
② 郭庆：《2020年后的体育反贫困战略：话语演进、目标转向与实现路径》，《武汉体育学院学报》2021年第9期，第12~17，29页。
③ 邱勇、张莉斌、代玉梅：《我国东西部体育产业差距扩大化研究》，《商场现代化》2006年第33期，第235页。
④ 宋强：《"十二五"期间我国体育学类本科新增专业分析与"十三五"发展展望》，《体育学刊》2018年第4期，第99~104页。
⑤ 陈刚：《新时代体育强省建设的战略思路》，《体育与科学》2018年第5期，第1~5页。

的现实意义正在逐渐降低。

4. 其他方面的体育产业研究

首先，随着居民经济水平的提升以及全民健身战略的实施，热门体育项目的产业化发展得到了推动。例如，北京冬奥会推动发展的冰雪项目、居民健身休闲意识回归的户外运动、体旅融合与资源禀赋明显的水上项目、科技发展带动的电子竞技等。研究发现，热门体育项目的产业化发展程度、对资源禀赋的依赖程度、目标消费者人群、地域追捧程度均存在较大差异。整体上来看，我国的体育产业并不能完全满足上述热门体育项目的消费需求，供需不平衡现象依旧存在。其次，"时政热点+体育产业"研究仍然火热。当前，作为产业结构中的重要组成部分，体育产业要紧贴时政发展是非常必要的。在新常态、高质量发展、新基建、人类命运共同体、经济"双循环"、共享经济、体育强国建设、健康中国建设、"一带一路"、数字中国、乡村振兴、"双减"政策等领域，体育产业研究均未缺席。国家发展策略为体育产业研究提供了诸多发展灵感与方向，但同时也需要注意，在学术研究过程中，同样存在一些蹭热度的论文，研究内容与时政结合度不足，有"挂羊头卖狗肉"之嫌。最后，体育产业融合发展研究成为热点。随着时代的快速发展，产业之间的渗透融合日益清晰地向人们展现了未来发展趋势。体育产业与相关产业的融合最终将促成整个产业结构的高度化、合理化。尤其是在体教融合、体医融合、体旅融合的背景下，体育产业与养老行业、旅游行业、医疗行业、教培行业、文化产业、科技行业等均实现了不同程度的产业融合。学术界普遍认为，体育产业具有较强的产业关联性，体育产业与相关产业融合发展的空间大、契合度高[1]，促进体育产业与相关产业融合，体育新业态、新模式的不断涌现，有助于体育消费升级[2]。

二 体育产业研究的动态特征

（一）研究思路：由逻辑分析到学科交叉

从学科性质角度来看，体育产业作为交叉学科，与体育管理学、体育法学、

---

① 鲍明晓：《论场景时代的体育产业》，《上海体育学院学报》2021年第7期，第1~7页。
② 任波、黄海燕：《数字经济驱动体育产业高质量发展的理论逻辑、现实困境与实施路径》，《上海体育学院学报》2021年第7期，第22~34、66页。

体育社会学的学科性质相类似，是体育学与经济学结合的产物①。从学科属性来看，体育产业研究属于体育学范畴，是基于体育领域的通识框架，结合体育产业实践，更加注重定性的研究。最初很少通过产业经济学、管理学、社会学等相关学科的研究范式对体育产业进行解读。随着研究的深入，体育产业涉及的范围逐渐扩大，体育产业研究呈现多学科交叉研究的态势②。体育产业细分领域的研究需要借鉴相关学科的研究方法进行分析，学科研究的发展历程已决定研究思路不能局限于传统的逻辑分析与演绎推理，基于此，经济学的数理统计、管理学的定性分析、社会学的经典理论纷纷被引入体育产业研究，多学科交叉研究得到广泛开展，使定性与定量相结合的研究范式成为当前体育产业研究的主流思路。具体到研究方法的使用上，多以模型建构、经典理论为研究起点，通过相关学科的一般性研究方法来解析体育产业的具体问题。其中，中青年学者开始广泛使用计算机数据处理软件辅助分析，例如，基于PMC指数模型对135部体育产业政策的量化分析③；运用VAR模型等方法，基于共生理论对体育用品制造业与体育服务业共生行为模式进行分析④；等等。总之，环顾体育产业研究的发展历程，其研究思路走了一条从简单论述到数据分析、从单一学科解读到多学科交叉研究的发展之路。

（二）研究焦点：由宏观概念到细分领域

体育产业随着国家的发展而发展，整体上属于持续提速状态。体育产业的细分领域逐步增多，体育产业边界逐渐模糊，产业融合趋势明显。基于此，体育产业研究内容从最初对体育产业概念界定、要素分析、产业划分等维度的理论剖析逐渐发散，从而衍生出诸多研究领域，前文已详细阐述，在此不再赘述。从研究焦点变化轨迹来看，呈现明显的下沉趋势，但细分领域在研究过程中逐渐趋向对

① 骆雷、张林、黄海燕：《改革开放30年我国体育产业研究的总体述评》，《体育科学》2012年第11期，第83~89页。
② 李乐虎、高奎亭、黄晓丽：《我国体育产业供给侧结构性改革的研究述评》，《首都体育学院学报》2019年第6期，第502~505,530页。
③ 程美超、王舜：《我国体育产业政策的量化评价——基于PMC指数模型》，《天津体育学院学报》2021年第5期，第590~593,620页。
④ 李国、孙庆祝：《国家体育产业示范基地体育用品制造业与服务业共生行为模式分析——以苏南国家体育产业示范基地为例》，《北京体育大学学报》2021年第8期，第42~53页。

核心产业的主营业务研究，如体育用品制造业、体育竞赛表演业、体育场馆、体育休闲产业等。但对于相关性产业与产业发展配套机制的研究相对较少，如体育建筑业、体育保险业、体育中介业、体育产业统计制度等。从研究焦点属性来看，由于体育产业具有高产业拉动、高附加值的功能①，体育产业研究在细分过程中体现出明显的"体育产业+"的特征，导致当前体育产业细分领域的多重属性明显。例如，体育消费研究需要在国民宏观消费框架下讨论；体育产业政策研究需要从国家顶层设计的高度降维分析；体育保险产业研究则更偏向于保险领域的研究特征；等等。从研究聚焦程度来看，虽然体育产业的细分领域逐渐增多，但是随着体育产业的迅猛发展，体育产业研究群体同样得到壮大，尤其是多学科背景的中青年科研人员的加入，使体育产业研究的领域聚焦与聚焦范围均得到进一步提升。其中典型代表为从事体育彩票研究的李刚教授、从事家庭体育消费研究的杨越教授、从事体育场馆研究的陈元欣教授、从事体育产业研究的黄海燕教授等。

（三）研究类型：由基础研究到应用研究

体育产业研究的发展脉络符合系统科学中关于系统发展从简单到复杂，从一元到多元的理论观点。体育产业研究类型也是从最初的基础理论研究逐渐拓展到与实践紧密结合的应用研究。早期的体育产业理论研究，充分论证了六大基础问题，即体育产业的核心属性与系统边界、体育产业与体育事业的关系、体育产业与第三产业的关系、体育产业与市场经济的关系、体育产业发展的可行性、体育产业研究的学科地位。这些研究为后来体育产业的应用研究奠定了坚实的理论基础。进入 21 世纪，尤其是申奥成功后，体育产业迎来了一波发展红利，对体育产业的应用研究开始真正超越基础理论研究。学术界研究从体育产业营销、体育产业发展战略、体育产业发展瓶颈逐渐深入到体育产业在时代发展中的机遇与挑战。典型的应用研究是国家体育总局以及各省份科研基金设立的决策咨询项目，其明确的应用属性为体育产业提供了实践导向，如我国不同收入水平居民体育消费推进策略研究，支持体育产业发展的特色财税金融政策工具研究，新时代体育

---

① 黄谦、谭玉姣、王铖皓等：《"双循环"新发展格局下体育产业高质量发展的动力诠释与实现路径》，《西安体育学院学报》2021 年第 3 期，第 297~306 页。

市场事中、事后监管体系研究等。深入讨论体育产业各细分领域的发展策略，极大地促进了研究结论的落地，使体育产业发展脉络逐渐清晰，理论与实践结合显著提升。

三　体育产业研究的不足与短板

（一）思维视角有待拓展

通过整理相关文献发现，当前体育产业研究对于体育产业的"回头望"学术思维视角关注较少，有限的研究综述不能全面展现几十年来体育产业研究的全貌，不利于启发后续研究者的思路。例如，1995 年，国家体委出台的《体育产业发展纲要》提出，争取用 15 年左右的时间，逐步建成适应社会主义市场经济体制、符合现代体育运动规律、门类齐全、结构合理、规范发展的体育产业体系。那么在 2010 年，是否达成了目标？"46 号文件"提出的 2025 年 5 万亿元的体育产业规模能否实现？能否总结以往政策制定与实践落实的经验，进而推动"46 号文件"的目标实现，甚至在 2035 年实现体育产业成为支柱性产业的目标？此外，我国体育产业研究之初，大多数学者认为发展体育产业需要紧抓体育竞赛表演业与体育健身休闲业这两大核心产业[①]，以核心产业带动体育用品等相关产业，诚然，上述两大产业确实始终为体育产业的核心产业，但是截至目前，我国体育用品制造业已成为体育产业的支柱性产业，占体育产业总产值的 50%以上，而体育产业两大核心产业的比重仍然较低。这是什么原因呢？对于过去出现的现实"悖论"，如何进行经验总结和分析，并形成有益的指导建议，对当前体育产业的发展具有重要的现实意义。因此，体育产业研究不仅需要向前看，"回头看"的研究思维视角也同样重要。

（二）细分领域研究进度不协调

目前我国在体育产业统计研究、体育保险研究、体育科技研究、体育中介研究、体育建筑研究等体育产业保障类方面研究进程明显滞后，相关成果产出相对

---

① 孔丽涵、杨少雄：《我国体育产业的发展趋势及对策》，《上海体育学院学报》2000 年第 S1 期，第 32~33 页。

较少。与之形成鲜明对比的是，体育产业宏观研究、体育产业核心产业、体育用品制造业、热门体育项目产业等领域的研究热情较高，产出的高质量研究成果也较多，这种现象的原因包括：①体育产业发展迅速，新兴事物与时政变化速度快，体育产业核心领域的研究方向日新月异；②体育产业相对冷门的研究方向研究成果较少，研究难度较大，而广大中青年科研人员受制于科研任务、职称晋升、升学等压力，需要"短平快"的产出科研成果；③体育科研人员受限于现实条件，深入到实践一线的渠道较少，无法充分掌握现实情况，这严重限制了科研工作的可行性。

（三）研究下沉程度不足

目前，体育产业研究仍然呈现对于宏观理论研究较多、微观深化研究不足，个案研究陈述较多、逻辑思辨分析偏少的现象。体育产业研究人员多来自高等院校，游离于市场实务与政府管理的实际情况，随着相关研究成果的增多，体育产业的相关结论逐步趋于同质化，研究结果大同小异。20 世纪的体育产业研究就已经提出加强人才培养、推动职业化改革、推动产权改革、推动行业协会化、强调俱乐部的作用、引进社会力量投资、产业政策倾斜支持等建议，现在仍旧老生常谈。归根结底，研究下沉程度不足，无法深入一线的现实困境使研究结论与建议的可操作性较差，无法解决政策"最后一公里"的落实问题，使研究工作逐渐陷入"研究很正确，实际无意义"的怪圈。

（四）研究方法有待进一步丰富

我国早期的体育产业研究方法以文献资料法、逻辑分析法等理论研究方法为主。随着研究的推进，逐步开展了关于体育消费市场的实证研究，例如，运用空间杜宾模型分析体育产业集聚的溢出效应[①]，基于灰色关联与耦合协调度分析探究文旅产业融合[②]，等等，但总体来说，体育产业研究方法中定性研究仍然占据主流。时至今日，我国体育产业研究已经逐渐从选择发展道路的理论论证转向集

[①] 曾鑫峰、黄海燕：《长三角体育产业集聚的经济溢出效应——基于空间杜宾模型的实证分析》，《上海体育学院学报》2003 年第 8 期，第 22～32 页。

[②] 刘潇楛、宋林晓、张晓链：《我国体育产业与文化产业融合度研究——基于灰色关联和耦合协调度分析》，《武汉体育学院学报》2022 年第 8 期，第 60～67，74 页。

聚产业要素实现产业价值的实践研究，研究的落地需要数据的支撑，定量研究将在未来体育产业研究领域占据更加重要的方法论地位。从目前来看，我国体育产业研究的定量分析落后于管理学、经济学关于细分产业的研究。研究方法更多为"拿来主义"，例如，模糊集定性比较分析，在管理学中已经成为一种重要的研究方法，可以弥补结构方程模型等常规研究方法的不足，但在目前体育学研究中鲜有涉及，仅在2023年才开始在体育学核心期刊中显现。这种研究方法的滞后性已经严重制约了我国体育产业研究的步伐，需要我国体育学者尤其是青年学者"走出去"，站在体育圈外看体育，这将有助于在方法论中实现突破。

四　体育产业研究的启示与展望

（一）推动构建多学科、多维视角的研究体系，鼓励学术争鸣

当前，体育产业的发展已经得到社会各界的广泛关注与认可，其经济拉动能力初步显现。学术研究需要进一步完善多领域、多维度、多视角的研究体系，以推动体育产业研究的深入。与此同时，随着时代的快速发展，产业间的边界逐渐模糊，体育产业发展不能闭门造车，需要以交叉学科的方式来进行研究论证，如果不能从产业经济发展的大局去系统性审视体育产业在其中的发展走势，那么体育产业研究将逐步失去研究意义。因此，体育产业研究的内容要继续拓展，紧跟时代发展甚至预判时代走向，研究方法要不断创新，以方法创新推动结论创新。研究视角要更加全面，加强学术反思与经验总结。体育产业理论研究是对体育产业的社会客观发展规律的掌握，要继续加强基础理论研究。随着体育产业的快速发展，产业融合趋势明显，亟须基础理论指导实践。要充分利用课题基金的学术引导效应，降低重复性科研，推动应用性研究更加微观化，避免研究领域过于"扎堆"，要积极引导学术争鸣，专攻学科研究的难点、弱点与堵点，创新研究理念与学说流派，及时将理论联系实际，保持理论研究的前瞻性。

（二）加强体育产业研究的成果转移转化

科研单位要深刻领会2016年教育部与科技部出台的《关于加强高等学校科

技成果转移转化工作的若干意见》的文件精神，进一步完善科技评价考核机制，坚持以创新价值、能力、贡献为导向，将科研成果转化所产生的社会效益纳入职称评定体系。根据国家规定和学校实际，制定科技成果转移转化奖励和收益分配办法，促进科技成果转化。打通科研机构—企业—政府的合作渠道，推动科研的深入下沉，加大体育产业科研经费的投入，鼓励科研机构开展横向研究课题，推动产学研合作。加强体育产业智库建设，提供体育产业政策制定、整体规划、科技创新、调研评估等第三方业务，以智库平台加强产学研合作。积极向科研院所、企业主体、一线教师、政府部门广泛征询课题指南的编制，优先支持横向应用型课题、后期资助型课题以及产业科技创新型课题等具有实践价值的课题立项。

（三）加强人才梯队建设

体育产业作为国家新兴产业，产业基础相对薄弱，发展道路相对曲折，抗风险能力相对较弱，因此，基于服务体育产业健康可持续发展，早日实现国家支柱性产业之既定目标，体育科研人才的梯队建设不容忽视。第一，体育学科人才培养要注重与实际相结合，从体育产业人才特点和学科特点出发，抓好学科建设、专业设置、课程设置、教材建设、教学研究、社会实践等环节，为我国体育产业培养和造就多类型的科研人才。第二，体育科研机构要积极引进统计学、法学、管理学、经济学、医学等多学科背景人才，创新引进方式，提高引进待遇，灵活引进政策，加强绩效激励。第三，加强各单位体育科研人员培训，尤其是中青年科研群体，鼓励其自主提升学历，进入科研工作站，争取科研课题，攻读更高一级的相关学科学位，加强校企合作，鼓励科研人员外派到企事业单位从事咨询管理工作。第四，要为科研人员创造良好环境，摒弃论资排辈，支持青年学者进行创新性研究，减少审批报备等非科研性流程，建立以新人为基础的人才使用机制，允许失败，宽容失败，用活用好各类人才，不用一把尺子衡量到底，让有真才实学的人才有用武之处。

五　结语

改革开放以来，体育产业从第三产业中的普通分支逐渐成为潜在的国民支柱性产业，体育产业研究体系也随之丰富。可以预见，未来体育产业研究的应用研究水平将继续提高。体育产业研究需继续紧密联系实际，从社会需求出发、从社会发展难点与堵点出发、从体育产业所赋予的时代内涵出发开展研究。总体来讲，体育产业研究已经实现宏观与微观研究并行，定量与定性研究同步，研究范式与研究视角广泛的学科交叉研究。与此同时，要明确体育产业学术研究的落脚点，继续吸纳优秀的多学科背景人才、优化科研制度、加强理论与实际的结合。在学术研究的实践层面上，要坚持以历史与现实、整体与局部、内涵与外延、宏观与微观、具体与一般相统一的眼光来对体育产业进行分层面、广视角、全方位的研究①，真正做到体育产业学术研究助力体育产业实践的加速发展。

A Summary of the Research on China's Sports Industry since the Reform and Opening up: Evolution, Characteristics, Deficiencies and Prospects

Liu Donglei, Cui Lili, Sun Jinhai

Abstract: since the reform and opening up, China's sports industry has developed rapidly. Relevant academic research has followed the development pulse of the times, and initially formed an academic research system of sports industry. Using the methods of logical analysis and literature, this paper sorts out hundreds of relevant academic papers since the reform and opening up, and systematically analyzes the evolution process, research characteristics and research deficiencies of academic research on China's sports industry. The research shows that the research on China's sports industry is divided into three historical development periods, which generally presents the characteristics of sustainable development. On the whole, sports industry research presents three characteristics: the change of research ideas from logical analysis to interdisciplinary research, the shift of research focus from macro concept to subdivided fields, and the change of research types from basic research to applied research. At the same time, it also

---

① 张剑威、刘东锋：《体育强国研究：综述与展望》，《体育与科学》2021年第2期，第12～22页。

puts forward that the perspective of thinking needs to be expanded, the concentration of research fields is obvious, and the degree of research sinking is insufficient High quality research results less insufficient expenditure, and then put forward research enlightenment and Prospect on this basis.

Keywords: Sports Industry; Research Review; Academic Evolution

社会保障与体育消费：此消彼长还是齐头并进[*]

徐　鑫　张　巍　李　畔[**]

【摘　　要】本文基于中国家庭金融调查（China Household Finance Survey，CHFS）的 3.8 万户家庭微观调查数据，使用 Tobit 模型的实证分析工具，实证考察了社会保障对我国家庭体育消费的影响和作用机制。研究发现，参加社会养老保险和商业保险能够显著提升家庭体育消费水平，而参加医疗保险对家庭体育消费则无显著影响。这一结果在使用工具变量法控制内生性问题、控制家庭健康程度、改变回归方法和替换核心指标等检验下仍然保持稳健。机制分析表明，社会保障对家庭体育消费的影响可能存在户主工作类型、家庭收入水平和家庭储蓄规模等传导路径。

【关 键 词】体育消费；社会保障；微观调查

党的十八大以来，以习近平同志为核心的党中央把保障人民健康放在优先发展的战略位置，提出实施健康中国战略的重大决策部署。诚如习近平总书记所

---

　　*　本文系全国哲学社科规划办高端智库建设项目（项目编号：20155010298）、广东省哲学社科规划项目"家庭住房资产影响居民体育消费的机理、路径及对策研究"（项目编号：GD23XTY03）的研究成果。

　　**　徐鑫，经济学博士，广东财经大学金融学院讲师，研究方向为行为经济学和微观计量；张巍，经济学博士，广东财经大学金融学院讲师，清华大学国情研究院兼职研究员，研究方向为居民体育消费；李畔，通讯作者，体育学博士，副教授，硕士研究生导师，成都体育学院足球运动学院党委副书记、院长，研究方向为群众体育。

言，"现代化最重要的指标还是人民健康，这是人民幸福生活的基础。把这件事抓牢，人民至上、生命至上应该是全党全社会必须牢牢树立的一个理念"。① 党的二十大报告进一步强调"推进健康中国建设。人民健康是民族昌盛和国家强盛的重要标志。把保障人民健康放在优先发展的战略位置，完善人民健康促进政策"。对人民日益增长的美好生活需求而言，健康无疑是最重要的："健康是幸福生活最重要的指标，健康是 1，其他是后面的 0，没有 1，再多的 0 也没有意义。"②

而在提升国民健康水平的目标上，至少存在两个直接的具体路径③（见表1）：一是通过医疗手段来预防和治疗疾病；二是通过体育锻炼来提高身体素质和免疫力。前者不仅包括构建强大的公共卫生系统、深化医药卫生体制改革，还包括健全全民医保制度等社会保障体系④。对微观个体而言，在中国特色社会保障体系"坚持实事求是，既尽力而为又量力而行，把提高社会保障水平建立在经济和财力可持续增长的基础之上，不脱离实际、超越阶段"的大前提下，除了具有福利性质的社会保险兜底外，配置商业保险无疑是对个人和家庭医疗资源的重要储备。后者不仅包括开展全民健身运动、完善全民健身公共服务体系、推进社会体育场地和设施的建设，还包括扩大体育消费。因此在"十四五"规划中，"建设体育强国"被列入"全面推进健康中国建设"章节，以期通过增强人民体质推动健康关口前移，并深化体教融合、体卫融合、体旅融合。

表 1 公共部门和微观个体的选择路径

部门	医疗手段	体育锻炼
公共部门	构建强大的公共卫生系统、深化医药卫生体制改革、健全全民医保制度等社会保障体系	开展全民健身运动、完善全民健身公共服务体系、推进社会体育场地和设施的建设
微观个体	商业保险	体育消费

---

① 《为中华民族伟大复兴打下坚实健康基础》，参见人民日报社编《江山就是人民　人民就是江山：习近平总书记系列重要论述综述：2020～2021》，人民日报出版社，2022，第112页。

② 《习近平：健康是幸福生活最重要的指标》，人民日报客户端，2021年3月24日。

③ 提高环境质量、食品安全水平等也能提高人民健康水平，但这些与医疗和体育相比是更加间接的视角，并不在本文的讨论范围之内。

④ 需要强调的是，本文所指的社会保障是包含商业保险在内的一个宽视角定义。2014年8月，国务院印发的《关于加快发展现代保险服务业的若干意见》（国发〔2014〕29号）明确指出，把商业保险建成社会保障体系的重要支柱。而媒体和老百姓习惯性讨论的社会保障一般是指养老保险、医疗保险等具有民生性质的社会保险，并不包括商业保险。

　　然而，社会保障和体育消费的关系并不明确。例如，经典理论指出社会保障与居民消费的关系同时存在正向的资产替代效应（也称为财富替代效应）和负向的退休效应，具体影响取决于这二者的相对大小[1]。资产替代效应，是指社会保障通过给予人们在未来获得某种收益的预期，从而降低居民的预防性储蓄，因此具有替代储蓄促进消费的能力。退休效应，是指由于社会保障（尤其是养老保险）的存在，人们会倾向于缩短工作年限并将退休时间提前，但提前退休意味着无工资支持的纯消费时间延长，这就会促使人们在工作期间提高储蓄率（和降低消费）以保障退休后的养老所需。因此，这两者的关系既可能是此消彼长，即居民随着一方面资源投入的增加[2]，同步减少对另一方面资源的投入；也可能是齐头并进，即居民通过对医疗和体育资源同步加大投入，更好地提升健康水平。还需强调的是，体育消费属于消费中的一种特殊子项。①体育消费并非满足基本生存所需，属于较高的需求层次；②体育消费形态多样，涵盖实物和服务领域；③体育具有民生属性，存在免费的体育公共品供给；④体育消费需要时间投入，机会成本较高。因此，针对社会保障与一般消费研究的结论不能简单地套用在体育消费上。

　　在向健康中国之路迈进的过程中，居民在体育消费领域的实际决策，尤其是与社会保障的互动关系将是本文关注的重点。原因如下。一方面，"总需求不足是当前经济运行面临的突出矛盾"，是党中央对我国经济社会发展的最新判断。提升居民体育消费既是扩大内需战略的有机组成部分，也是"增强消费对经济发展的基础性作用"的必然选择。另一方面，社会保障体系的改革与发展必然深刻影响中国家庭的实际经济决策和行为，这当然也包括体育消费。而且，微观个人和家庭除了在既定的社会保险制度下（即把社会保险及其制度的变化视为一个外生冲击）被动地[3]规划自己的体育消费决策，还能通过配置商业保险的方式更加主动地介入自己的健康规划。

---

① 这里仅引用了哈佛大学费尔德斯坦（Feldstein）教授1974年经典研究的观点，而学术界的后续研究发现，社会保障对居民消费（和储蓄）行为的影响至少存在5种效应：对消费有正向促进的财富替代效应、收入分配效应；对消费有负向阻碍的退休效应、遗赠效应和收入扣除效应。费尔德斯坦的经典文献可参考 Feldstein（1974）。

② 该增加既可以是被动的，如政府提高了社会保障水平或公益性体育健身设施的供应；也可以是主动的，如自己提高了商业保险购买额度或体育消费水平。

③ 一般而言，社会保障体系的构建和完善是由政府等公共部门主要去推动的系统工程，微观个体在其中更多的是一种被动接受的角色。

本文基于西南财经大学中国家庭金融调查的 3.8 万户家庭的微观调查数据，实证检验了养老保险、医疗保险和商业保险对体育消费的影响。结果表明，参加社会养老保险和商业保险能够显著提升家庭体育消费水平，而参加医疗保险对家庭体育消费则无显著影响。这一结果在使用工具变量法控制内生性问题、控制家庭健康程度、更换核心指标和改用其他回归方法等检验下保持稳健。进一步的机制分析表明，社会保障对家庭体育消费的影响可能存在户主工作类型、家庭收入水平和家庭储蓄规模等几个传导路径。具体而言，首先，从户主工作类型来看，参加养老保险对户主工作状态为被雇用的家庭体育消费的促进作用显著高于户主工作状态为其他类型的家庭。其次，从家庭收入水平来看，参加商业保险对高收入家庭体育消费的促进作用显著高于低收入家庭。最后，从家庭储蓄规模来看，参加养老保险和商业保险对高储蓄规模家庭的体育消费促进作用显著高于低储蓄规模的家庭。本文后续安排如下：一是对相关文献进行评述；二是介绍本文的研究设计方案；三是本文主要的实证分析结果；四是对本文进行总结，并给出相应的政策建议。

一　文献综述

（一）社会保障对消费的影响

已有文献对社会保障与消费二者关系的结论并不明确。一方面，社会保障与消费可能是正相关关系，即社会保障程度越高，居民的消费水平也越高。Feldstein（1974）指出，较为完善的社会保障体系是西方发达国家低储蓄的一个重要原因；De Freitas 和 Martins（2014）从理论和实证两方面阐明，一国的社会保障制度越完善，医疗卫生服务越好，居民越敢于消费，而储蓄率越低。实证研究方面，Wagstaff（2005）发现，医疗保险减少了个体在医疗支出中面临的不确定性，从而减少了预防性储蓄并促进了消费增加。Engelhardt 和 Kumar（2011）认为，养老保险作为一种强制储蓄会通过影响个体未来可预期的养老收入而显著挤出个体当期储蓄。Chou 等（2003，2004）对中国台湾地区的研究、Pradhan（2005）对越南的研究和 Madeira（2021）对智利的研究也发现了类似结果。

何立新、封进和佐藤宏（2008）与邹红、喻开志和李奥蕾（2013）及岳爱、杨矗和常芳等（2013）研究发现，养老保险对家庭储蓄的替代效应明显，参保家庭倾向于增加当期消费。甘犁、刘国恩和马双（2010）与马双、臧文斌和甘犁（2011）及Bai、Li和Wu（2013）发现，新型农村合作医疗保险和城镇职工医疗保险等医疗保险均能促进居民消费。王美娇和朱铭来（2015）及吴庆跃、杜念宇和臧文斌（2016）发现，购买商业健康保险会使家庭消费总额增加。

另一方面，社会保障与消费之间也许并没有必然关系（Zhang，2004），甚至对居民消费还可能存在明显的"挤出效应"。例如，养老保险提高了居民储蓄倾向（Cigno & Rosati，1992；Gale，1998；Cerda、Fuentes & García，2020）。白重恩、吴斌珍和金烨（2012）指出，养老保险和储蓄之间的关系非常复杂，当养老保险的收益与私人储蓄收益相等时，当期消费不受养老保险的影响；若养老保险收益小于私人储蓄收益时，当期的消费将会下降。

谢文与吴庆田（2009）发现，我国农村社会保障支出对农村居民的消费没有影响，顾海兵与张实桐（2010）也认为，社会保障支出与居民消费不存在格兰杰因果关系。王晓霞和孙华臣（2008）发现，社会保障对我国居民消费存在挤出效应，社会保障支出每提高1%，居民消费需求支出就下降0.37%。白重恩、吴斌珍和金烨（2012）发现，尽管增加养老保险覆盖率有助于刺激消费，但提高养老金缴费率会显著抑制缴费家庭消费，而且养老保险缴费负担对总消费的影响也是负面的。Chamon、Liu和Prasad（2013）的研究也表明，20世纪90年代中国的养老金改革导致中国家庭储蓄率大幅上升，从而挤出了消费。

（二）居民体育消费影响因素研究

已有文献从收入约束、时间约束、家庭人口学特征、地域和时代差异等方面探讨了对家庭体育消费的影响。第一，收入是最重要的约束，收入的提高在增加购买力的同时也增加了休闲的机会成本，对体育消费的最终影响取决于两种效应的相对大小（Downward & Riordan，2007）。不同收入类型间也存在差异，可支配收入（黄泽民，2008）和工资性收入及转移收入（张健，2013）显著促进体育消费。

第二，体育消费具有"时间稀缺性"的经济特征（代刚，2012），时间的机会成本更高（王睿、杨越，2020）。体育消费不仅像其他商品一样需要花费金钱，还需要花费时间参与。快节奏的现代生活会挤占人们的闲暇时间，并抑制体育消费（马天平、卢旭蕊，2021）。

第三，家庭人口学特征方面，年龄、教育水平和家庭规模受到普遍关注。①在实证研究中，关于年龄是正向促进（Lera-López & Rapún-Gárate，2007），还是负向阻碍（Eakins，2016），并未得到一致性结论。②教育水平更高的人更能充分理解锻炼的益处，进而增加体育消费（Thibaut、Vos & Scheerder，2014）。教育在个人层面（Lera-López & Rapún-Gárate，2007）和家庭层面（Weagley & Huh，2004）均能促进体育消费。③家庭规模可以通过"规模经济"效应进而影响其体育消费行为（赵胜国、金涛，2014；赵胜国、王凯珍和郐崇禧等，2021），但对两者关系的实证结论亦不明确，既有认为二者是正相关的（Pawlowski & Breuer，2012），也有持反对意见的（Thibaut、Vos & Scheerder，2014）。

第四，居住地的城镇化水平和时代特征也会影响体育消费。①多数研究认可居住在城市对体育消费有促进作用，例如，城镇化水平促进当地居民体育消费（Eakins，2016；Pawlowski & Breuer，2012）。农村地区的居民在休闲活动（Weagley & Huh，2004）和体育及娱乐服务上的花费更少（Pawlowski & Breuer，2011）。②随着时代的发展，中国社会已进入"体育服务业生产效率大幅提高，性质发生根本变化"的信息化时代（江小涓，2018）和"单位制消解，但并未退场；社会组织兴起，但远未成熟"的"后单位"时代（任海，2018），这些变化将对居民体育消费产生深刻影响。

（三）文献述评

综上所述，尽管已有文献在社会保障影响居民（全口径）消费和居民体育消费领域取得了较为丰富的研究成果，但仍存在一些不足之处。首先，在研究视角层面，在二者的交叉领域，即社会保障与体育消费二者关系的研究严重不足。对于传统经济学界而言，一般只关注总消费而忽视了具体的消费子项目；对于体育学界而言，虽然体育消费是重要的研究对象，但国内研究仍处在起步和发展阶段（李伟平、权德庆，2014），基本未涉及与社会保障领域交叉的研究。其次，在数据层面，现有研究"重问卷调查数据，轻全国大数据样本"，对居民体育消费的总体情况还不甚明了。尽管学术界关于微观调查数据的收集正在增加，但大量调查并未涵养家庭体育消费。现有研究中关于居民体育消费数据的来源主要依靠问卷调查（郑和明、赵轶龙，2019），且多数问卷仅覆盖几个城市，相关结论难以推广到全国层面。最后，在技术手段层面，已有研究偏重数据的描述性统计、主成分/因子分析等非参数分析，缺乏基于计量和参数的量化研究（王裕雄、Lou 和王超，2020），这也就很难提高政策建议的针对性和精准性。

二 研究设计

（一）数据来源

本文使用的数据来自 2017 年中国家庭金融调查数据，该数据涵盖全国 29 个省份共计 40011 个家庭的资产与负债、保险与保障、支出与收入和金融知识、基层治理与主观评价等多个维度的指标。需要特别说明的是，尽管 CHFS 调查已经公开了 5 个年度数据①，但本文与马天平和卢旭蕊（2022）做法一致，只使用了其中 2017 年度的数据。不使用其他年度数据的原因是，除了 2017 年以外的其他年度调查对家庭体育消费的统计过于宽泛，往往是和家庭其他文化娱乐活动支出合并在一起，缺乏精确性②。

为了保证样本的有效性，本文剔除了没有户口、户主年龄低于 16 岁或者质量较差的家庭样本，共计 1114 条观测值；此外，本文还剔除了核心变量缺失的家庭样本，共计 890 个观测值，最终样本涵盖 29 个省份 258 个城市的 38007 户家庭的观测值。

（二）模型设定

鉴于家庭体育消费存在大量 0 值，呈现"归并数据"的统计特征，本文借鉴张巍、邓博夫和成波锦等（2022）的建议，主要使用 Tobit 模型进行回归③，具体模型设定如下。

$$lnSports_i = \alpha + \beta \times X_i + Controls \times \Gamma + \lambda_j + \varepsilon_i \qquad 模型（1）$$

---

① 分别是 2011 年、2013 年、2015 年、2017 年和 2019 年。

② 以 2019 年调查数据为例，涉及家庭体育消费的变量［G1010a］在问卷中的具体定义是"去年，您家购买及维修保养电视、音响、电脑、平板电脑、相机、游戏机、体育健身器材、乐器、玩具、书报杂志文具、宠物、园艺物品等文化娱乐消费品共花了多少钱？"可见该变量所涉消费类型的范围过于宽泛，因此不太适合用来表征家庭的体育消费。

③ 未报告的结果显示，采用 OLS 模型的结果并不影响本文的结论。

其中，$lnSports_i$ 是本文核心因变量，定义为样本中家庭 i 在 2017 年的体育消费。借鉴马天平和卢旭蕊（2022）的做法，本文也使用 CHFS 调查问卷的［G1020］问题"去年，您家的保健、健身锻炼支出花了多少钱（单位：元）"作为家庭体育消费的代理变量。[①]

X_i 代表本文将重点考察的一组核心自变量，包括：是否参加养老保险[②]（$Pension_i$）、是否参加医疗保险[③]（$Medical_i$）和是否购买商业保险[④]（$Commercial_i$）。养老保险和医疗保险属于民生兜底性质的社会保险，商业保险为居民在社会公共福利基础上的个性化需求和针对风险管理的自主选择。选择这三个变量作为关注重点有如下几点考量。第一，正如前文所言，医疗和体育是居民实现健康的两大直接路径，因此与医疗直接相关的医疗保险是我们关注的解释变量。第二，养老保险和医疗保险是社会保险中规模最大、覆盖最广的项目。[⑤] 第三，商业保险代表居民家庭的自主选择，既是对基本风险范围之外的那些非基本风险，以及对基本风险超过基本保障之外的那些非基本保障的补充性保障，也是满足人民群众风险管理的多样化需求、构建完善的社会保障制度体系的有益补充。

$Controls$ 代表一组家庭和户主层面的控制变量，包括：家庭收入（$LnIncome_i$）[⑥]、所在地区是否为农村（$Rural$）、户主年龄（$LnAge$）[⑦]、户主教育程度虚拟变量（$HighEdu$）[⑧]、户主性别（$Male$）[⑨]、户主婚姻状况（$Married$）[⑩]、家庭成员规模

---

① 大量家庭的体育消费金额为 0，将体育消费金额数值加 1 后求自然对数的做法可以避免这类样本的缺失问题。本文中其他取对数处理的变量也是类似处理方法。

② 指标来自问卷中的问题："［F1001a］目前，＿＿参加的是下列哪种社会养老保险？"

③ 指标来自问卷中的问题："［F2001a］＿＿目前拥有以下哪种社会医疗保险？"

④ 指标来自问卷中的问题："［F6001a］＿＿有下列哪些商业保险？包括境外购买商业保险。"

⑤ 社会保险中通常包括：养老保险、医疗保险、失业保险、工伤保险、生育保险，其中养老保险和医疗保险占比最高。例如，按照人力资源和社会保障部每年公布的《人力资源和社会保障事业发展统计公报》，2021 年度基本养老保险、失业保险、工伤保险三项社会保险基金收入和支出分别为 68205 亿元和 62687 亿元，养老保险基金收入和支出分别为 65793 亿元（占比为 96.46%）和 60197 亿元（占比为 96.03%）。2021 年参加基本养老保险的人数超过 10.28 亿，相比之下 2021 年参加失业保险和工伤保险的人数分别为 2.3 亿和 2.8 亿。根据国家医疗保障局发布的《全国医疗保障事业发展统计公报》，全国基本医疗保险参保人数超过 13.6 亿。详见国家医疗保障局网站。

⑥ 定义为家庭年收入的自然对数，总收入取值为负值时，定义为家庭年收入绝对值的自然对数的相反数。

⑦ 单位是年，取自然对数。

⑧ 当户主教育水平是高中及以上的，$HighEdu$ 取值为 1，否则取值为 0。

⑨ 当户主性别为男性时，$Male$ 取值为 1；当户主性别为女性时，$Male$ 取值为 0。

⑩ 已婚家庭 $Married$ 取值为 1，未婚家庭 $Married$ 取值为 0。

（$LnFamily$）。λ_j 代表城市固定效应。ε_i 代表随机误差项。核心变量描述性统计如表 2 所示。从表 2 中可以看出，本文中的样本家庭体育消费金额的平均值为 272.8 元，基础社会保障的覆盖面较高，户主参加养老保险和医疗保险的家庭占比分别为 82.3% 和 93.5%。相比之下，选择购买商业保险的家庭占比仅为 8.28%。

表 2　核心变量描述性统计

变量	观测值	均值	标准差	最小值	25 分位数	中位数	75 分位数	最大值
$Sports$	38007	272.8	1293	0	0	0	0	10000
$lnSports$	38007	0.658	2.137	0	0	0	0	9.210
$Pension$	38007	0.823	0.382	0	1	1	1	1
$Medical$	38007	0.935	0.247	0	1	1	1	1
$Commercial$	38007	0.0828	0.277	−2	0	0	0	1
$LnIncome$	38007	10.48	2.476	−6.974	10.07	10.97	11.59	13.44
$Rural$	38007	0.320	0.466	0	0	0	1	1
$LnAge$	38007	3.996	0.272	2.944	3.850	4.025	4.190	4.771
$HighEdu$	38007	0.353	0.478	0	0	0	1	1
$Male$	38007	0.795	0.404	0	1	1	1	1
$Married$	38007	0.855	0.352	0	1	1	1	1
$LnFamily$	38007	1.033	0.500	0	0.693	1.099	1.386	2.708

三　实证分析

（一）基准回归：社会保障对家庭体育消费的影响

表 3 报告了模型（1）的估计结果。其中，第（1）列至第（3）列仅加入了三个社会保障的核心解释变量，第（4）列至第（6）列在前三列的基础上加入了家庭和户主层面的控制变量和城市固定效应。前三列中，是否参加养老保险（$Pension$）、是否参加医疗保险（$Medical$）、是否购买商业保险（$Commercial$）的回归系数分别为 5.0867、1.1233 和 7.3683，且分别在 1%、5% 和 1% 的水平上统计显著，这些结果表明在不考虑其他因素的影响下，参加养老保险、医疗保险和

购买商业保险都会显著提高体育消费的水平。第（4）列到第（6）列的结果显示，加入其他控制变量后，是否参加养老保险（*Pension*）、是否参加医疗保险（*Medical*）、是否购买商业保险（*Commercial*）的回归系数分别为 3.0827、0.3399 和 4.0098，除了 *Medical* 的估计系数统计不显著之外，其余两个指标的估计系数均在 1% 的水平上统计显著。这意味着在控制了家庭收入、户主年龄等其他影响因素后，参加养老保险和购买商业保险对体育消费仍然具有显著的促进作用。

参加医疗保险对家庭体育消费无显著作用，这可能有如下三个方面的原因。首先，医疗保险只能用于特定的支出项目，如住院费用的报销、药品报销等，因此与可供居民自由支配的养老保险相比，医疗保险所提供的潜在保障并不能自由转移到其他消费品。其次，现实生活中医疗保险只能在事后部分或全额报销[1]，居民仍面临因为治疗重症的支出的压力和"因病致贫"的风险，因此医疗保险的财富效应也大打折扣。最后，医疗保险的整体保障水平还比较低[2]，而本文中考察的体育消费属于非基本生存必需的高层次消费类型，因此侧重于"保基本"的医疗保险的促进作用并不明显。

表 3 中控制变量的估计系数结果较为稳健：无论是哪种社会保障指标，家庭总收入（*LnIncome*）和户主受教育水平（*HihgEdu*）的估计系数均在 1% 的水平上显著为正，农村地区（*Rural*）、户主年龄（*LnAge*）、户主性别（*Male*）、家庭成员规模（*LnFamily*）的估计系数均在 1% 的水平上显著为负，而户主婚姻状况（*Married*）的估计系数即使在 10% 的水平上仍然统计不显著。这些结果表明，收入水平更高、户主受教育水平更高、户主更年轻、户主为女性、家庭成员规模越小的家庭中，体育消费水平显著更高。

---

① 也就是说，医疗保险只能对居民已经发生的医疗支出进行部分补充（最多是 100% 补充），居民的家庭财富依旧会因为治病开支而减少。

② 中国社会保障学会副会长何文炯指出，20 世纪 90 年代初，国家提出的社会保障事业发展方针是"广覆盖、低水平、多层次"；21 世纪初，这一方针的表述变更为"广覆盖、保基本、多层次、可持续"；党的十八大以后调整为"全覆盖、保基本、多层次、可持续"。他认为其中的"保基本"是关键，只有保基本，才能全覆盖、可持续和多层次。因此，党的十九大报告明确提出"保障适度"，习近平总书记也强调"要更好发挥社会保障的社会稳定器作用，把重点放在兜底上，保障群众基本生活，保障基本公共服务"。其中，习近平总书记讲话来自：http://www.qstheory.cn/dukan/qs/2022-04/15/c_1128558555.htm。何文炯教授的观点来自：https://rwsk.zju.edu.cn/2018/1220/c40044a1672764/page.htm；http://www.swg.zju.edu.cn/2022/0906/c17256a2613574/page.htm。

表3 社会保障与体育消费

变量	（1）	（2）	（3）	（4）	（5）	（6）
	LnSports	LnSports	LnSports	LnSports	LnSports	LnSports
Pension	5.0867***			3.0827***		
	(0.37)			(0.39)		
Medical		1.1233**			0.3399	
		(0.51)			(0.50)	
Commercial			7.3683***			4.0098***
			(0.33)			(0.33)
LnIncome				1.1632***	1.2480***	1.1925***
				(0.18)	(0.18)	(0.18)
Rural				−5.3271***	−5.2756***	−5.1705***
				(0.40)	(0.40)	(0.40)
LnAge				−2.4308***	−1.5094***	−0.8392**
				(0.44)	(0.42)	(0.43)
HighEdu				5.1016***	5.3885***	5.2016***
				(0.26)	(0.26)	(0.26)
Male				−0.6922**	−0.7805***	−0.7086**
				(0.28)	(0.28)	(0.28)
Married				−0.1201	0.0179	0.0118
				(0.38)	(0.38)	(0.38)
LnFamily				−0.8911***	−1.0219***	−1.0403***
				(0.32)	(0.32)	(0.32)
Constant	−22.4583***	−19.2981***	−18.7615***	−19.3589***	−22.0886***	−24.7411***
	(0.38)	(0.52)	(0.21)	(3.52)	(3.51)	(3.39)
City FE	No	No	No	Yes	Yes	Yes
N	38007	38007	38007	38007	38007	38007

注：括号内是稳健标准误，** 和 *** 分别代表5%和1%的显著性水平。

（二）社会保障与家庭体育消费的机制分析

本部分为机制分析，将借助经典的调节效应分析工具来识别社会保障变量影响家庭体育消费的具体传导路径。我们选择了三个潜在的路径变量：工作类型、收入水平和储蓄规模。首先是工作类型，一方面，社会保障水平与工作类型有密切关联①；另一方面，社会保障水平较高地区的家庭，也更倾向于选择风险和收益相对更高的自主创业和灵活就业。其次是收入水平，这是一个更加综合的指标，既是家庭经济状况最直观的代表，也能反映工作的强度（比如工作时间投入）和体育锻炼的直接机会成本②。最后是储蓄规模，正如前文所述，社会保障能够影响居民的预防性储蓄动机，并且具备一定的财富效应，因而能直接影响居民包括体育消费在内的各种消费决策和行为。此外，需要强调的是，鉴于基准回归中医疗保险的回归系数并不显著，因此本部分只考察了养老保险和商业保险影响家庭体育消费的传导路径。

1. 工作类型差异

家庭工作性质不同，直接体现为家庭收入获取的方式不同以及社会保险覆盖程度的差异，CHFS2017 调查问卷中将工作类型划分为 6 种：受雇于他人或单位、临时性工作、务农、个体经营、自由职业及其他。本文将 6 种工作类型划分为两大类：被雇用型和自由职业③，并用虚拟变量 $Employed_i$ 来区分两类工作，当家庭户主的工作类型为被雇用型时取值为 1，否则（为自由职业或无工作）取值为 0。本文通过如下回归模型考察工作类型差异是否会影响社会保障与家庭体育消费之间的关系。

$$lnSports_i = \alpha + \beta_1 \times X_i + \beta_2 \times Employed_i + \beta_3 \times Employed_i \times X_i + Controls \times \Gamma + \lambda_j + \varepsilon_i$$

模型（2）

其中，与模型（1）中相同，X_i 为社会保障指标，即是否参加养老保险（$Pension_i$）和是否购买商业保险（$Commercial_i$）。交互项 $Employed_i \times X_i$ 是社会保障指标 X_i 和 $Employed_i$ 的乘积。

表 4 报告了模型（2）的估计结果。交互项 $Employed \times Pension$ 的估计系数为 2.9818，在 1% 的水平上统计显著；而交互项 $Employed \times Commercial$ 的估计系数

---

① 当个体自我雇用的时候，缴纳养老保险和医疗保险都意味着个人完全自费，而没有来自单位支付部分的财富效应。
② 时薪越高，意味着每小时体育锻炼的机会成本越高。
③ 雇用工作包括受雇于他人或单位和临时性工作两种工作类型；自由职业包括务农、个体经营、自由职业及其他四种工作类型。

为 0.2802，即使在 10% 的水平上仍然统计不显著。① 这些结果表明，与户主工作类型为自由职业和户主没有工作的家庭相比，户主工作类型为被雇用型工作的家庭中，养老保险对体育消费的促进作用显著更高。正如前文所述，这可能是因为受到他人雇用的工作（被社会公认为比较稳定的体制内工作也归于此类）比自主创业和灵活就业放大了社会保障的安全感和财富效应。

表 4　机制分析：工作类型

变量	（1）	（2）
	LnSports	LnSports
Pension	2.0626 ***	
	(0.48)	
Commercial		3.8586 ***
		(0.49)
Employed × Pension	2.9818 ***	
	(0.74)	
Employed × Commercial		0.2802
		(0.64)
Employed	−3.5040 ***	−0.6823 **
	(0.70)	(0.29)
LnIncome	1.2038 ***	1.2147 ***
	(0.18)	(0.18)
Rural	−5.3760 ***	−5.2128 ***
	(0.40)	(0.40)
LnAge	−2.9733 ***	−1.3263 ***
	(0.49)	(0.47)
HighEdu	5.1273 ***	5.2645 ***
	(0.26)	(0.26)
Male	−0.6053 **	−0.6603 **
	(0.28)	(0.28)

① 此外，本文还剔除了户主工作类型缺失的样本（样本量从 38007 下降到 24740），重新对模型（2）进行估计，未报告的结果显示：交互项 Employed × Pension 的估计系数在 1% 的水平上显著为正，交互项 Employed × Commerial 的估计系数在 10% 的水平上仍然统计不显著，与表 4 的结果一致。

续表

变量	（1）	（2）
	LnSports	LnSports
Married	−0.0992	0.0481
	（0.38）	（0.38）
LnFamily	−0.9161***	−1.0375***
	（0.32）	（0.32）
Constant	−16.2951***	−22.7942***
	（3.56）	（3.40）
City FE	Yes	Yes
N	38007	38007

注：括号内是稳健标准误，** 和 *** 分别代表 5% 和 1% 的显著性水平。

2. 收入水平差异

本文通过如下回归模型考察收入水平差异是否会影响社会保障与家庭体育消费之间的关系。

$$lnSports_i = \alpha + \beta_1 \times X_i + \beta_2 \times HighIncome_i + \beta_3 \times X_i \times HighIncome_i + Controls \times \Gamma + \lambda_j + \varepsilon_i$$

模型（3）

其中，与模型（1）中相同，X_i 为社会保障指标，包括：是否参加养老保险（$Pension_i$）和是否购买商业保险（$Commercial_i$）。$HighIncome_i$ 为衡量家庭收入水平高低的虚拟变量，当家庭 i 的总收入超过样本中位数①时取值为 1，否则取值为 0。

表 5 报告了模型（3）的估计结果。交互项 $HighIncome \times Pension$ 的估计系数为 1.0666，即使在 10% 的水平上仍然统计不显著；交互项 $HighIncome \times Commercial$ 的估计系数为 3.1313，在 1% 的水平上统计显著。这些结果表明，购买商业保险对体育消费的促进作用在收入水平更高的家庭中显著更高。换言之，随着收入水平的提高，针对居民个性化和补充性保障需求的商业保险，抑制居民预防性储蓄的能力越强，促进体育消费的财富效应越明显。

---

① 改变 $HighIncome$ 的定义方式，例如，基于家庭收入的上 10% 或上 20% 的分位数构建指标，本文的结论不变。

表 5　机制分析：收入水平

变量	（1） LnSports	（2） LnSports
Pension	2. 1764 ***	
	（0. 56）	
Commercial		3. 8248 ***
		（0. 32）
HighIncome × Pension	1. 0666	
	（0. 72）	
HighIncome × Commercial		3. 1313 ***
		（0. 48）
HighIncome	3. 1894 ***	1. 3577 **
	（0. 73）	（0. 56）
LnIncome	0. 5842 ***	0. 5948 ***
	（0. 15）	（0. 14）
Rural	− 4. 7265 ***	− 4. 5812 ***
	（0. 39）	（0. 39）
LnAge	− 2. 4446 ***	− 1. 5348 ***
	（0. 43）	（0. 43）
HighEdu	4. 6231 ***	4. 5050 ***
	（0. 26）	（0. 26）
Male	− 0. 7478 ***	− 0. 6970 **
	（0. 28）	（0. 28）
Married	− 0. 4988	− 0. 4951
	（0. 38）	（0. 37）
LnFamily	− 1. 5114 ***	− 1. 5755 ***
	（0. 30）	（0. 30）
Constant	− 13. 3762 ***	− 16. 2042 ***
	（3. 34）	（3. 25）
City FE	Yes	Yes
N	38007	38007

注：括号内是稳健标准误，** 和 *** 分别代表5%和1%的显著性水平。

3. 储蓄规模差异

本文通过如下回归模型考察储蓄规模差异是否会影响社会保障与家庭体育消

费之间的关系。

$$lnSports_i = \alpha + \beta_1 \times X_i + \beta_2 \times HighDeposit_i + \beta_3 \times X_i \times HighDeposit_i + Controls \times \Gamma + \lambda_j + \varepsilon_i$$

模型（4）

　　其中，与模型（1）中相同，X_i 为社会保障指标，包括：是否参加养老保险（$Pension_i$）和是否购买商业保险（$Commercial_i$）。$HighDeposit_i$ 为衡量家庭储蓄规模高低的虚拟变量，当家庭 i 的银行存款（活期存款和定期存款之和[①]）超过样本中位数[②]时取值为 1，否则取值为 0。

　　表 6 报告了模型（4）的估计结果。从结果中不难发现，两个交互项 $HighDeposit \times Pension$ 和 $HighDeposit \times Commercial$ 估计系数分别为 1.4474 和 1.8010，且分别在 10% 和 5% 的水平上统计显著。这些结果表明，参加养老保险和购买商业保险对体育消费的促进作用在存款储蓄规模更高的家庭中显著更高。这也非常符合经济直觉：储蓄越多的家庭往往财富水平也越高，应对未来的不确定性风险的能力越强，故养老保险和商业保险对其体育消费的拉动效果也越大。

表 6　机制分析：储蓄规模

变量	（1） LnSports	（2） LnSports
Pension	2.3818 ***	
	(0.47)	
Commercial		3.3304 ***
		(0.36)
HighDeposit × Pension	1.4474 *	
	(0.74)	
HighDeposit × Commercial		1.8010 **
		(0.75)

①　未报告的结果显示，仅有定期存款会提升养老保险和商业保险对体育消费的促进作用，活期存款无显著影响。

②　改变 $HighDeposit$ 的定义方式，例如，基于家庭收入 90% 的分位数、80% 的分位数构建指标，本文的结论不变。

续表

变量	（1）	（2）
	LnSports	LnSports
HighDeposit	-4.6579 ***	-3.5127 ***
	（0.70）	（0.28）
LnIncome	0.9900 ***	1.0291 ***
	（0.16）	（0.16）
Rural	-4.9725 ***	-4.8160 ***
	（0.40）	（0.40）
LnAge	-2.1647 ***	-0.6769
	（0.44）	（0.43）
HighEdu	4.6826 ***	4.7741 ***
	（0.26）	（0.26）
Male	-0.7855 ***	-0.7962 ***
	（0.28）	（0.28）
Married	-0.3184	-0.2005
	（0.38）	（0.38）
LnFamily	-0.9635 ***	-1.1099 ***
	（0.31）	（0.31）
Constant	-16.0045 ***	-21.5896 ***
	（3.49）	（3.38）
City FE	Yes	Yes
N	38007	38007

注：括号内是稳健标准误，* 、** 和 *** 分别代表 10%、5% 和 1% 的显著性水平。

（三） 稳健性检验

1. 内生性问题

前文的实证分析可能存在潜在的内生性问题，本节采用工具变量回归的方法缓解内生性问题对结果的影响。具体来说，本文以每个家庭所在城市除了该家庭以外的其他个体的平均养老保险参加率（$AvgPension_i$）、平均医疗保险参加率（$AvgMedical_i$）和商业保险参加率（$AvgCommercial_i$）分别作为家庭 i 户主是否参与养老保险、医疗保险和购买商业保险的工具变量。

合理的工具变量应当满足外生性和相关性两个条件。外生性是指工具变量应

当与被解释变量（体育消费）无关；相关性是指工具变量应当与核心解释变量
（参加养老保险、参加医疗保险和购买商业保险）相关。无关性方面，本文中采
用的工具变量是每个家庭所在城市中除了该家庭以外的其他家庭的平均参保率，
显然与该家庭的体育消费无关；相关性方面，相同城市的居民或家庭由于文化相
似、收入水平接近，城市内其他家庭的平均参保率因此会影响该家庭的参保
情况。

    本文使用两阶段 Tobit 模型重新估计模型（1），表 7 分别报告了第一阶段[①]
和第二阶段的结果[②]。第一阶段回归的 F 值均在 1% 的水平上统计显著，且均大
于 10 这一经验值，因此可以排除"弱工具变量问题"。DWH 检验对应的卡方统
计量分别为 5.09、1.41 和 6.86。除了医疗保险外，其余回归对应的 p 值均小于
0.05，表明工具变量回归是适用的。表 7 第（2）列、第（4）列、第（6）列的
结果显示，工具变量法回归的结果：参加养老保险和购买商业保险会显著促进体
育消费的增加，而医疗保险并不对体育消费产生影响。

表 7　稳健性检验：工具变量回归

变量	（1） Pension	（2） LnSports	（3） Medical	（4） LnSports	（5） Commercial	（6） LnSports
AvgPension	0.6756***					
	(0.02)					
Pension		5.0087***				
		(0.90)				
AvgMedical			0.7147***			
			(0.04)			
Medical				1.5863		
				(1.03)		
AvgCommercial					0.7216***	
					(0.04)	

---

① 第一阶段的回归结果分别汇报在表 7 的第（1）列、第（3）列和第（5）列。
② 本文中使用的工具变量是城市层面的平均值，是一种"特殊"的城市固定效应，考虑到多共线性
  的问题，在第一阶段估计中本文并未包含城市固定效应，当然，加入城市固定效应并不影响表 7
  的结论。

续表

变量	(1)	(2)	(3)	(4)	(5)	(6)
	Pension	LnSports	Medical	LnSports	Commercial	LnSports
Commercial						5.7141 ***
						(0.74)
LnIncome	0.0176 ***	1.1447 ***	0.0067 ***	1.2394 ***	0.0037 ***	1.1799 ***
	(0.00)	(0.09)	(0.00)	(0.08)	(0.00)	(0.08)
Rural	0.0413 ***	-5.5362 ***	0.0120 ***	-5.2337 ***	-0.0031	-5.1075 ***
	(0.00)	(0.43)	(0.00)	(0.40)	(0.00)	(0.40)
LnAge	0.3512 ***	-2.9305 ***	0.0611 ***	-1.6559 ***	-0.1288 ***	-0.6551
	(0.01)	(0.55)	(0.01)	(0.43)	(0.01)	(0.44)
HighEdu	0.0982 ***	4.9079 ***	0.0246 ***	5.3640 ***	0.0373 ***	5.1474 ***
	(0.00)	(0.30)	(0.00)	(0.27)	(0.00)	(0.27)
Male	-0.0147 ***	-0.5139 *	-0.0019	-0.7918 ***	-0.0084 **	-0.6438 **
	(0.00)	(0.30)	(0.00)	(0.29)	(0.00)	(0.29)
Married	0.0443 ***	-0.2216	0.0250 ***	0.0384	0.0067	-0.0026
	(0.01)	(0.40)	(0.00)	(0.38)	(0.00)	(0.38)
LnFamily	-0.0188 ***	-0.7727 **	0.0135 ***	-1.0651 ***	0.0017	-1.0572 ***
	(0.00)	(0.32)	(0.00)	(0.30)	(0.00)	(0.30)
Constant	-1.3085 ***	-17.6274 ***	-0.0724	-22.6118 ***	0.4883 ***	-25.6258 ***
	(0.04)	(3.51)	(0.05)	(3.34)	(0.03)	(3.35)
City FE	No	Yes	No	Yes	No	Yes
First Stage F-value	671.68 ***		71.36 ***		170.92 ***	
Endogeneity chi²	5.09 **		1.41		6.86 ***	
N	38007	38007	38007	38007	38007	38007

注：括号内是稳健标准误，*、** 和 *** 分别代表10%、5%和1%的显著性水平。

2. 控制健康程度

家庭成员的健康程度可能是影响体育消费意愿，乃至参加医疗保险和购买商业保险的重要原因，因此，本文进一步控制家庭成员的平均健康程度。[①] 本文以家庭成员身体状况评分的均值得到衡量家庭健康程度的指标——Unhealth，并重新估计模型（1），结果汇报在表8第（1）列至第（3）列。在所有的回归结果

① 指标来自问卷的问题"［A2025b］与同龄人相比，现在的身体状况如何？"，评分1~5分别代表"非常健康"、"健康"、"一般"、"不好"和"非常不好"。

中，健康程度 *Unhealth* 的估计系数均在 1% 的水平上显著为负，表明家庭健康程度与家庭的体育消费呈负相关。*Pension* 和 *Commercial* 指标的估计系数分别为 3.0747 和 3.9257，并且均在 1% 的水平上统计显著，而 *Medical* 指标的估计系数即使在 10% 的水平上仍然统计不显著，这与表 3 的结果一致。

表 8　稳健性检验：控制家庭健康状况

变量	(1)	(2)	(3)
	LnSports	*LnSports*	*LnSports*
Pension	3.0747 ***		
	(0.38)		
Medical		0.3689	
		(0.50)	
Commercial			3.9257 ***
			(0.32)
Unhealth	-1.0957 ***	-1.1017 ***	-1.0329 ***
	(0.16)	(0.16)	(0.16)
LnIncome	1.1208 ***	1.2040 ***	1.1532 ***
	(0.17)	(0.18)	(0.17)
Rural	-5.1813 ***	-5.1314 ***	-5.0347 ***
	(0.40)	(0.40)	(0.40)
LnAge	-1.6602 ***	-0.7408 *	-0.1294
	(0.45)	(0.44)	(0.44)
HighEdu	4.9549 ***	5.2403 ***	5.0672 ***
	(0.26)	(0.26)	(0.26)
Male	-0.7064 **	-0.7944 ***	-0.7223 ***
	(0.28)	(0.28)	(0.28)
Married	-0.0806	0.0554	0.0477
	(0.38)	(0.38)	(0.38)
LnFamily	-1.1308 ***	-1.2604 ***	-1.2655 ***
	(0.32)	(0.32)	(0.31)
Constant	-18.7577 ***	-21.4822 ***	-24.1099 ***
	(3.47)	(3.45)	(3.34)
City FE	Yes	Yes	Yes
N	38007	38007	38007

注：括号内是稳健标准误，＊、＊＊和＊＊＊分别代表 10%、5% 和 1% 的显著性水平。

3. 改变回归方法

前文基准回归部分主要基于 Tobit 回归考察社会保障对家庭体育消费的影响，由于样本数据为抽样得到，下面将按照每个样本出现的概率大小对估计结果进行加权处理[①]，表9中的第（1）列至第（3）列汇报了加权后的 Tobit 回归结果，是否参加养老保险（Pension）和是否购买商业保险（Commercial）的估计系数均在 1% 的水平上显著为正，而是否参加医疗保险（Medical）的估计系数即使在 10% 的水平上仍然统计不显著。此外，本文还以体育消费是否大于 0 的虚拟变量——DummySports[②] 作为因变量，使用 Probit 模型考察社会保障对体育消费的影响，结果如表9的第（4）列到第（6）列所示，是否参加养老保险（Pension）和是否购买商业保险（Commercial）的估计系数分别在 1% 的水平上显著为正，而是否参加医疗保险（Medical）的估计系数即使在 10% 的水平上仍然统计不显著。

表9 稳健性检验：改变回归方法

变量	（1）	（2）	（3）	（4）	（5）	（6）
	LnSports	LnSports	LnSports	DummySports	DummySports	DummySports
Pension	2. 9604 ***			0. 2664 ***		
	(0. 56)			(0. 03)		
Medical		0. 9238			0. 0298	
		(0. 71)			(0. 04)	
Commercial			4. 0487 ***			0. 3562 ***
			(0. 44)			(0. 03)
LnIncome	1. 4603 ***	1. 5403 ***	1. 4929 ***	0. 1001 ***	0. 1071 ***	0. 1029 ***
	(0. 24)	(0. 24)	(0. 23)	(0. 02)	(0. 02)	(0. 02)
Rural	−12. 6728 ***	−12. 6723 ***	−12. 4680 ***	−0. 4311 ***	−0. 4254 ***	−0. 4193 ***
	(0. 77)	(0. 77)	(0. 77)	(0. 03)	(0. 03)	(0. 03)
LnAge	−1. 9730 ***	−1. 0825 *	−0. 3697	−0. 2370 ***	−0. 1556 ***	−0. 0981 ***
	(0. 60)	(0. 58)	(0. 59)	(0. 04)	(0. 04)	(0. 04)
HighEdu	5. 6762 ***	5. 9389 ***	5. 7666 ***	0. 4325 ***	0. 4561 ***	0. 4433 ***
	(0. 37)	(0. 37)	(0. 37)	(0. 02)	(0. 02)	(0. 02)

① 权重变量为 CHFS 数据自带的 weight_hh 指标。
② 当家庭 i 的体育消费金额大于 0 时，变量 DummySports 取值为 1，否则取值为 0。

续表

变量	（1）	（2）	（3）	（4）	（5）	（6）
	LnSports	*LnSports*	*LnSports*	*DummySports*	*DummySports*	*DummySports*
Male	− 0.5513	− 0.6293	− 0.5644	− 0.0612**	− 0.0685***	− 0.0628**
	（0.39）	（0.39）	（0.38）	（0.02）	（0.02）	（0.02）
Married	0.1902	0.2949	0.2907	− 0.0128	− 0.0008	− 0.0016
	（0.53）	（0.53）	（0.53）	（0.03）	（0.03）	（0.03）
LnFamily	− 1.6887***	− 1.8192***	− 1.8311***	− 0.0790***	− 0.0902***	− 0.0917***
	（0.44）	（0.44）	（0.44）	（0.03）	（0.03）	（0.03）
Constant	− 36.9786***	− 40.2008***	− 42.5099***	− 1.5199***	− 1.7572***	− 1.9968***
	（6.02）	（5.99）	（5.89）	（0.31）	（0.30）	（0.30）
City FE	Yes	Yes	Yes	Yes	Yes	Yes
N	38007	38007	38007	38007	38007	38007

注：括号内是稳健标准误，* 、** 和 *** 分别代表 10%、5% 和 1% 的显著性水平。

4. 替换核心指标

在基准回归中，主要使用保健、健身锻炼支出作为被解释变量，以是否参加养老保险（*Pension*）、是否参加医疗保险（*Medical*）以及是否购买商业保险（*Commercial*）作为核心解释变量，下面以"文体休闲支出①"为被解释变量，相关 Tobit 回归结果汇报在表 10 的第（1）列至第（3）列，第（4）列至第（6）列则进一步报告了以养老保险账户余额（*LnPension*）、医疗保险账户余额（*LnMedical*）以及商业保险保费金额（*LnCommercial*）② 作为核心解释变量③ 的 Tobit 回归结果。结果显示，如果以文体消费为被解释变量，是否参加养老保险（*Pension*）、是否参加医疗保险（*Medical*）和购买商业保险（*Commercial*）的估计系数均在 1% 的水平上显著为正。如果以保险金额为核心解释变量，养老保险账户余额（*LnPension*）、医疗保险账户余额（*LnMedical*）和商业保险保费金额（*LnCommercial*）的估计系数同样在 1% 的水平上显著为正。

---

① 该指标来自问卷中的问题"您家去年平均每个月书报、杂志、光盘、影剧票、酒吧、网吧、养宠物、游乐场及玩具、艺术器材、体育用品等文化娱乐总支出有多少钱？"，*LnComsump* 定义为文体消费金额（单位：元）+1 后的自然对数。

② 问卷中并未给出保额。

③ 所有指标均定义为金额+1 后的自然对数。

表 10 稳健性检验：替换指标

变量	（1）LnConsump	（2）LnConsump	（3）LnConsump	（4）LnSports	（5）LnSports	（6）LnSports
Pension	0.8372 ***					
	（0.10）					
Medical		0.7740 ***				
		（0.14）				
Commercial			1.1467 ***			
			（0.10）			
LnPension				0.1581 ***		
				（0.03）		
LnMedical					0.3938 ***	
					（0.03）	
LnCommercial						0.5296 ***
						（0.04）
LnIncome	0.2468 ***	0.2587 ***	0.2573 ***	1.2308 ***	1.1449 ***	1.1927 ***
	（0.02）	（0.02）	（0.02）	（0.18）	（0.17）	（0.18）
Rural	−2.5339 ***	−2.5367 ***	−2.4968 ***	−5.3134 ***	−5.0523 ***	−5.1450 ***
	（0.10）	（0.10）	（0.10）	（0.40）	（0.40）	（0.40）
LnAge	−2.9573 ***	−2.7205 ***	−2.5033 ***	−1.8411 ***	−1.1377 ***	−0.7755 *
	（0.12）	（0.12）	（0.12）	（0.42）	（0.42）	（0.43）
HighEdu	2.6761 ***	2.7514 ***	2.7175 ***	5.3722 ***	4.8951 ***	5.1946 ***
	（0.07）	（0.07）	（0.07）	（0.26）	（0.26）	（0.26）
Male	−0.0941	−0.1113	−0.1024	−0.7506 ***	−0.8157 ***	−0.7231 ***
	（0.08）	（0.08）	（0.08）	（0.28）	（0.28）	（0.28）
Married	−0.5416 ***	−0.5162 ***	−0.5035 ***	0.0272	−0.0765	0.0149
	（0.11）	（0.11）	（0.11）	（0.38）	（0.38）	（0.38）
LnFamily	1.8642 ***	1.8274 ***	1.8249 ***	−0.9733 ***	−0.9214 ***	−1.0728 ***
	（0.08）	（0.08）	（0.08）	（0.32）	（0.32）	（0.32）
Constant	−22.4583 ***	−19.2981 ***	−18.7615 ***	−22.5879 ***	−25.0836 ***	−27.8037 ***
	（0.38）	（0.52）	（0.21）	（3.58）	（3.56）	（3.45）
City FE	Yes	Yes	Yes	Yes	Yes	Yes
N	38007	38007	38007	38007	38007	38007

注：括号内是稳健标准误，＊和＊＊＊分别代表10%和1%的显著性水平。

四　研究结论与政策建议

本文基于中国家庭金融调查的 3.8 万户微观家庭调查数据，使用 Tobit 模型的实证分析工具，实证考察了社会保障对我国家庭体育消费的影响和作用机制。研究发现，参加社会养老保险和商业保险能够显著提升家庭体育消费水平，而参加医疗保险对家庭体育消费则无显著影响。这一结果在使用工具变量法控制内生性问题、控制家庭健康程度、改变回归方法和替换核心指标等检验下仍然保持稳健。进一步的机制分析表明，社会保障对家庭体育消费的影响可能存在户主工作类型、家庭收入水平和家庭储蓄规模等几个传导路径。

现在，我们已经踏上全面建设社会主义现代化国家的新征程，推进健康中国建设是中国式现代化的重要内容。在这一项前无古人的开创性事业中，必然会遇到各种可以预料和难以预料的风险挑战、艰难险阻甚至"惊涛骇浪"。健全多层次社会保障体系，为广大人民群众提供有效保障，才能为广大人民群众生产生活提供稳定预期，充分激发亿万人民推进包括健康中国在内的中国式现代化建设事业的积极性、主动性和创造性。若聚焦在体育消费领域，基于本文研究结论有如下政策建议。

第一，养老保险可以促进体育消费，意味着这个世界上规模最大的基本养老保障体系在兜底居民不确定风险，发挥促进居民消费升级的财富效应方面确实发挥了重要作用。这也意味着党的十八大以来，我们在统一城乡居民基本养老保险制度，实现机关事业单位和企业养老保险制度并轨，建立企业职工基本养老保险基金中央调剂制度等领域的深入改革颇有成效。未来应进一步贯彻"十四五"规划在该领域的顶层设计，健全基本养老保险制度体系，促进基本养老保险基金长期平衡。

第二，医疗保险对居民体育消费没有显著影响，并不意味着医疗保险改革方向存在问题。医疗保险首要是守住老百姓看病就医的民生底线，对体育消费领域的红利溢出并不是该项制度的关注重点。医疗保险的改革发展必须坚持实事求是原则，既尽力而为又量力而行，把提高社会保障水平建立在经济和财力可持续增长的基础之上，决不能脱离实际、超越阶段。

第三，商业保险可以促进体育消费，既意味着消费者通过购买力把"人民对健康生活的向往"映射到商业保险和体育消费上，也意味着未来商业保险领域大有可为。未来应进一步推动保险业供给侧结构性改革，以满足新发展阶段人民群众对保险需求的变化。强化保险服务功能，通过市场化竞争改变传统"强营销"与"弱服务"的销售模式，把不断满足人民对美好生活的向往作为发展目标，以人民的保险需求为牵引优化产品供给。

第四，本文发现工作类型、收入水平和储蓄规模是养老保险和商业保险促进居民体育消费的传导路径，该结论具有非常明确的政策意涵。"十四五"规划在设定经济社会发展主要目标时，明确将"实现更加充分更高质量就业，城镇调查失业率控制在5.5%以内，居民人均可支配收入增长与国内生产总值增长基本同步，分配结构明显改善"与"多层次社会保障体系更加健全"并列为民生福祉达到新水平的指标。因此要推进促进居民就业和增收的各项举措落地见效，千方百计让群众就业优起来，腰包鼓起来，财富多起来。

第五，提升体育消费规模和质量，促进群众体育和全民健身活动全面发展，不仅需要社会保障领域的努力，而且需要政府、社会、家庭、个人共同参与的"组合拳"。例如，大力普及全民健身方法，广泛开展全民健身活动，促进重点人群体育活动开展，引导群众树立健康理念，构建更高水平的全民健身公共服务体系，提倡组织体育工作者、爱好者担当体育志愿者，深入城乡、社区、企业开展体育"走基层"，让人民群众共享体育发展成果，高质量建设体育强国。

参考文献

[1] Feldstein M., "Social security, induced retirement, and aggregate capital accumulation", *Journal of political economy*, 1974, 82(5): 905-926.

[2] De Freitas N. el M., Martins J.O., "Health, pension benefits and longevity: How they affect household savings?", *The Journal of the Economics of Ageing*, 2014, 3: 21-28.

[3] Wagstaff A., "The bounds of the concentration index when the variable of interest is binary, with an application to immunization inequality", *Health economics*, 2005, 14(4): 429-432.

[4] Engelhardt G.V., Kumar A., "Pensions and household wealth accumulation", *Journal of Human Resources*, 2011, 46(1): 203-236.

[5] Chou S.Y., Liu J.T., Hammitt J.K., "National health insurance and precautionary saving: evidence from Taiwan", *Journal of Public Economics*, 2003, 87(9-10): 1873-1894.

[6] Chou S., Liu J., Huang C.J., "Health insurance and savings over the life cycle—a semiparametric smooth coefficient estimation", *Journal of Applied Econometrics*, 2004, 19(3): 295-322.

[7] Pradhan M.P., "Health Insurance Impacts on Health and Nonmedical Consumption in a

Developing Country", *World Bank Policy Research Working Paper*, 2005(3563) .

[8] Madeira C., "The long term impact of Chilean policy reforms on savings and pensions", *The Journal of the Economics of Ageing*, 2021, 19: 100326.

[9] Bai C. E., Li H., Wu B., "Insurance, Learning and Consumption: Evidence from China's New Cooperative Medical Scheme", *www. researchgate. net*.

[10] Zhang J., "How does social security affect economic growth? Evidence from cross-country data", *Journal of population Economics*, 2004, 17: 473−500.

[11] Cigno A., Rosati F. C., "The effects of financial markets and social security on saving and fertility behaviour in Italy", *Journal of population economics*, 1992, 5(4) : 319−341.

[12] Gale W. G., "The effects of pensions on household wealth: A reevaluation of theory and evidence", *Journal of Political economy*, 1998, 106(4) : 706−723.

[13] Cerda R., Fuentes R., García G., "Understanding domestic savings: an empirical approach", *Applied Economics*, 2020, 52(9) : 905−928.

[14] Chamon M., Liu K., Prasad E., "Income uncertainty and household savings in China", *Journal of Development Economics*, 2013, 105: 164−177.

[15] Downward P., Riordan J., "Social Interactions and the Demand for Sport: An Economic Analysis", *Contemporary Economic Policy*, 2007, 25(4) : 518−537.

[16] Lera-López F., Rapún-Gárate M., "The Demand for Sport: Sport Consumption and Participation Models", *Journal of Sport Management*, 2007, 21(1) : 103−122.

[17] Eakins J., "An examination of the determinants of Irish household sports expenditures and the effects of the economic recession", *European Sport Management Quarterly*, 2016, 16(1) : 86 −105.

[18] Thibaut E., Vos S., Scheerder J., "Hurdles for sports consumption? The determining factors of household sports expenditures", *Sport Management Review*, 2014, 17(4) : 444−454.

[19] Weagley R. O., Huh E., "Leisure Expenditures of Retired and Near-Retired Households", *Journal of Leisure Research*, 2004, 36(1) : 101−127.

[20] Pawlowski T, Breuer C., "Expenditure elasticities of the demand for leisure services", *Applied Economics*, 2012, 44(26) : 3461−3477.

[21] Pawlowski T, Breuer C., "The demand for sports and recreational services: Empirical evidence from Germany", *European Sport Management Quarterly*, 2011, 11(1) : 5−34.

[22] 《为中华民族伟大复兴打下坚实健康基础——习近平总书记关于健康中国重要论述综述》，《光明日报》2021 年 8 月 8 日，第 1 版。

[23] 习近平：《高举中国特色社会主义伟大旗帜 为全面建设社会主义现代化国家而团结奋斗——在中国共产党第二十次全国代表大会上的报告》，人民出版社，2022 年。

[24] 习近平：《健康是幸福生活最重要的指标》，《人民日报》2021 年 3 月 24 日。

[25] 习近平：《促进我国社会保障事业高质量发展、可持续发展》，《求是》2022 年第 8 期。

[26] 习近平：《当前经济工作的几个重大问题》，《求是》2023 年第 4 期。

[27] 何立新、封进、佐藤宏：《养老保险改革对家庭储蓄率的影响：中国的经验证据》，《经济研究》2008 年第 10 期，第 117~130 页。

[28] 邹红、喻开志、李奥蕾：《养老保险和医疗保险对城镇家庭消费的影响研究》，《统计研究》2013年第11期，第60~67页。

[29] 岳爱、杨矗、常芳等：《新型农村社会养老保险对家庭日常费用支出的影响》，《管理世界》2013年第8期，第101~108页。

[30] 甘犁、刘国恩、马双：《基本医疗保险对促进家庭消费的影响》，《经济研究》2010年第S1期，第30~38页。

[31] 马双、臧文斌、甘犁：《新型农村合作医疗保险对农村居民食物消费的影响分析》，《经济学》（季刊）2011年第1期，第249~270页。

[32] 王美娇、朱铭来：《商业健康保险对居民消费及其结构的影响——基于理性预期和家庭资产结构分析》，《保险研究》2015年第6期，第19~31页。

[33] 吴庆跃、杜念宇、臧文斌：《商业健康保险对家庭消费的影响》，《中国经济问题》2016年第3期，第68~79页。

[34] 白重恩、吴斌珍、金烨：《中国养老保险缴费对消费和储蓄的影响》，《中国社会科学》2012年第8期，第48~71，204页。

[35] 谢文、吴庆田：《农村社会保障支出对农村居民消费的影响的实证研究》，《财经理论与实践》2009年第5期，第27~32页。

[36] 顾海兵、张实桐：《试论社会保障水平与消费水平的不相关》，《经济学家》2010年第1期，第86~93页。

[37] 王晓霞、孙华臣：《社会保障支出对消费需求影响的实证研究》，《东岳论丛》2008年第6期，第47~50页。

[38] 黄泽民：《体育经济中个人消费行为系统性分析——体育注意力转化为体育消费的基本条件》，《体育科学》2008年第10期，第26~31，40页。

[39] 张健：《公众体育消费的约束因素与提升策略研究》，《北京体育大学学报》2013年第6期，第27~31页。

[40] 王睿、杨越：《家庭视域下扩大我国体育消费的政策研究》，《体育科学》2020年第1期，第42~50页。

[41] 马天平、卢旭蕊：《工作忙碌制约了家庭消费升级吗？——来自文体休闲消费的替代效应证据》，《经济学报》2021年第4期，第207~234页。

[42] 赵胜国、金涛：《中小城市不同规模家庭体育消费的特征》，《上海体育学院学报》2014年第6期，第43~47，53页。

[43] 赵胜国、王凯珍、邸崇禧等：《基于家庭规模视角的城镇居民体育消费观特征研究》，《中国体育科技》2021年第7期，第92~98页。

[44] 江小涓：《中国进入服务经济时代》，《北京日报》2018年8月27日。

[45] 任海：《由单位体育到社会体育——对我国群众体育发展的思考》，《体育科学》2018年第7期，第11~12页。

[46] 李伟平、权德庆：《我国体育消费研究前沿与热点——基于科学知识图谱的可视化研究》，《西安体育学院学报》2014年第1期，第41~44页。

[47] 郑和明、赵轶龙：《改革开放40年我国体育消费研究：演进、成就、反思与展望》，《北京体育大学学报》2019年第3期，第101~113页。

［48］ 王裕雄、CatheYine Lou、王超：《北京居民体育消费的两阶段决策差异及政策涵义——基于 Double-hurdle 模型的研究》，《北京体育大学学报》2020 年第 1 期，第 16~28 页。

［49］ 马天平、卢旭蕊：《时间挤出、收入促进与参与型体育消费》，《上海体育学院学报》2022 年第 5 期，第 85~96 页。

［50］ 张巍、邓博夫、成波锦等：《中国城镇住户家庭体育消费研究：经验证据、影响因素与政策意涵》，《中国体育科技》2022 年第 9 期，第 71~79 页。

［51］ 代刚：《新消费行为理论视域下转型时期体育消费的经济学解读》，《西安体育学院学报》2012 年第 4 期。

Empirical Analysis on the Relation between Social Insurance and Sports Consumption

Xu Xin, Zhang Wei, Li Pan

Abstract: Utilizing survey data of more than 38 thousand households from the China's Household Finance Survey (CHFS) , this article examined the impact and mechanism of social insurance and sports consumption using the Tobit regression model. Our empirical results show that the sports consumption level is significantly higher in households of which the head participated in the old-age insurance or commercial insurance than that did not. These findings are robust to other proxies for social insurance, alternative definitions of sports consumption, controlling average fitness level of household, and after alleviating endogeneity using instrumental variable regression. Further analysis show that the positive relation between social insurance and household sports consumption is affected by household income, job type, and savings. Specifically, the impact of old-age insurance on sport consumption are more prevalent among households of which the head work as an employee. The impact of commercial insurance on sport consumption are more prevalent among households with higher income or higher savings.

Keywords: sport consumption; Social Insurance; Micro Investigation

基于扎根理论的我国体育彩民购彩
健康结构模型构建[*]

郑　静　刘　炼　胡　月　李　改[**]

【摘　　要】近年来，中国高度重视并积极推进责任彩票建设，体育彩民购彩健康也成为彩票管理机构和学术界关注的焦点。本文采用扎根理论研究方法，以购彩健康研究相关成果为前提，在厘清购彩健康价值取向的基础上，选取 26 名体育彩民进行半开放式深度访谈，并运用扎根理论以 NVivo 12.0 软件为工具构建我国体育彩民购彩健康结构模型。结果表明：①体育彩民的购彩健康评价是有两面性的，即消极层面的购彩危害和积极层面的购彩裨益。②体育彩民购彩危害包括身体健康危害、心理健康危害、文化危害、财务危害、人际关系危害、工作或学习危害和不良行为危害等 7 个维度。③体育彩民购彩裨益包括愉悦体验裨益、社会支持裨益、公益情怀裨益、经济回报裨益、理性控制裨益等 5 个维度。从购彩危害和购彩裨益出发，构建体育彩民购彩健康结构概念模型，建立购彩健康评价指标体系，提高购彩健康水平评价的准确性，促进和保障我国体育彩票市场的和谐与可持续发展。

【关 键 词】扎根理论；体育彩民；购彩健康

＊　本文系国家社会科学基金项目（项目编号：19CTY001）的研究成果。

＊＊　郑静，浙江广厦建设职业技术大学，研究方向为体育产业；刘炼，通讯作者，副教授，博士，湖州师范学院体育学院，研究方向为运动心理与体育管理；胡月，天津体育学院，体育教育与教育科学学院；李改，华中师范大学体育学院。

一　问题的提出

党的十八大以来，党中央将"健康中国"上升为国家战略，体育彩民购彩健康也成为社会关注的热点问题之一。2017 年，国家体育总局体育彩票管理中心（以下简称"国家体彩中心"）提出了"建设负责任、可信赖、健康持续发展的国家公益彩票"的发展目标，并于 2018 年正式通过世界彩票协会责任彩票三级认证。近年来，健康促进实践已成为责任彩票行动的一项重要内容，国家体彩中心制定并发布《中国体育彩票责任彩票公众手册（理性购彩篇）》，不断提升体育彩民购彩健康水平。近年来，国内外学者也开始探索购彩健康理论与实践（Hu、Wang & Liu，et al.，2017；黄显涛、王斌、胡月等，2019；Takeuchi、Tsurumi & Murao，et al.，2020），但研究主要集中于购彩负面后果评价，难以满足体育彩民健康促进实践的需求。

早期博彩研究重点关注临床医学视角下"病态博彩者"的诊断与干预（Abbott & Volberg，1996；Hollander、Decaria & Finkell，et al.，2000；Kim、Grant & Adson，et al.，2002）。后来，研究者聚焦于公共健康视角下博彩危害的研究，并认为博彩危害能够反映各种水平博彩行为所带来的消极后果，包括损害或伤害个人、家庭、工作等主要领域方面的功能（Korn & Shaffer，1999），研究开始转向关注普通人群健康博彩的危害水平，指出博彩危害包括身心健康伤害（Henry & Lesieur，1998；王斌、叶绿、马红宇等，2013）；负债与破产等经济问题（Hing、Breen & Gordon，et al.，2014；刘炼，2015）；降低人际信任与沟通质量等人际问题（Langham、Thorne & Browne，et al.，2016；黄显涛、王斌、胡月等，2019）；挪用公款、抢劫等社会问题（Mcbride、Adamson & Shevlin，2010）。

随着博彩研究受到社会各界的重视，研究者开始关注博彩相关健康收益的可能性（Rosecrance，1988）。Korn、Gibbins 和 Azmier（2003）首次提出健康博彩的概念，认为健康的博彩表现为博彩参与者知悉博彩概率信息，在低风险情景下合理投注并获得愉悦的博彩体验，而不健康的博彩则指各种博彩问题。研究者开始关注博彩危害和博彩裨益两方面的健康博彩评价指标。研究指出，博彩裨益包括可以减少焦虑、抑郁等消极情绪（Humphreys、Nyman & Ruseski，2011），各类积极情绪（Lee、Chung & Bernhard，2014）以及专注感和控制感（Mageau、

Vallerand & Rorsseau，et al.，2005），提高观赛体验（Mao、Zhang & Connaughton，2015；Gordon、Gurrieri & Chapman，2015），提升幸福感（刘炼、王斌、叶绿等，2014），促进社会交往（Breen、Hing & Gordon，2010），促进公益、希望等积极价值观形成（陈永英、任建惠、李莉，2009）。王斌、李改、胡月（2021）首次从消极和积极两个层面考察体育彩民购彩的健康水平，研究发现，购彩健康评价指标包括愉悦体验、理性控制、社会交往、消极情绪和社会危害等五个维度。

综上所述，购彩健康是彩民在购彩活动中获得积极相关裨益与遭受消极危害结果的状态，即出现的购彩裨益与购彩危害两方面综合结果的状态。因此，购彩健康体现了两方面基本属性：其一是购彩裨益，即由彩票具有的合法性、公益性和娱乐性等特征给彩民带来的积极健康收益；其二是购彩危害，即彩票无法避免的负面影响，问题彩民是这一属性的标志产物。彩民健康促进作为责任彩票建设中的一个重要目标，旨在预防体育彩民遭受的各方面购彩危害和提升各类购彩裨益。合理评估我国体育彩民购彩健康状态是推动责任彩票建设和彩票事业可持续发展的基础性问题，本研究旨在构建购彩健康结构模型，为科学、精准评估我国体育彩民购彩健康状态水平提供理论支撑。

二 研究方法与设计

1. 研究方法

本文的研究目的是对体育彩民购彩健康状态进行整体探索。Glaser 和 Strauss（1967）提出的扎根理论是一种定性研究方法，该方法通过编码的方式将收集到的文本资料进行整理与分析，采用"三级诠释"，使原始文本资料概念化、逻辑化和理论化并加以关联和建构，运用开放式编码、关联式编码和选择式编码，逐级凝练概念和范畴，由"故事线"的方式串联探寻主范畴，再提炼出核心范畴，通过这些范畴之间的联系建构购彩健康结构模型。

2. 数据来源

研究采用理论抽样法来选取访谈样本，选取具有购彩相关经验和体现典型性与代表性的人群，尽可能覆盖不同地域、不同职业和多个相关人群，确保样本资料充足，确保研究的信度和效度及结论的可靠性。选取访谈样本共 26 人，分别取自湖州、杭州、绍兴等地的体育彩票销售点。其中，竞猜型体育彩民 22 人，体育彩票销售人员 4 人（见表 1）。

表 1　本研究中竞猜型体育彩民购彩健康受访者基本情况统计（$n = 26$）

受访者编号	年龄（岁）	购彩年限（年）	受访者职业	受访者编号	年龄（岁）	购彩年限（年）	受访者职业
I01	25	5	在校学生	I14	38	6	摄影师
I02	42	20	工人	I15	30	5	办事人员
I03	26	2	教师	I16	49	10	产业工人
I04	30	5	自由职业	I17	35	7	个体工商户
I05	43	2	技术人员	I18	38	5	教师
I06	27	2	电技工	I19	32	4	体育彩票销售人员
I07	32	5	自由职业	I20	53	10	技术人员
I08	23	1	在校学生	I21	56	12	体育彩票销售人员
I09	24	2	企业员工	I22	45	10	体育彩票销售人员
I10	49	10	技术人员	I23	37	6	农业劳动者
I11	24	2	在校学生	I24	29	5	服务业人员
I12	26	3	网球教练	I25	38	7	个体工商户
I13	46	15	体育彩票销售人员	I26	37	10	业务员

3. 数据收集

为了完成研究目标，本研究采用深度访谈与深入实地观察相结合的方式，根据访谈提纲对体育彩票销售点进行现场观察和走访，获取相关的二手资料，如组织结构及部分流程文件等，在此过程中，数据主要来源于半结构化深度访谈，采取面对面的交流方式，同一问题收集不同受访者的观点，时间为 40~60 分钟。为了保证数据的准确性和客观性，在征得访谈对象同意录音的情况下，通过录音获得一手资料，在每次访谈结束时，将录音转写，形成大量的访谈记录以及观察笔记等一手文字资料，由此通过多种途径确保数据的充分性和准确性，随后在此基础上三级译码，运用 NVivo12.0 软件对访谈资料进行分析，首先创建项目、导入文本、创建节点，随后进行三级译码、查询、建立逻辑关系和模型图等内容，最终，比较所有类别编码，以便全方位整合所有编码类别，提炼核心编码，对核心编码的内涵进行阐述，建立理论模型。截至目前，访谈内容主要围绕以下两个核心问题展开：①您认为在购买体育彩票的过程中彩民个人、家庭和社会等方面可能获得的消极状态有哪些？②您认为在购买体育彩票的过程中彩民个人、家庭和社会等方面可能获得的积极状态有哪些？以此共形成3万字的一手文字资料，为本研究提供了较好的数据支持。

4. 研究程序

扎根理论是一个不断重复循环的研究过程，研究者始终在进行访谈、录音、转录、撰写备忘录、整理、编码、命名和理论建模阐释等工作，以确保资料收集过程和解读判断的一致性。在研究过程中，理论抽样与编码是一个持续进行的过程，直至没有新的概念或新的范畴关系出现，即从已有数据资料中抽象出的概念或范畴已经能够涵盖研究主题，新的数据资料不再能够提供新的概念、范畴关系，此时，理论达到饱和状态。本研究的研究程序参考了王进（2021）的研究，具体如图1所示。

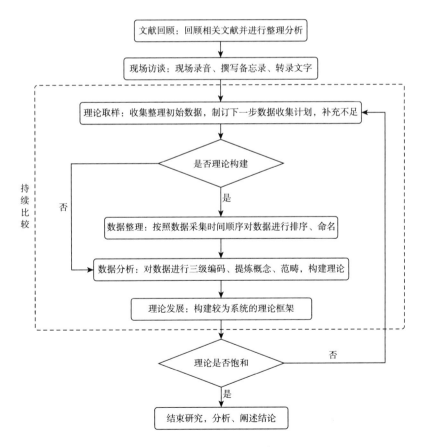

图1　扎根理论研究流程框架

三 编码过程与研究结果

1. 研究对象访谈文本资料的词频分析

运用 NVivo 12.0 软件对访谈文本资料进行词频分析，清洗并反馈结果，剔除无关字符，形成词汇云，如图 2 所示。词汇云中字符的大小表示词语在资料中出现的频次，字符越大表示其出现的次数越多，可以看出，访谈材料主要关注的内容包括"彩票""竞猜""购买""行为""体育"等，这些内容与本文研究主题相符。但是词汇云无法体现访谈资料的具体细节及特征，因此需要结合参考点及三级编码进行进一步分析。

图 2　词汇云

2. 开放式编码

开放式编码是针对访谈资料中反复出现的信息进行比较、筛选和提炼，并对其进行标记，使体育彩民购彩健康行为清晰化、范畴化和类属化，对加工后的访谈资料概念化，随后进行归类和编码。本研究对访谈资料以及观察笔记进行开放式编码，包括对文本资料进行标记，关键信息概念化、范畴化等，因此将初始概念和初始范畴分别标记为小写字母"g"和大写字母"G"（见表2）。

表2 开放式编码举例

资料编码	资料记录	初始概念（g）	初始范畴（G）
资料1	体育彩票是我与朋友的共同发现，承载着我们美好的回忆，让我们的生活多了一些新鲜事	g1 幸福体验	
资料2	买彩票之后有一种兴奋刺激感，尤其是竞猜场次比较多，连中几场的时候	g2 刺激体验	
资料4	平时都喜欢看球赛，与朋友商量后一起买了足球彩票，看球氛围更好了	g3 兴趣体验	G1 愉悦体验
资料5	每次买完彩票后，我会很期待，期待着开奖，让我的生活也很有期待感	g4 乐观体验	
资料6	像我们这个年龄段在一起的都是志同道合的人，下班之后在彩票店娱乐一下，喜欢彩票，它能够丰富我们的业余生活	g5 丰富生活	

注：限于篇幅，仅列出了与"愉悦体验"相关的部分资料记录，其他范畴省略。

在开放式编码中，尽量避免主观看法和已有研究的界定，要将所有的资料按其本身所呈现的状态进行编码。本文整理了26名中超竞猜彩票利益相关者的访谈材料文本，共计近3万字。经过编码以及对概念的反复检验，本文初步归纳出649个自由节点并持续进行归纳、分解、概念化，提炼出66个具有合理性的初始概念，且将其进一步整合为12个初始范畴，分别为愉悦体验裨益、社会支持裨益、公益情怀裨益、经济回报裨益和理性控制裨益以及身体健康危害、心理健康危害、文化危害、财务危害、人际关系危害、工作或学习危害和不良行为危害，现对每个范畴编码过程进行列举性分析（见表3）。

表3 开放式编码的比较与分类

范畴（节点）	概念（节点）	原始资料参考列举
G1 愉悦体验裨益（60）	g1 幸福体验（20） g2 刺激体验（11） g3 兴趣体验（9） g4 乐观体验（4） g5 丰富生活（16）	体育彩票承载着我和朋友的美好回忆，增添幸福感； 买彩票之后感觉很刺激； 增加良好的观赛体验； 我第一次购买体育彩票充满着无限的期待； 丰富了我的生活，感觉生活充满希望

续表

范畴（节点）	概念（节点）	原始资料参考列举
G2 社会支持裨益（63）	g6 结交朋友（15） g7 寻求帮助（6） g8 提升友谊（19） g9 获得认可（6） g10 获取社会资源（9） g11 提升交际能力（8）	世界杯期间认识很多志同道合的朋友； 听取其他彩民的建议，一起讨论分析； 我的同学也和我一起研究； 平时购彩都是盈利居多，好多彩民询问我购彩的经验，相信我； 购彩让我认识了一些资深玩家，增长了不少见识，积累了很多经验； 我非常喜欢和彩民们聊天分享，提升了交际能力
G3 公益情怀裨益（46）	g12 宣传公益事业（6） g13 社会贡献（14） g14 促进体育事业（16） g15 提高公益认知（10）	购彩也是宣传公益事业； 当作为体育公益事业做贡献； 买体育彩票也是为体育事业做贡献； 购彩就是做公益，随着了解深入，公益意识也逐渐提高
G4 经济回报裨益（72）	g16 物有所值（16） g17 获得大奖（13） g18 投资收益（23） g19 返奖率认知（14） g20 提高生活质量（6）	花小金额可能赚到大奖金； 中过最大奖是 5000 元，非常享受这个过程； 我大学室友购买了篮球竞猜，连本带利赚了 20 元左右； 花费 6 元中过 1000 多元，小投资大回报，中奖率高； 中奖对我们的生活还是有所改善的
G5 理性控制裨益（74）	g21 控制资金投入（12） g22 稳定心态（9） g23 情绪调整（11） g24 减少购买频次（20） g25 理性认知（14） g26 合理安排时间（8）	购买彩票在自己能力范围内给自己限定金额； 还是要摆正自己心态，就是当作一种娱乐和慈善去购彩； 亏了也不会后悔，会及时调整情绪； 有时候一段时间总是不中奖，我就会减少自己去买彩票的次数； 理智看待得与失，事情没有绝对好坏，关键是如何面对和处理； 我只在下班时间去购彩，合理安排自己的娱乐时间
G6 身体健康危害（25）	g27 引发心血管疾病（2） g28 失眠（6） g29 腰酸背痛（3） g30 食欲下降（6） g31 疲惫不堪（8）	长期买彩票让我感觉血压升高了，体质也越来越差； 如果投注额大了会影响心情，睡不着，心里总想着； 购彩后经常坐着，也不爱运动，常常腰酸背痛； 等待彩票结果，我经常吃不下，睡不着； 有时候花太多精力去关注彩票，会让我感觉很疲惫
G7 心理健康危害（105）	g32 压力与焦虑（11） g33 心灰意冷/绝望（12） g34 失去兴趣（3） g35 自责内疚（14） g36 出现幻觉（8） g37 过度抑郁（6） g38 翻本心理（29） g39 逃避（5） g40 后悔（11） g41 痛苦（6）	总怕输钱，容易多想，独自相处的时候容易抑郁害怕； 开出来的号码和我买的刚刚相反，真的很让人心灰意冷； 一直买一直不中，觉得没意思，对彩票、比赛都失去兴趣； 大额投入输钱，会很后悔，责怪自己为什么买这么多； 把家庭收入寄托在彩票盈利上，甚至幻想中大奖的就是自己； 一直投入，一直亏损，不中奖，整个人会非常难过、抑郁； 总想着下次再买彩票输的钱一次赢回来； 有时候结果不理想，我会逃避，认为不去看就代表我没有输； 有时候亏得多了，会很后悔，后悔投入太大； 购彩时的选择、等待结果也是很痛苦的，怕输

续表

范畴（节点）	概念（节点）	原始资料参考列举
G8 文化危害（38）	g42 迷信心理（11） g43 拜金主义（19） g44 责任感缺失（6） g45 文化组织疏远（2）	我还没中大奖，是因为我的财运还没到； 只要能中大奖，其他事情都不重要； 会忽略对家庭照顾，没有承担起家庭的责任担当； 以前参加的一些社区活动都不去了，现在只关心彩票的活动
G9 财务危害（56）	g46 信用卡透支（2） g47 借钱购彩（9） g48 亏损严重（21） g49 家庭财务问题（6） g50 过度投入（18）	现金买完了，就去刷信用卡，有些时候都透支了； 没钱买就会跟朋友借钱，继续购买彩票，输了再去借； 一时的冲动，下注了5000元，最终血本无归； 买彩票亏了十多万元，靠借钱过日子； 世界杯下注了大部分生活费，一个月都很难过
G10 人际关系危害（63）	g51 他人批评（10） g52 关系决裂（6） g53 信任危机（7） g54 回避社交（8） g55 家庭矛盾（20） g56 亲友社交减少（12）	我买彩票会越投越多，几位好朋友劝我节制； 借钱买彩票最后杳无音信，朋友都没得做； 自己没钱就不断向朋友借，为此朋友对我很失望； 以前爱打交道，对彩票关注过多，导致现在变得沉默寡言； 经常因为买彩票与家人吵架，与家人的关系紧张，严重不和； 彩票关注过多，陪伴家人时间减少，朋友聚会也没心思去
G11 工作或学习危害（27）	g57 消极工作（8） g58 工作效率低（11） g59 终止工作（3） g60 荒废学习（5）	为了彩票茶饭不思，无心工作； 脑子里全是彩票，手头上的工作完成效率会很低； 太沉迷彩票，觉得工资没中奖收入高，被老板开除了； 世界杯的时候太关注彩票，根本没有心思学习
G12 不良行为危害（20）	g61 挪用公款（3） g62 欠债不还（8） g63 借高利贷（2） g64 偷盗犯罪（2） g65 抽烟（3） g66 酗酒（2）	有朋友把购买体育彩票当成赌博，甚至挪用公款； 朋友向我借钱买彩票，且一直不还，几年都找不到人； 朋友买彩票上瘾了，甚至去借高利贷购买； 新闻上讲有些彩民因为没钱偷窃，因为矛盾去杀害他人，等等； 等购彩结果时会紧张得一根接一根地抽烟； 有一次亏多了，就叫朋友一起喝酒消愁，差点喝进医院

3. 关联式编码

关联式编码也称为主轴式编码，是对范畴进行归纳总结的过程，厘清类属范畴间的逻辑关系，使类属的属性和维度具体化，并发现和建立概念、范畴之间的各种联系，从而得出更高层次的范畴。本部分对开放式编码中的12个一级类属进行整合，归纳提炼出反映这些逻辑关系的两个主要维度，即购彩危害与购彩裨益（见表4）。

表 4 主要维度与一级类属的对应关系及内涵

主要维度	一级类属	一级类属内涵
购彩危害	身体健康危害	体育彩民购彩时出现相对明显、确定的损害身体健康的不良症状，如失眠、食欲降低等，甚至引发腰痛、心血管疾病等
	心理健康危害	体育彩民购彩时产生的焦虑、痛苦、自责等多种消极情绪，使自身心理处于一种不良的、非正常状态，甚至出现抑郁、幻觉等严重后果
	文化危害	体育彩民购彩中因感知失真、解释不合逻辑或各种不理性心理导致所持观念与多数人的文化信仰相悖，与社会文化组织失去联系，出现社会"孤立"现象
	财务危害	体育彩民购买彩票因投入相对过大导致出现较为严重的经济损失，并引发个人、家庭一系列财务危害问题
	人际关系危害	体育彩民购彩中因投入精力过大、借钱不还等行为，造成朋友、家人、同事之间的语言与信用冲突、责任履行不当等危害
	工作或学习危害	体育彩民因购彩投入过多精力与财力，对工作或学习产生了负面影响，出现工作、学习的积极性降低，效率低下等危害
	不良行为危害	体育彩民在购彩时出现的各种不理性行为引发的生活、经济上的一系列不良习好，对个人、他人和社会产生较大危害
购彩裨益	愉悦体验裨益	体育彩民在购彩活动中感受到彩票公益、娱乐和大奖属性所带来的情绪和认知上的各种愉悦体验
	公益情怀裨益	体育彩民通过购彩认识到其公益价值所在，其自身公益认知得到提升，并愿意为社会公益事业贡献力量
	经济回报裨益	体育彩民在购买体育彩票中奖时，会得到一定的金钱回报，也有机会获得丰厚的大奖
	理性控制裨益	体育彩民在购买体育彩票时能够作出理智的分析和判断，在失利或获利情境中均具备自我调节和控制的能力
	社会支持裨益	体育彩民通过购买体育彩票能不断地得到金钱、情感和友谊提升的机会，购彩成为个人获取社会资源的一种方式

4. 选择式编码

首先，对 2 个主要维度和 12 个一级类属编码及其 66 个二级类属编码的内涵与关系进行描述与诠释。其次，在开放式编码和主轴式编码的基础上，进一步梳理维度之间的关系，通过"故事线"逻辑串联方式提炼出核心类属，并建立理论模型，形成概念完整、充分发展的扎根理论。最后，遵循"理论饱和"的原则，通过对 12 个范畴的进一步梳理，同时持续比较原始资料，完善需要补充的概念类属，最终形成一个具有逻辑性的体育彩民购彩健康状态评估理论模型（见图3）。

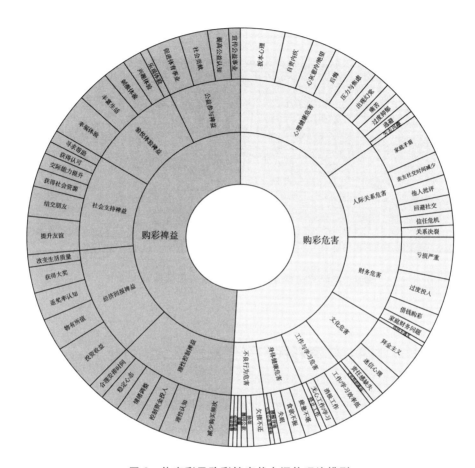

图3　体育彩民购彩健康状态评估理论模型

　　如前文所述，愉悦体验裨益提及频次为60，提及率占9.2%；公益情怀裨益提及频次为46，提及率占7.1%；社会支持裨益提及频次为63，提及率占9.7%；经济回报裨益提及频次为72，提及率占11.1%；理性控制裨益提及频次为74，提及率占11.4%。身体健康危害提及频次为25，提及率占3.9%，心理健康危害提及频次为105，提及率占16.2%；文化危害提及频次为38，提及率占5.9%；财务危害提及频次为56，提及率占8.6%；人际关系危害提及频次为63，提及率占9.7%；工作或学习危害提及频次为27，提及率占4.2%；不良行为危害提及频次为20，提及率占3.1%。综上所述，在购彩危害中提及频次较高的为心理健

康危害和人际关系危害；而在购彩裨益中提及频次较高的是经济回报裨益和理性
控制裨益（见图4）。

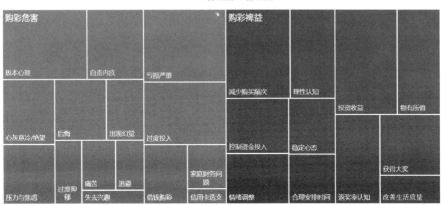

图4　本研究中体育彩民购彩健康各因素提及率情况

四　体育彩民购彩健康水平结构分析

大多数博彩研究都集中于赌博对身心健康和社会的不利影响，忽视了与赌博
相关的健康收益的可能性。本研究通过对体育彩民购彩健康进行编码所构建的模
型显示，体育彩民购彩健康水平包括评价健康收益方面的购彩裨益维度和评价健
康损失方面的购彩危害维度。

1. 购彩裨益

健康的博彩可能有助于解释博彩的吸引力（Shaffer & Korn，2002）。本研究
认为，购彩裨益是彩票具有的合法性、公益性和娱乐性等特征给彩民带来的积极
健康收益，包含愉悦体验裨益、公益情怀裨益、经济回报裨益、理性控制裨益和
社会支持裨益。

（1）愉悦体验裨益

体育彩民的愉悦体验裨益包括幸福体验、刺激体验、兴趣体验、乐观体验和
丰富生活等，这些积极体验是体育彩票竞猜结果不确定性、大奖可能性和竞猜过
程娱乐性等带来的长期效应，也是体育彩票具有较强吸引力的原因所在。国外研

究也指出，博彩者可以体验趣味和挑战、获得控制感与专注感（Mageau、Vallerand & Rousseau，et al.，2005），引发刺激、愉快、放松等积极情绪（Lee、Chung & Bernhard，2014）。体育彩民购买彩票过程中，愉快的社交、开奖的惊喜、观赛的刺激等情境，均能使彩民心情愉悦，购彩的愉悦体验也有助于体育彩民对体育彩票产生情感依赖，提升彩民的忠诚度。

（2）公益情怀裨益

体育彩民公益情怀裨益包括宣传公益事业、社会贡献、促进体育事业和提高公益认知等，主要来源于彩票具备的公益本质属性。彩票是国家为支持社会公益事业而特许专门机构发行的，供人们自愿选择和购买，并按照事先公布的规则取得中奖权利的有价凭证（李芳，2007），这与国外博彩业存在的初衷和本质是截然不同的。公益动机也是彩民参与购彩的一个重要动因（李娜、罗小兵、史文文等，2014），彩票出票时注明"感谢您为公益事业贡献××元"也能提升彩民公益价值，通过购彩，"信手买彩票、随手作公益"和"公益体彩 乐善人生"的理念越来越被广大购彩者和社会公众认同（田金华和王红亮，2019）。

（3）经济回报裨益

体育彩民经济回报裨益包括物有所值、获得大奖、投资收益、返奖率认知和提高生活质量等，这与彩票设置的赔率和大奖有关。彩票各类玩法返奖率普遍低于70%，一般认为彩票不具备投资的价值，但由于其设置高额的大奖，研究认为体育彩票具有预期收益，能够满足人们获得大奖的期望（张瑞林，2012）。也有少部分彩民能够通过熟悉的竞猜玩法和中得大奖而取得一定的金钱收益。国外博彩研究认为人们参与博彩是为了金钱和挑战（Lam，2007），而赢得奖金是参与购彩的最强预测源（Ariyabuddhiphongs & Chanchalemipom，2007），希望以较少的投入获得大奖是许多体育彩民购彩的初衷，但能够获利或保本的仍然是极少数彩民。

（4）理性控制裨益

体育彩民理性控制裨益包括控制资金投入、稳定心态、情绪调整、减少购买频次、理性认知和合理安排时间等，理性购彩宣传也是当前我国责任彩票建设中重点开展的工作。来自加拿大专家研究表明，设定和遵守自我限制可以减少问题赌徒的伤害（Currie、Brunelle & Bufour，et al.，2020）。购彩时做到决策不冲动，失利或获利情绪均能自我调节和控制，理性看待，可以把消极的情绪转化为积极的情绪，也可以把激情转化为冷静，力所能及地购彩。有学者提出，对博彩的数量、频率或方式的限制更有可能影响到许多人，他们受到的博彩伤害很少，对他们来说，好处可能超过成本（Wood、Wohl & Tabri，et al.，2017）。因此，理性控制是彩民在购彩中养成的一种健康的购彩心理状态。

（5）社会支持裨益

社会支持裨益包括结交朋友、寻求帮助、提升友谊、获得认可、获取社会资源和提升交际能力等，大部分体育彩民在购彩过程中会以体育彩票销售网点为中心形成一个长期、稳定的彩民交际圈，通过相互交往收获一定的知识与经验，并拓宽部分社会资源。Desai、Maciejewski 和 Dausey 等（2004）认为，博彩行为有利于老年人的认知发展，为老年人提供了更多积极交往的机会，可以提高老年人的整体健康水平。国内学者研究发现，参与购彩活动有助于提升老年体育彩民的社会支持（刘炼、王斌、叶绿等，2014）。购彩过程中与朋友的分享和交流，能够减少老年人独处而造成的心理疾病，对于预防阿尔茨海默病和提升幸福感具有一定效果。

2. 购彩危害

购彩危害包括身体健康危害、心理健康危害、文化危害、财务危害、人际关系危害、工作或学习危害和不良行为危害。

（1）身体健康危害

身体健康危害包括引发心血管疾病、失眠、腰酸背痛、食欲下降和疲惫不堪等身体健康问题，通常是体育彩民购彩时过度投入导致的相应后果。Lesieur（1998）指出，购彩引发的典型身体伤害有抑郁、失眠、肠道疾病、焦虑发作、心脏问题、高血压、偏头痛、自杀倾向和其他相关压力等。国内研究发现，在世界杯期间许多彩民会因为购彩和熬夜看球出现身体不适、精神不振等身体健康危害现象（刘炼，2015）。Ryan，et al.（2018）认为，问题与病态博彩者身体健康危害表征包括心脏病发作、冠心病、中风、获得性脑损伤、身体残疾和慢性疲劳综合征等。

（2）心理健康危害

心理健康危害包括压力与焦虑、心灰意冷/绝望、失去兴趣、自责内疚、出现幻觉、过度抑郁、翻本心理、逃避、后悔和痛苦等心理问题，通常是体育彩民经历相对较多的危害种类之一。李刚（2009）研究认为，中国大陆地区数字型彩票购买者"不劳而获"和"控制幻觉"方面指标数值都很高，说明购彩者心理整体上不健康。李仁军（2008）研究指出，山东省彩民有 32% 存在心理问题，主要表现在强迫、抑郁、人际关系敏感、焦虑等方面，许多问题彩民经常会经历焦虑、沮丧、低自尊、抑郁症状等。Ryan，et al.（2018）认为，问题与病态博彩者心理健康危害表征包括抑郁症、精神残疾、不良逆境等。

（3）文化危害

文化危害包括迷信心理、拜金主义、责任感缺失和文化组织疏远等，过多的投入购彩，会导致彩民价值观改变和其他文化活动匮乏，以至于被社会孤立（Langham，et al.，2016）。Kim（2013）通过对纽约州的国家彩票购买者的研究发现，持续的彩票购买行为可能会削弱自我控制能力，进而会激活物欲的思想，人们会带着功利的眼光来看待彩票。访谈资料中，部分彩民为获奖而购买彩票，存在赚钱快的想法，产生收入依赖，从而出现了非理性彩票消费行为，功利性强，拜金主义强烈。王国华和潘国廷（2004）调查显示，许多大学生彩民消费动机、消费心态、消费行为不成熟，彩票导致部分大学生出现投机、拜金主义思想倾向。

（4）财务危害

财务危害包括信用卡透支、借钱购彩、亏损严重、家庭财务问题和过度投入等，在问题彩民身上该危害表现得最为明显。国内外众多研究也表明，参与购彩活动经常会给彩民带来经济问题（Downs & Woolrych，2010），问题彩民因持续和反复的购彩增加了家庭的经济困难，他们难以控制自己的购彩欲望，通常无法减少购彩的时间投入和资金投入（Fortune & Goodie，2010），大量资金投入后会导致血本无归，甚至继续采用借钱、信用卡透支等方式购彩，严重影响正常的家庭生活（史文文，2013）。刘炼（2017）提出，经济问题是体育彩民各种危害中最为核心的方面，这主要是因为大部分购彩危害的出现都是源于体育彩民的经济问题，因此预防博彩危害的产生，首先要解决体育彩民因购彩带来的经济问题。

（5）人际关系危害

人际关系危害包括他人批评、关系决裂、信任危机、回避社交、家庭矛盾和亲友社交减少等，通常会由财务危害引发各类人际问题。Downs 和 Woolrych（2010）也证明，博彩者的博彩问题通常会与不诚实、撒谎欺骗及背叛等不信任的行为同时发生，并且会导致家人或亲友的分离。刘炼（2015）认为，当彩民在购彩中出现资金问题时通常会欺骗、隐瞒家人，这种行为会引发更多的人际关系问题。此外，体育彩民在购彩过程中也会出现合买纠纷、观赛争论等人际冲突。

（6）工作或学习危害

工作或学习危害包括消极工作、工作效率低、终止工作和荒废学习等，当体育彩民出现购彩成瘾症状时，其对工作或学习的危害尤为严重。Langham，et al.，（2016）提出，过多时间的投入导致缺勤率增加，包括所引起的健康危害也会引起缺勤，因持续表现不佳而终止就业和无心学习，所造成的创收损失会对彩民造成二次伤害。因此，对购彩行为的理性控制有助于防止工作和学习效率降低。刘炼（2015）在对竞猜型彩票销售网点持续 1 个月的观察过程中发现，巴西世界杯期间每逢世界杯赛事彩票销售网点总会有 6～10 人熬夜买彩票和看球，这也直接导致他们因精力不足出现工作效率降低的问题。

（7）不良行为危害

不良行为危害包括挪用公款、欠债不还、借高利贷、偷盗犯罪、抽烟和酗酒等，这些行为可能会对个人、家庭和社会带来较大的负面影响。Korn，et al.，（1999）从公共健康视角研究博彩活动的社会成本时提到，博彩者的犯罪行为包括卖淫、盗窃、贩毒和杀人等。Langham，et al.，（2016）指出，博彩者还会出现忽视儿童罪、胁迫性犯罪（如贩毒或卖淫以偿还债务），以及机会罪（包括家庭成员小偷小摸的行为）、非法贷款和诈骗等违法犯罪行为。我国"彩民杀害浙江体彩中心人员""彩民盗取钱财"等新闻一度令人震惊，因此彩票管理中应当对问题彩民加以引导，避免该群体出现违法犯罪行为，降低彩票引发的相关社会危害。

五　结语

本研究运用扎根理论研究方法，构建了体育彩民购彩健康概念模型，其结构包括购彩危害和购彩裨益 2 个一级维度和 12 个二级范畴。其中购彩危害包括身体健康危害、心理健康危害、文化危害、财务危害、人际关系危害、工作或学习危害和不良行为危害等 7 个范畴；购彩裨益包括愉悦体验裨益、公益情怀裨益、经济回报裨益、理性控制裨益、社会支持裨益等 5 个范畴。

中国体育彩票为国家体育事业和社会经济的发展做出了卓越的贡献，体育彩民购彩健康的二维结构模型有助于人们客观、综合地评价体育彩票的利弊。未来研究可进一步开发体育彩民购彩健康评价指标体系，对我国体育彩民购彩健康水平进行科学评估与诊断，为推动责任彩票在彩民群体中的健康促进实践奠定理论基础，从而为我国体育彩票行业健康、可持续发展保驾护航。

参考文献

[1] Hu Y., Wang B., Liu L., et al., "Is Lottery Playing Always Harmful? Development of the Lottery Playing Health Scale", *Social Behavior and Personality*, 2017, 45.

[2] Takeuchi H., Tsurumi K ., Murao T ., et al., "Framing effects on financial and health problems in gambling disorder", *Addictive Behaviors*, 2020, 110: 106.

[3] Abbott M. W., Volberg R. A., "The New Zealand National Survey of problem and pathological gambling", *Journal of Gambling Studies*, 1996, 12, 143−160.

[4] Hollander E., Decaria C. M., Finkell J. N., et al., "A randomized double-blind fluvoxamine/placebo crossover trial in pathologic gambling", *Biological Psychiatry*, 2000, 47(5): 813−817.

[5] Kim S. W., Grant J. E., Adson D. E., et al., "A double-blind placebo-controlled study of the efficacy and safety of paroxetine in the treatment of pathological gambling", *Journal of Clinical Psychiatry*, 2002, 63(6): 501−7.

[6] Korn D. A., Shaffer H. J., "Gambling and the Health of the Public: Adopting a Public Health Perspective", *Journal of Gambling Studies*, 1999, 15(4): 289−365.

[7] Henry R. Lesieur, "Costs and Treatment of Pathological Gambling", *The ANNALS of the American Academy of Political and Social Science*, 1998.

[8] Hing N., Breen H., Gordon A., et al., "Indigenous Australians: gambling-related harms and help-seeking", *Journal ofGambling Studies*, vol. 30, 2014: 30: 737−755.

[9] Langham E., Thorne H., Browne M., et al., "Understanding gambling related harm: a proposed definition, conceptual framework, and taxonomy of harms", *BMC Public Health*, 2016, 16: 80.

[10] Mcbride O., Adamson G., Shevlin M., "A latent class analysis of DSM-IV pathological gambling criteria in a nationally representative British sample", *Psychiatry Research*, 2010, 178(2): 401−407.

[11] Steven, Cook, Nigel E., Turner, Bruce, Ballon, et al., "Problem Gambling Among Ontario Students: Associations with Substance Abuse, Mental Health Problems, Suicide Attempts, and Delinquent Behaviours", *Journal of gambling studies*, 2015, 31(4): 1121−1134.

[12] Rosecrance, J., *Gambling without guilt: The legitimation of an American pastime*, Pacific Grove: Books/Cole Publishing Company, 1988.

[13] Korn, D. A., Gibbins, R, Azmier, J., "Framing public policy towards a public health paradigm for gambling", *Journal of Gambling Studies*, 2003, 19(2): 235−256.

[14] Humphreys B. R., Nyman J. A., Ruseski J. E ., "The Effect of Gambling on Health: Evidence from Canada", *Social Science Electronic Publishing*, 2011.

[15] Lee C. K., Chung N., Bernhard B. J., "Examining the Structural Relationships Among Gambling Motivation, Passion, and Consequences of Internet Sports Betting", *Journal of gambling studies / co-sponsored by the National Council on Problem Gambling and Institute for the Study of*

Gambling and Commercial Gaming, 2014, 30(4) : 845－58.

[16] Geneviève A. Mageau, Vallerand R. J., Rousseau F. L., et al., "Passion and Gambling: Investigating the Divergent Affective and Cognitive Consequences of Gamblingl", *Journal of Applied Social Psychology*, 2005, 35(1) .

[17] Mao L. L., Zhang J. J., Connaughton D. P ., "Sports gambling as consumption: Evidence from demand for sports lottery", *Sport Management Review*, 2015, 18(3) : 436－447.

[18] Gordon, R., Gurrieri, L., & Chapman, M., "Broadening an understanding of problem gambling: The lifestyle consumption community of sports betting", *Journal of Business Research*, 2015, 68 (10) : 2164－2172.

[19] Breen H. M., Hing N., Gordon A., "Indigenous Gambling Motivations, Behaviour and Consequences in Northern New South Wales, Australia", *International Journal of Mental Health and Addiction*, 2010, 9(6) , 723－739.

[20] Glaser B. G., Strauss A. L., *The discovery of grounded theory: strategies for qualitative research*, Chicago: Aldine, 1967.

[21] Shaffer, H. J., & Korn, D. A., "Gambling and related mental disorders: a public health analysis", *Annual Review of Public Health*, 2002, 23(1) : 171－212.

[22] Mageau, G. A., Vallerand, R. J., Rousseau, F. L., et al., "Passion and gambling: Investigating the Divergent affective and cognitive consequences of gambling", *Journal of Applied Social Psychology*, 2005, 35(1) : 100－118.

[23] Lam D., "An exploratory study of gambling motivations and their im pact on the purchase frequencies of various gambling products", *Psychology & Marketing*, 2007, 24: 815－827.

[24] Ariyabuddhiphongs, V., & Chanchalemipom, N., "A Test of Social Cognitive Theoiy Reciprocal and Sequential Effects: Hope, Superstitious Belief and Environmental Factors among Lottery Gamblers in Thailand", *Journal of Gambling Studies*, 2007, 23(2) : 201－214.

[25] Currie, S. R., Brunelle, N., Dufour, M., et al., "Use of self-control strategies for managing gambling habits leads to less harm in regular gamblers", *Journal of Gambling Studies*, 2020, 36 (2) : 685－698.

[26] Wood, R. T. A., Wohl, M., Tabri, N., et al., "Measuring responsible gambling amongst players: development of the positive play scale", *Frontiers in Psychology*, 2017, 8, article 227.

[27] Desai R. A., Maciejewski P. K., Dausey D. J., et al., "Health correlates of recreational gambling in older adults", *American Journal of Psychiatry*, 2004, 161(9) : 1672.

[28] Mao, L. L., Zhang, J. J., & Connaughton, D. P., "Sports gambling as consumption: evidence from demand for sports lottery", *Sport Management Review*, 2014, 18(3) : 436－447.

[29] Lesieur, H. R., "Costs and treatment of pathological gambling", *The Annals of the American Academy of Political and Social Science*, 1998, 556(1) : 153－171.

[30] Patten R. V., Weinstock J., Mcgrath A. B., "Health Outcomes in Individuals with Problem and Pathological Gambling: An Analysis of the 2014 North Carolina Behavioral Risk Factor Survey System(BRFSS) ", *Springer US*, 2018, 34(1) : 297－306.

[31] Downs, C., & Woolrych, R., "Gambling and debt: the hidden impacts on family and work life",

Community, Work & Family, 2010, 13(3), 311-328.

[32] Kim, H. C., "Situational Materialism: How Entering Lotteries May Undermine Self-Control", *Journal of Consumer Research*, 2013, 40(4): 759-772.

[33] 黄显涛、王斌、胡月等：《基于扎根理论的竞猜型体育彩民健康购彩影响因素模型构建》，《北京体育大学学报》2019 年第 4 期，第 12 页。

[34] 王斌、叶绿、马红宇等：《体育彩票消费中问题博彩的认知偏差研究述评》，《天津体育学院学报》2013 年第 3 期，第 193~197 页。

[35] 刘炼：《体育彩民购彩危害的界定、风险特征和影响因素研究》，华中师范大学博士学位论文，2015。

[36] 刘炼、王斌、叶绿等：《老年人购买体育彩票的积极心理效应——幸福度的促进机制研究》，《天津体育学院学报》2014 年第 1 期，第 47~51 页。

[37] 陈永英、任建惠、李莉：《体育彩票彩民消费动机及其影响因素的分析》，《中国商贸》2009 年第 21 期，第 206~207 页。

[38] 王斌、李改、胡月：《体育彩民购彩健康研究》，中国社会科学出版社，2021。

[39] 〔美〕劳伦斯·纽曼、拉里·克罗伊格：《社会工作研究方法：质性和定量方法的应用》，刘梦译，中国人民大学出版社，2008，第 302~304 页。

[40] 王进：《基于扎根理论的中国马拉松赛事赞助市场影响因素研究》，《体育与科学》2021 年第 1 期，第 98~105 页。

[41] 李芳：《公益彩券之公益性与赌博性》，《青海社会科学》2007 年第 5 期，第 159~163 页。

[42] 李娜、罗小兵、史文文等：《博彩动机研究：测量、影响因素及效应》，《中国临床心理学杂志》2014 年第 1 期，第 182~185，177 页。

[43] 《溯源"体彩 ABC"》，《中国体彩报》2019 年 4 月 28 日。

[44] 李刚：《数字型彩票购买者心理健康程度在国际和中国省际比较及其影响因素的定量研究》，《体育科学》2009 年第 10 期，第 9~16 页。

[45] 李仁军：《山东省彩民心理健康状况及病理性赌博问题的初步研究》，山东大学硕士学位论文，2008。

[46] 王国华、潘国廷：《由"彩票热"看大学生价值观的变化趋向》，《山东省青年管理干部学院学报》2004 年第 4 期，第 45~47 页。

Construction of a Healthy Structure Model for Chinese Sports Lottery Buyers Based on the Rooted Theory

Zheng Jing, Liu Lian, Hu Yue, Li Gai

Abstract: In recent years, China has attached great importance to and actively promoted the construction of responsible lottery tickets, and the health of sports lottery buyers has also become the focus of lottery management institutions and academic circles. This paper adopts the rooted theoretical research method and takes the relevant results of lottery health research as the premise. On the basis of clarifying the health value orientation of lottery purchase, 26 sports lottery buyers are selected for semi-open in-depth interviews, and uses Nvivo 12. 0 as the rooted theory to build a healthy structure model for sports lottery buyers in China. The results show that: Frist, the health evaluation of sports lottery buyers is accompanied by two aspects, that is, the harm of buying lottery at the negative level and the benefits of buying lottery at the positive level. Second, the hazards of sports lottery buyers include seven dimensions: physical health hazards, mental health hazards, cultural hazards, financial hazards, interpersonal relationships hazards, work and learning hazards, and bad behavior hazards; Third, the benefits of sports lottery buyers include the benefits of pleasant experience, rational control of benefits, economic returns, and social support. There are five dimensions such as beneficial and public welfare. Starting from the hazards and benefits of lottery purchase, we will build a concept model of the health structure of sports lottery buyers, establish a health evaluation index system for lottery buyers, improve the accuracy of the health level evaluation of lottery purchase, and promote and ensure the harmonious and sustainable development of China's sports lottery market.

Keywords: Rooted Theory; Sports Lottery Buyer; Healthy Lottery

我国体育赛事数字化的内涵、特征、作用机制及应用场景[*]

刘辛丹　彭永康　孙秉宏^{**}

【摘　　要】本文通过文献资料、逻辑分析、案例分析对我国体育赛事数字化的内涵、特征、作用机制及应用场景进行了深入分析。体育赛事数字化具有管理扁平化、资源集约化、参赛灵活化、场景多元化、产品定制化等五大特征，基于这五大特征，可以从赛事管理、赛事参与、赛事观赏等三个维度深化体育赛事数字化的发展路径，最终构建起要素数字化的"云平台"、过程数字化的"云参赛"、产出数字化的"云看台"。在此基础上，通过深入剖析以"云看台"为主导的北京冬奥会与以"云参赛"为主导的"全民健身线上运动会"的应用场景案例，为我国体育赛事数字化的发展提供科学借鉴。

【关 键 词】体育赛事；数字化；作用机制；应用场景

随着新一轮信息技术革命的持续推进，以云计算、大数据、区块链、人工智能为代表的数字技术与经济社会各个领域相互融合，催生出经济发展的新业态和新范式。体育竞赛表演服务作为我国体育产业的核心产业，推进体育赛事数字化已成为数字经济时代下我国体育产业高质量发展的重要引擎。受新冠疫情影响，

*　本文系四川省哲学社科重点研究基地天府国际体育赛事研究中心"加快体育强国建设背景下四川打造数字体育产业发展高地研究"（项目编号：YJY2021Z02）的研究成果。

**　刘辛丹，西南财经大学教授，博士，研究方向为体育经济与管理；彭永康，台湾政治大学运动产业与文化学系；孙秉宏，台湾政治大学运动产业与文化学系。

我国体育赛事发展轨迹发生改变，线上参赛、线上观赛等"数字+体育赛事"新模式快速发展，展现出强劲活力。基于此，本文深入探究体育赛事数字化的内涵特征、作用机制及应用场景，以期为我国体育赛事数字化转型、实现高质量发展提供理论基础和实践思路。

一　体育赛事数字化的时代背景及内涵、特征

（一）体育赛事数字化的时代背景

1. 数字技术革命红利外溢，助力体育赛事数字化转型

随着数字技术的日益成熟，全球数字经济发展浪潮日趋汹涌，数字经济已经成为促进全球经济复苏的新动能。从产业结构升级与经济贡献能力来看，产业数字化将成为未来数字经济发展的"主战场"，主要聚焦于将数字技术应用于传统产业，实现对传统行业的改造与升级。① 我国数字经济的总体规模不断扩张，正成为国民经济的核心增长极之一。截至 2021 年，我国数字经济增加值达到 45.5 万亿元，比同期国内生产总值（GDP）名义增速高出约 3.4%，约占我国 GDP 的 39.8%② （见图 1）。"数字+体育"已成为我国体育领域的研究热点，涵盖体育场馆智能化、体育服务业智慧化、体育产业数字化等方面。③④

2. 顶层设计深入体育赛事行业，引导体育赛事数字化转型

2018 年，国务院办公厅发布的《关于加快发展体育竞赛表演产业的指导意见》提出"鼓励以移动互联网、大数据、云计算技术为支撑，提升赛事报名、赛事转播、媒体报道、交流互动、赛事参与等综合服务水平"⑤，这为我国体育赛事的数字化发展提供了政策导向和改革思路。2019 年，国务院办公厅印发了《体育强国建设纲要》，再次强调"加快推动互联网、大数据、人工智能与体育

---

① 任保平：《数字经济引领高质量发展的逻辑、机制与路径》，《西安财经学院学报》2020 年第 2 期。
② 中国信通院编《中国数字经济发展白皮书（2020 年）》，http：//www.caict.ac.cn，2021 年 11 月 1 日。
③ 傅钢强、沈亚飞、杨明：《"互联网+"时代体育场馆的智能化经营——基于时空契合的视角》，《体育成人教育学刊》2019 年第 35（3）期，第 30~34 页。
④ 沈克印、曾玉兰、曹芹芹等：《数字经济驱动体育产业高质量发展的理论阐释与实践路径》，《武汉体育学院学报》2021 年第 55（10）期，第 5~12 页。
⑤ 《国务院办公厅关于加快发展体育竞赛表演产业的指导意见》，中国政府网，www.gov.cn，2021 年 9 月 9 日。

图1 我国数字经济增长值规模

资料来源：国家统计局、中国信通院。

实体经济深度融合"①。《"十四五"体育发展规划》提出："应用新技术促进传统体育设施转型升级与高效利用，推动开展云赛事、虚拟运动等新兴运动和赛事活动，鼓励研发满足不同人群需求的数字化运动项目"②，勾画出中国体育赛事数字化的前景蓝图。表1所示为2022年举办的全国重要群众性数字体育赛事。

表1 2022年举办的全国重要群众性数字体育赛事

赛事名称	举办单位	参与方式	赛事情况
全民健身线上运动会	国家体育总局群体司、中华全国体育总会群体部分运动项目中心、全国性单项体育协会、省（区、市）体育部门和互联网平台	在体育总局官网设立主赛区，在咪咕、快手、抖音、人民爱健康、乐动力、悦动圈、Keep、哔哩哔哩等互联网平台设立分赛区	4月开赛，1160万余人通过线上积分赛的形式展开，另外设置特殊贡献奖"全国百佳推广员奖"，用来奖励参赛的特殊贡献人员
8·8线上骑行嘉年华	国家体育总局群体司、中华全国体育总会群体部、中国自行车运动协会	黑鸟单车App	8~9月黑鸟单车App骑友骑行轨迹累计达到50公里者，即可点亮勋章"爱健身，爱骑行"
中国虚拟自行车联赛	中国自行车运动协会	咪咕骑行App	8~9月与全国旅游城市深入合作，将"自行车线上赛+城市旅游线路推广"相融合，实现全国万条骑行线路线上化

① 《国务院办公厅关于印发体育强国建设纲要的通知》，中国政府网，www.gov.cn，2021年9月9日。

② 《体育总局关于印发〈"十四五"体育发展规划〉的通知》，中国政府网，www.gov.cn，2021年10月31日。

续表

赛事名称	举办单位	参与方式	赛事情况
2022 第三届"全民铁人"线上挑战赛	国家体育总局群体司、中华全国体育总会群体部、中国铁人三项运动协会	华为健康 App、咕咚运动 App	共有 396383 名铁人参与挑战，完赛人数达 344420 人
"8·8 热练嘉年华"全民健身线上跑	国家体育总局群体司、中华全国体育总会群体部	咪咕善跑 App	8 月开赛，活动项目为 1 公里跑步，完成比赛即可获得电子勋章和电子证书
"全民健身日"不负青春线上健康跑	国家体育总局群体司、中华全国体育总会群体部	悦跑圈 App	8 月开赛，跑者累计跑步里程≥21 公里，单次跑步里程≥1 公里，即可点亮健康跑电子勋章和电子参赛证书
全民健身跑团邦"一起动"线上跑	国家体育总局群体司、中华全国体育总会群体部	"跑团邦"小程序	8~9 月开赛，可参与 1 公里、3 公里、5 公里、10 公里四个项目，获得电子参赛证书
"8·8 热练嘉年华"全民健身线上挑战赛	国家体育总局群体司、中华全国体育总会群体部	咪咕视频 App	8 月开赛，包括"全民健身颠球挑战""全民爱滑板挑战赛""万物皆可踢全民挑战""全民健身跳绳挑战""周杰伦《粉色海洋》健身操挑战赛"等多项活动
全国仿真模型（静态）项目网络赛	国家体育总局群体司、中华全国体育总会群体部、国家体育总局航管中心、中国航模运动协会、中国车模运动协会		纸结构桥梁模型承重挑战赛、纸折船模型承重挑战赛、遥控车行车技能绕标挑战赛等多个小项目
"奔跑吧·少年"2022 年全国儿童青少年毽球线上挑战赛	国家体育总局青少年体育司指导，国家体育总局社会体育指导中心、中国毽球协会共同主办	赢动少年平台	11~12 月超过 43000 人参与毽球技能竞赛（单人一分钟踢毽）、"健身无限"花式毽球团体展示、"万物皆可踢"亲子毽球运动及毽球体育知识线上科普活动

资料来源：国家体育总局官方网站。

3. 受疫情影响，体育赛事行业受到严重冲击，倒逼体育赛事数字化转型

传统线下体育赛事受限于物理空间，赛事组织方需为体育赛事的顺利开展提供全周期的物资及设施保障。参赛者与观众需要在指定的赛事现场参与竞赛活动和享受观赏体验，形成了一种基于人流量的盈利模式。围绕体育赛事衍生的赞助广告、赛事版权、赛事门票、旅游服务等构建了一条丰富、完整、成熟的产业链，实现了赛事资源的有序流动。然而，在新冠疫情的冲击下，传统的盈利模式已不再适用。大量体育赛事活动被迫"停摆"，以体育赛事为龙头的竞赛表演产业链条被迫中断，体育媒体、体育博彩等相关产业陷入停滞状态。受疫情影响，

空场办赛导致人群效应失效，赛事价值下降。体育赛事数字化有效地弥补了传统体育赛事脆弱的结构性短板，改变了赛事的物理空间属性，使无论置于何种环境中，作为产业链先导的体育赛事活动都能顺利展开，增强了赛事的"韧性"，稳固了赛事产业发展的基石。

（二）体育赛事数字化的内涵

随着数字技术在体育产业各领域的广泛应用，数字技术与体育赛事的融合也应运而生。数字技术广泛应用于体育赛事，在训练辅助、电子裁判、智慧赛事支持及场馆智慧改造方面全方位提升体育竞赛表演业、体育赛事管理及场地设施建设等细分领域的生产效率。[①] 同时，数字技术促使体育赛事交互型直播平台日趋成熟，为赛事远程观众实现线上虚拟互动以增强自身参与感及幸福感创造了现实基础，加速了体育赛事价值的变革，提升了赛事服务供给效率。[②] 从体育赛事举办过程来看，体育赛事数字化的本质是对传统体育赛事前、中、后全流程的变革与运营架构的重建，推动体育赛事向高质量发展轨道迈进。因此，体育赛事数字化可以定义为将数字技术融入传统体育赛事活动的管理、参与和观赏三大环节，优化赛事资源配置、重构赛事参与流程、升级赛事服务供给模式，以打造全感知、全联结、全场景、全智能的数字体育赛事过程。

从赛事资源配置的视角出发，数字化网络平台系统为体育赛事管理提供了强有力的支撑。随着数字技术的应用，资源配置模式发生了深刻变化，主要表现在资源流通性增强、资源配置效率提升等方面。在资源流通性方面，依靠体育赛事企业实力与信息差支撑的资源获取能力被逐渐解构。在物联网的支撑下，平台经济的效用得到极大提升，提升了资源信息的透明度。赛事招标、赛事赞助等市场活动将在平台上公开透明地呈现，市场秩序将朝着规范化与公开公平的方向发展。中小型企业不再因为自身市场信息获取能力差等，而在资源获取方面处于劣势，这在一定程度上改变了赛事生产资源获取的垄断性。同时，资源信息的公开透明降低了企业生产资源获取的成本与门槛。在资源配置效率提升方面，网络平台可以重塑体育赛事资源配置链条，构建赛事组织者、赛事供应商、赛事赞助商

---

① 刘佳昊：《网络与数字时代的体育产业》，《体育科学》2019 年第 39（10）期，第 56~64 页。

② Rejikumar G, Ajay Jose, Sonia Mathew, et al., "Towards a Theory of Well-being in Digital Sports Viewing Behavior", *Journal of Services Marketing*, 2022, 36(2): 245–263.

等各方主体的多元协同关系，增强了体育赛事的发展"韧性"。

从赛事参与流程的视角出发，数字参赛报名系统为赛事参与者提供了便捷化的"云"通道。将赛事参与渠道转移到线上，一方面，让广大赛事爱好者足不出户就能完成身份审核、赛事报名、线上缴费等流程，享受"一站式"参赛服务，从而激发大众参与赛事的热情；另一方面，数字参赛系统为参赛者提供的服务早已超越了传统的报名功能。参赛者能够通过系统所提供的运动指导视频进行赛前练习，让业余选手也能享受专业指导。同时，参赛视频也将通过该系统反馈至个人参赛系统，并借助 AI 智能技术进行动作纠偏，为参赛者后期进一步提高运动技能提供助力。从传统的报名参赛到提供全过程的精准参赛服务，数字参赛报名系统的介入，升级了参赛者的赛事参与体验，满足了参赛者多元化、个性化的定制服务需求。

从赛事服务供给的视角出发，数字技术与体育赛事相融合，助力打造多元消费场景，提升赛事产品供给效率，升级消费体验。一方面，大数据、云计算等技术能对海量市场数据进行全面分析，有效挖掘市场观赛需求，立足市场需求，有的放矢地进行赛事及相关衍生产品和服务供给，避免供需匹配错位造成的成本损失。同时，也能对市场上处于尾端的少量需求进行挖掘，充分利用服务对象碎片化、零散化的时间进行精准推送，有效激活体育市场的"长尾效应"。另一方面，智能化场馆为群众观赛提供便捷服务，入馆、检票、场内引导等环节通过App 便能实现"一站式"服务，全息投影技术的嵌入为观众呈现虚拟与现实交织的震撼体验。同时，VR/AR 技术与高清观影相融合，打造身临其境的观赛体验，极大地丰富赛事观赏内容，让定制化、沉浸式线上观赛成为现实，满足观赛者日益多元的、个性化的观赛需求。

（三）体育赛事数字化的特征

体育赛事数字化为传统体育赛事增加了全新特征。①管理扁平化。以"云平台"为中枢，赛事运营流程得到系统性简化，琐碎事务性工作达到高度精准化，大量的人力资源节约分流。数字化管理极大压缩了赛事组织机构的管理幅度和管理层级，加速了组织业务流程的精简和组织框架的重构，优化了赛事组织机构的运营系统。②资源集约化。区块链技术能最大限度地实现资源与信息共享，极大地改变了传统办赛信息不对称和资源不流通引发的附加市场交易成本。① 借助高效的数据整合能力，赛事组织机构能精准控制赛事投入，极大地节约了办赛成本，促使社会力量在赛事组织环节主体本位回归，有效提升了体育赛事的市场化水平。③参赛灵活化。"云参赛"使参赛形式不再局限于线下场馆的同台竞技，利用线上虚拟场景实现运动员灵活化参赛；在各类赛事中可实现参赛形式灵活、参赛地点灵活、参赛时间灵活等的选手体育参与的私人定制式参赛。④场景多元化。体育赛事场景是体育赛事景象片段的集合，按照体育赛事活动的逻辑构造与呈现。② 传统体育赛事场景是以体育场馆、人群聚集及集体互动等为标志的景观。"云看台"将数字技术融入线上观赛中，提升沉浸式的线上观赛体验，为观赛者创造了更为丰富的观赛场景。⑤产品定制化。利用大数据、云计算等技术能准确分析与识别观众的偏好兴趣，精准匹配观众的个性化需求，实现私人定制式观赛，提高体育赛事产品的高质量供给，实现赛事运动项目、赛事内容、赛事选手、赛事场次等多样化的观众私人定制观赛产品。

因此，体育赛事数字化转型可以聚焦于观赛、办赛与参赛三个实施层面。具体而言，从观赛层面来看，虚拟现实、全息投影等技术极大地推动了"云看台"的搭建；从办赛层面来看，云计算、区块链等技术支撑赛事管理"云平台"的构建；从参赛层面来看，5G 通信、移动互联网等技术助力"云参赛"的开展。"云看台""云平台""云参赛"的合体在本文中简称为"三云"模式。

二 体育赛事数字化的作用机制

体育赛事数字化是一个逐步深化的过程，分为初级、中级与高级三个阶段。从具体实践内容来看，体育赛事数字化的初级阶段是单独实现"云看台""云平台""云参赛"中某一种数字赛事活动形式的阶段；体育赛事数字化的中级阶段则指同时至少涵盖其中两种数字赛事活动形式的阶段，并实现它们之间的深度融合；在高级阶段，这三种数字赛事活动形式共存共生，并演化为相辅相成的整体结构（见图 2）。本文主要以传统体育赛事的数字化发展为研究对象，探讨其实

---

① 黄道名、刘钒、杨群茹等：《基于区块链智能合约的职业运动员合同管理模式》，《上海体育学院学报》2021 年第 45（9）期，第 50~59 页。
② 鲍明晓：《论场景时代的体育产业》，《上海体育学院学报》2021 年第 45（7）期，第 1~7 页。

现模式和应用场景。当前，我国已完成传统体育赛事数字化的初级阶段，正处于中级阶段向高级阶段迈进的重要时期，深入探究体育赛事数字化的作用机制对我国体育赛事的纵深发展具有深远的意义。

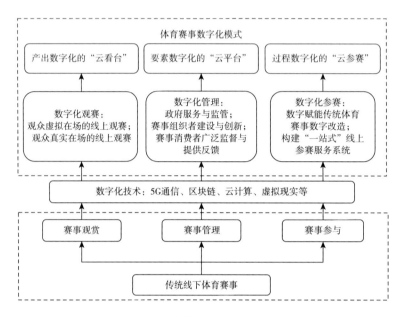

图 2　体育赛事数字化的深化路径

（一）产出数字化的"云看台"：拓宽消费主体个性化观赛选择路径

"云看台"对赛事观赏环节进行数字化改造，通过打造多元数字化看台为赛事消费者提供个性化的观赛选择，实现体育赛事产出数字化（见图3）。"云看台"使体育赛事供、需双方关系发生了革命性的变化，赛事消费者能对体育赛事活动进行高效的反馈与交互，以消费需求为导向的供给模式逐渐建立。[1] 当前，多种网络媒介平台蓬勃发展，咪咕体育、企鹅体育、腾讯体育等多个体育赛事转播平台为观众提供了多种形式的"云看台"。

---

[1]　沈克印、吕万刚：《体育产业供给侧改革：投入要素、行动逻辑与实施路径：基于社会主要矛盾转化研究视角》，《中国体育科技》2020 年第 56（4）期，第 44~51 页、81 页。

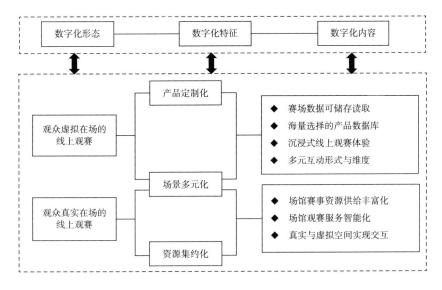

图 3 产出数字化的"云看台"

1. 观众虚拟在场的线上观赛

在万物互联的时代里，数字化技术使观赛场所突破时空的局限，观众无须亲身前往竞赛场馆观看比赛，而在任何场所都能通过多元媒体进行线上沉浸式观赏与交互。从观赛体验来看，"云看台"弥补了传统线上观赛的图像即时性、传导单向性和缺乏即时反馈等弊端，创造出高清多角度图像、多向传导和即时反馈等全新的观赛体验。在赛事内容供给方面，"云看台"的体育赛事能够融合多种媒介进行传播，如抖音、快手、微博等短视频平台，以及虎牙、斗鱼等直播平台，提高赛事曝光度，吸引广泛人群关注，赛事的"长尾效应"日益显著；同时，"云看台"颠覆了传统制播技术，通过网络云将转播拆解为前端信号采集、云端编辑处理、数字导播制作三个环节，实现了转播设备云端化和人工服务远程化。从赛事互动来看，个体之间的关联由线下的真实互动转变为数据与网络连接起来的虚拟互动，观众与运动员间的互动形式由线下的喝彩与鼓掌转变为线上的实时弹幕与表情包，形成了新的赛事景观转向。[①] 这颠覆了兰德尔·柯林斯提出的观

---

① 吴国栋、殷怀刚：《训练、竞赛、观众：疫情下竞技体育如何可能？——"没有赛事的训练"与"没有观众的赛场"工作坊综述》，《体育与科学》2021 年第 42（03）期，第 112~120 页。

点，"体育比赛可以把一群人聚集成一个共同体，观众只有亲身在现场，才有助于这一共同体的建立"①。与传统体育赛事的线下观赛相比，互动维度将不再局限于观众之间。在线上观赛的新形势下，观众的互动从观赛中延伸到赛前、赛中、赛后，实现了观众与运动员、组织者之间的多元互动②。

2. 观众真实在场的线上观赛

体育场馆作为服务本区域内赛事观众的线下展演综合体，通过 5G 通信，"云看台"以虚拟现实与全息投影等技术能够将远在千里之外的精彩体育赛事实时直播至各地体育场馆，立体呈现在观众眼前。一方面，将传统体育场馆改造为多场景体育表演空间，促进体育表演与设计服务的数字化发展，观众既能享受沉浸式的观赛体验，也能感受真实的赛场氛围。另一方面，数字技术赋能场馆内硬件设施升级，如网络购票、电子安检、馆内导航、数据信息采集等，极大地压缩了体育场馆的人力资源成本，也为观众提供了更加高效与智能的观赛服务，提升了赛事消费者的观赛体验③。例如，"数字孪生"场馆将实现场馆管理现实与虚拟的交互，模拟仿真系统通过将场馆与展演活动过程三维可视化、动态化、参数化，把真实的场馆复制成一个数字化、虚拟化的线上场馆④。工作人员无须亲临现场，在终端上就可以操作系统，实现场馆空间规划、运行设计及细节管理。将场馆管理流程云端化，极大压缩了场馆的运营成本，提高了管理效率，构建了线下场馆的虚拟呈现，虚拟"孪生"场馆反促线下场馆优化的良性互动模式。

（二）要素数字化的"云平台"：打造体育赛事管理数字平台，发挥平台效应

"云平台"对赛事管理环节进行数字化改造，将传统赛事以"人货场"为核心要素的投入模式向以数据与数字技术为核心要素转变，实现体育赛事要素投入的数字化（见图 4）。"云平台"具有去中心化、实时互动性、高效反馈性等优势，聚合赛事组织者、参赛者、观赛者三方主体，打破了时空场域的界限，最大

---

① 〔美〕兰德尔·柯林斯：《互动仪式链》，林聚任、王鹏、宋丽君译，商务印书馆，2012，第 58 页。
② 徐琬玥、张德胜：《数字时代球迷的虚拟在场与社交表达》，《新闻与写作》2021 年第 5 期，第 94~97 页。
③ 潘玮、沈克印：《数字经济发展背景下体育服务业数字化融合困境与推进路径》，《湖北体育科技》2021 年第 40（6）期，第 502~505 页。
④ 程琳琳：《英特尔以四大超级技术力量助力北京冬奥会》，《通信世界》2022 年第 3 期，第 28~29 页。

限度地整合了内外各种资源①。充分发挥"云平台"效应必须明确政府、赛事组织者、赛事消费者各方主体定位，划定主体的职责与权限。

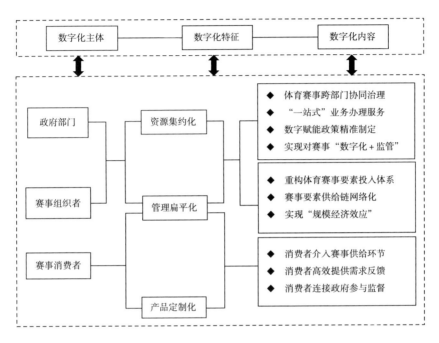

图 4　要素数字化的"云平台"

1. 政府服务与监管体育赛事的"云平台"

加快相关政府部门从职能型向服务型转变，提高服务意识与能力是引领新时代我国体育高质量发展的重要保证。首先，"云平台"可以逐步消除政府部门之间、政府与企业之间的"信息孤岛"，利用"云平台"构建数据公开机制，能提升体育赛事跨部门协同治理效能，提供"一站式"业务办理服务。其次，"云平台"收集整合的大数据库为相关部门政策制定提供了科学依据，提高了政策的针对性与精准性。最后，政府部门作为"云平台"垂直监管主体，利用"云平台"能实时监测、精准判断体育赛事运行状态并及时纠偏，提高对赛事活动事中、事后监管效率，提高监管的主动性与预防性。同时，相关政府部门须采取有

---

① 任波、黄海燕：《数字经济驱动体育产业高质量发展的理论逻辑、现实困境与实施路径》，《上海体育学院学报》2021 年第 45（7）期，第 22~34，66 页。

效的技术侦查手段保障数据安全，常态化对用户数据进行管控，保证民众的个人合法权利不受侵犯①。例如，《浙江省数字体育建设"十四五"规划》明确提出，"借助数字化、信息化手段，打造全省体育赛事发布系统，构建跨部门的体育赛事活动综合服务机制，加强跨部门协同，实现赛事全过程数字化监管，为体育赛事安全可控可管提供有效支撑"②。

2. 赛事组织者建设与创新体育赛事管理"云平台"

数据作为一种新生产要素，将重构传统体育赛事的要素体系。"云平台"通过数字传播和区块链技术等能够最大限度地实现信息公开和数据共享，弱化由信息差和资源获取能力差异所带来的劣势，为社会力量公平竞争创造良好的市场环境，有效破除体育赛事组织的进入"壁垒"。首先，以"云平台"为中介串联了体育赛事要素生产链，如赛事供应商、赛事赞助商、赛事运营商及赛事消费者等，将打造赛事要素互联互通的网络化态势。与传统体育赛事单链接不同，"云平台"构建的网络化链接系统能在某一条要素链断裂后迅速匹配同质的链上供给端，保证赛事要素的平稳流动，形成涵盖赛事融资数字化、赛事赞助数字化、运动员合同数字化等的数字化赛事产业链，提升赛事产业全要素生产率。其次，基于"云平台"运行的数字体育赛事基本不受限于赛事规模与参与人数，无须额外投入更多的成本，可达到边际成本递减的效果，实现"规模经济效应"，进而提升赛事组织者的盈利能力③。例如，华奥星空科技发展有限公司以"大数据、移动端、可视化"为支撑，积极探索线上业务，结合自身的优势打造出线上、线下相融合的赛事运营"云平台"，其举办的"全国健身气功网络视频系列大赛""全民健身日"等系列线上赛事活动为企业带来了经济效益和社会效益的双丰收。最后，"云平台"本质上是一个动态的数字集合体，赛事组织者作为与赛事消费者联系最为密切的基本单元，以赛事消费者需求为导向改造与升级数字平台，促使"云平台"功能日趋完善，更加人性化、智慧化、贴近民众的切实需要，如线上粉丝社群、体育明星日常分享、运动常识普及等功能模块。

---

① 傅钢强、魏歆媚、刘东锋：《人工智能赋能体育场馆智慧化转型的基本表征、应用价值及深化路径》，《体育学研究》2021年第4期，第1~15页。
② 《浙江省体育局关于印发〈浙江省数字体育建设"十四五"规划〉的通知》，浙江政务服务网，http：//tyj.zj.gov.cn/art/2021/8/31/art_1229262678_4720319.html，2021年9月10日。
③ 荆文君、孙宝文：《数字经济促进经济高质量发展：一个理论分析框架》，《经济学家》2019年第2期，第66~73页。

3. 赛事消费者广泛监督与提供反馈

在"云平台"中，体育赛事消费者不再是单纯的被动服务接受者，而是主动参与赛事服务的供给环节。体育赛事市场将由组织方供给为主导逐步转向以消费者需求为主导的发展模式，形成赛事产品与服务生产的定制化转向，更多个性化、定制化的服务与体验将层出不穷。赛事消费者通过平台、社群等多种途径向赛事组织方即时提供需求反馈，为赛事组织方实时调整业务模式提供现实依据；赛事组织方通过挖掘分析、分类整合消费者海量数据，可以完美地匹配其个性需求，为赛事服务供给提供数据支撑。"云平台"也为全社会参与监督提供了重要渠道。通过平台申诉与投诉窗口，直接连接体育部门与民众，畅通了信息流动渠道，形成对体育赛事全周期、全方位、多层次的主体监管网络体系，既完善了政府部门的数字化治理体系，也为"云平台"平稳运行提供了内外并行的双重保障机制。

（三）过程数字化的"云参赛"：着力推进传统赛事数字改造，实现参赛云端化

"云参赛"对传统体育竞赛表演环节进行数字化改造，形成以网络为载体、赛事活动过程数字化的线上竞赛模式（见图5）。线上体育赛事既成为在疫情防控常态下举办体育赛事的应急之策，又迎合了大众对赛事内容与赛事形式多元化的现实需求。

1. 数字赋能传统体育赛事数字改造

"云参赛"对传统体育赛事的数字技术改造主要表现在线上体育赛事的丰富化和线下体育赛事的智能化。从线上体育赛事的丰富化来看，"云参赛"使传统体育赛事突破物理空间的限制，转向线上举办，打造基于网络的数字体育赛事。例如，在虚拟骑乘软件 ZWIFT 的支持下，欧洲开展的"云自行车赛"、由中国武术协会举办的全球太极拳网络大赛等都实现了线上赛事。"云参赛"需充分考虑不同赛事项目的独特属性，兼顾数字技术迁移的可实现性。对于体能类竞速项目，如马拉松、游泳、自行车等赛事，采用智能可穿戴设备进行云端竞赛，辅以实时定位、全程录像、不定时人脸识别等功能，完整记录参赛者个人运动数据，杜绝任何作弊与造假行为；对于技能类难美项目，如跳水、体操等，依托通信技术实现高清录播，实时将数据上传云端竞赛，裁判即刻评审。从线下体育赛事的

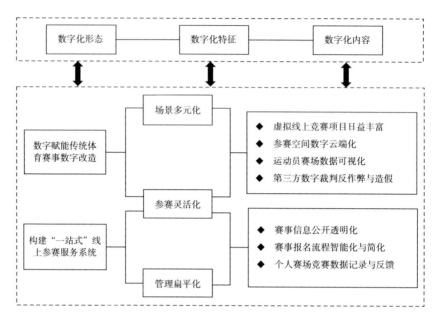

图 5　过程数字化的"云参赛"

智能化来看，对于难以实现线上赛事的运动项目，辅以智能设备实现数据可视化，可提高竞赛的观赏性及公正性。当运动员佩戴智能设备时，如拳击运动中，在拳套内放入数据记录仪器，以测量拳手每次进攻的速度与力度；篮球运动中，在运动员球鞋内放置感应器，以观测场内球员比赛期间的跑动、跳跃等数据，运动员场内表现将通过可视数据的形式呈现在观众面前。这些数据可为赛事直播创造附加价值，观众可通过自愿形式选择是否付费了解运动员的实时动态数据，也可为裁判裁决提供科学依据，如在拳击比赛中，裁判可通过监测拳套呈现的数据来辨别运动员是否存在打假拳的嫌疑，保证了竞赛的公平公正性。

2. 构建"一站式"线上参赛服务系统

构建完善的"云参赛"服务体系要以"云平台"为基础，着眼赛事参与全过程，培育高效的服务能力。从参赛报名的角度来看，"云平台"能发挥数字信息高效传播的优势，实现"云参赛"赛事信息的公开透明化。赛事组织方在线上发布各类竞赛的报名时间、参赛要求、竞赛章程等信息，为"云参赛"的运动员提供多样化的参赛选择，鼓励群众"上云"参加全民健身等赛事活动。充分利用赛事报名、赛事审核、赛事缴费等"一站式"报名服务系统,简化赛事参与流程;"云参赛"利用云计算等技术将运动员的赛场运动表现数据整合至大数据库,对其进行多元化实时排名和考核,颁发相应的电子证书,如运动员等级证书、国家体育锻炼标准电子运动证书等。同时,"云平台"对"云参赛"运动员赛场动作进行实时监测与精准分析,智能系统针对"云参赛"运动员赛场动作的缺陷制订专属改进方案,赛后反馈至每一位运动员,为其进一步提升运动能力与竞赛成绩提供科学依据。

三 体育赛事数字化的应用场景

(一)体育赛事"三云"发展模式现实应用的差异分析

根据体育赛事性质的不同,"三云"模式在体育赛事数字化的表现形式与侧重点也不尽相同(见图6)。总体来看,赛事管理"云平台"作为支撑体育赛事数字化的基础性保障,在提升体育赛事多元化管理水平、打造体育赛事"云看台"、支持群众"云参赛"等方面发挥着支撑性作用,是体育赛事数字化转型的显著标志。以"云看台"为主导的发展模式适用于高水平竞技性体育赛事,如奥运会等大型综合性体育赛事,其原因在于竞技水平高决定了赛事的观赏性强。在其数字化转型过程中更注重以观众为服务对象的"云看台"传播的人员数量、质量与效率的提升,以达到全覆盖观众群体,最大化经济价值。以"云参赛"为主导的发展模式适用于具有娱乐性质的群众性体育赛事活动,如全民线上健身运动会、虚拟运动会等,"云参赛"打破了时空限制,让大众能足不出户,最大限度地实现全民、全域、全时参赛,推动全民健身助力健康中国建设。由国家体育总局、中华全国体育总会联合开展的"全民健身线上运动会"包括20多个大项、100多个小项,涵盖跳绳、乒乓球、健步、广播体操、棋牌等大众体育运动;在形式上,是我国首次尝试综合性运动赛事线上举办,数字技术与比赛项目的深度融合,其参赛人群规模之大、覆盖人群范围之广是传统线下运动会无法比拟的[1]。

---

[1] 《全民健身线上运动会》,国家体育总局,https://www.sport.gov.cn.n4/n24228533/n24228609/c24260569/content.html,2022年10月10日。

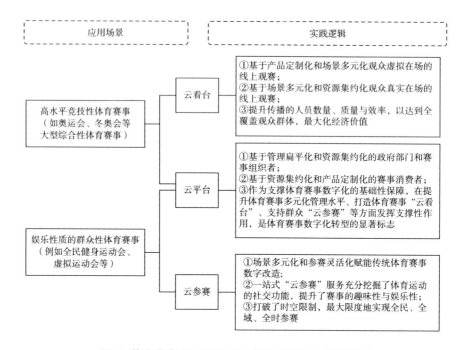

图 6 体育赛事"三云"模式的应用场景和实践逻辑

（二）以"云看台"为主导的数字化转型模式：以北京冬奥会为例

北京冬奥会在以"云看台"为主导的发展模式下进行数字化转型，以产品定制化、场景多元化、资源集约化的数字化特征实现全面"上云"，创造了北京冬奥会的"云看台"，为奥林匹克赛事的发展贡献了中国智慧和中国方案，赛事的国家形象宣传功能进一步彰显①。在《科技冬奥（2022）行动计划》的指导下，北京冬奥会围绕科学办赛、运动科技、智慧观赛、安全保障、绿色智慧综合示范五个方面，基于管理扁平化、资源集约化、产品定制化的数字化特征开展了数字化管理创新。冬奥会"云看台"结合赛事传播实际与群众观赛多元化需求，实现了观众虚拟在场的线上观赛和观众真实在场的线上观赛。

1. "云平台"功能凸显，强化了北京冬奥会的赛事管理效能

一是基于管理扁平化和资源集约化的政府部门和赛事组织者。在安全保障方

---

① 孙蕾蕾：《2022 北京冬奥会的科技创新与数字传播》，《全媒体探索》2022 年第 1 期，第 4~9 页。

面，"云平台"的智能化人员抵离管理系统平台的搭建，使北京奥组委能够及时掌握赛事相关人员出入境信息，有序安排接待工作以及相应的疫情防控措施[1]。在绿色智慧综合示范方面，馆内智能化分区操控平台有效提升了场馆的智慧化水平，如同"神经中枢"即时根据实际情况对场馆空调、采暖、电梯、照明等建筑能耗及水资源实施分项、分区调控，从而实现了奥运场馆低碳、绿色、可持续的运营理念[2]。二是基于资源集约化和产品定制化的赛事消费者。在智慧观赛方面，冬奥会云转播技术平台的运用改变了传统转播技术，优化了赛事传播的效率与质量。其所采用的智能化"一站式"制播工作方式，实现了转播设备的云端化和人员服务的远程化，提供了一个低成本、专业级高清/超高清视频转播服务的业务平台[3]。从比赛现场到数据公布，几乎所有的信息处理、交互都是通过云计算完成的[4]。

2. "云看台"创新运用，升级了北京冬奥会的赛事观赏体验

一是基于产品定制化和场景多元化观众虚拟在场的线上观赛。在赛事观赏场景方面，冬奥会冰雪项目交互式多维度观赛体验技术的应用支持用户连续地改变观看点位，从不同的角度去观看同一场赛事活动，创造了全新的观赛模式[5]。在观赛形式多元化上，北京冬奥会的合作伙伴咪咕视频利用 8K 超高清、8K VR 自由视角、全息虚拟影像技术等助力"智慧观赛"，提供了包括"AR 演播室如临冰雪现场""多路解说多屏同看，千人千面看比赛""AI 战术分析，专业实时解说""AVS3 编解码标准，可享每一帧"等定制化观赛产品[6][7]。这些创新为"云看台"观众提供了更具多样性、个性化的线上观赛选择。二是基于场景多元化和资源集约化观众真实在场的线上观赛：在冬奥开幕式的视觉呈现上，三维追踪技术（3DAT）实现了表演人员与场地的智慧交互，促进了"艺术+科技"的深

---

① 白静：《科技唱响冰雪欢歌 创新闪耀冬奥五环——北京冬奥会展现我国科技创新智慧》，《中国科技产业》2022 年第 2 期，第 24~27 页。

② 《冬奥会场馆：绿色、科技、智慧、可持续》，《施工企业管理》2022 年第 402（2）期，第 104~107 页。

③ 晓新、刘海：《揭秘北京冬奥会上的"黑科技"》，《中国设备工程》2022 年第 5 期，第 3~4 页。

④ 《北京冬奥会高科技大显身手》，《中国高新技术产业导报》2022 年 1 月 24 日。

⑤ 蒋向利：《产学研"黑科技"助力北京冬奥会》，《中国科技产业》2022 年第 2 期，第 28~33 页。

⑥ 史安斌、盛阳：《从"跨"到"转"：北京冬奥会带来跨文化传播新模式》，《青年记者》2020 年第 6 期，第 4~5 页；DOI：10.15997/j.cnki.qnjz.2022.06.036。

⑦ 新浪科技：《创新智慧观赛体验 中国移动咪咕助力"科技冬奥"走近大众》，http：//finance.sina.com.cn/tech/2022-02-09/doc-ikyamrmz9850314.shtml，2022 年 10 月 31 日。

度融合。"云看台"增强现实技术（AR）的融入，让冰与雪的美学追求从概念变为现实，为开幕式场内观众提供了一场富含科技感与震撼感的视觉盛宴①。"云看台"通过对场内表演人员进行实时定位，并凭借先进的 AI 算法，实现了演员与现场铺设的大屏的实时互动，达到了仅靠排练无法实现的流畅效果。此外，"云看台"在赛事数据可视化上，通过场馆内超清大屏实时呈现场内运动员的精彩竞赛过程，对特定片段进行多角度回放，提升了观众的观赛体验，并对运动员各项动作评分细则、排名等数据进行了可视化展示。

（三）以"云参赛"为主导的数字化转型模式：以全民健身线上运动会为例

"全民健身线上运动会"的开展凸显了"政府主导、社会承办、群众参与"的运行理念，即在国家体育总局与地方体育局及各运动项目协会的指导下，基于"云平台"的数字化特征，以第三方"云平台"入口为支撑的全民线上群众体育运动会。

1. "云平台"赋能"云参赛"，参赛流程便捷且形式多样

一是基于管理扁平化和资源集约化的政府部门和赛事组织者。第三方"云平台"入口为"全民健身线上运动会"的顺利开展提供了技术保障，包括 CCTV5、咪咕、快手、抖音、乐动力、悦动圈等入口。"全民健身线上运动会"官网平台实现了多元参赛渠道的整合与汇总。聚合平台向大众展示了"菜单式"赛事活动目录，进入官网界面便可通过多种平台入口报名的"一站式服务"。二是基于资源集约化和产品定制化的赛事消费者。首先，快手、抖音等第三方"云平台"入口所具备的娱乐属性与社交属性，"病毒"式营销为"云参赛"宣传，形成"以赛事内容强化宣传，以宣传反促赛事参与"的良性循环，实现了带动全民"云参赛"的目标。其次，"云参赛"所依托的每一个平台入口都设有单独的分赛区。大众可以根据自身喜好在不同的"云平台"入口进行报名参赛，与同赛区的参赛者进行竞赛。同时，可根据个人运动技能水平的差异，选择不同难度级别的赛场，如入门级、自选级、平台赋能级等；也可选择不同的参赛场景，如亲子赛、平板支撑挑战赛、卡路里挑战赛等多种趣味性比赛项目，极大突

---

① 孙冰：《冰雪间的中国科技力量——冬奥会的背后"黑科技"》，《中国经济周刊》2022 年第 3 期，第 44~46 页。

出了赛事产品定制化的特点。

2. 数字技术嵌入助力"云参赛"质量提升且内容多元

一是场景多元化和参赛灵活化赋能传统体育赛事数字改造：AI 智能技术、5G 通信、大数据与云计算等技术的嵌入，实现"云参赛"规则标准化与评判智能化。例如，悦动圈拥有全国首个广播操 AI 智能领操员系统，利用大数据与云计算构建了 AI 人体姿态识别系统，通过捕捉人体位置及核心关键点，将参赛者的体操动作与标准动作进行比对，实时判断参赛者每个动作是否符合规范，进而实现智能评判，实现了赛事公平公正的"无人化"评分。二是参赛灵活化和资源集约化搭建一站式"云参赛"服务系统。首先，咪咕在 AI 智能评判系统的基础上，提供《科学健身指导视频》线上课堂，指导选手进行学习与提升运动技能，实现了社会指导员与大众之间的"云教学"。其次，一站式"云参赛"服务充分挖掘了体育运动社交功能，参赛者之间通过赛事平台展示、交流与互动，提升了赛事的趣味性与娱乐性。同时，体育明星及奥运冠军的加入，鼓励与倡导健身休闲，提升了"全民健身线上运动会"的社会关注度，激发了群众"云参赛"的积极性。数字技术嵌入"全民健身线上运动会"拓展了"云参赛"的内容，是"举社会之力，借平台之势，供全民共享"的开放、高效的办赛模式[①]。

四 结语

体育赛事数字化是基于数字经济的快速发展，我国体育赛事产业发展的新趋势。体育赛事数字化呈现管理扁平化、资源集约化、参赛灵活化、场景多元化、产品定制化等特点，助推了体育赛事"三云"模式的创新型发展路径，为我国体育赛事的转型升级的实践应用提供了理论支持。"三云"模式呈现相辅相成的发展属性，三者之间并非完全独立存在。具体而言，"云平台"是支撑体育赛事数字化的基础性保障；以"云看台"为主导的发展模式和以"云参赛"为主导的发展模式分别为我国高水平竞技性体育赛事与娱乐性质的群众性体育赛事的数字化实践提供了理论思路。

---

① 《全民健身线上运动会助力全民健身的"三全"发展》，《中国体育报》2022 年 10 月 17 日。

The Connotation Characteristics, Practical Logics and Application Scenarios of Digitalization of Sports Events in China

Liu Xindan, Peng Yongkang, Sun Binghong

Abstract: This paper analyzes the era background, connotation characteristics, deepening path, and guarantee mechanism of the Digital development of sports events in China by literature review, expert interviews, logical analysis. The digitalization of sports events has five significant characteristics: flat management, resource-intensive, flexible participation, diversified scenarios, and product customization. Based on these five characteristics, explore the deepening path of the digital development of sports events from the three dimensions of event management, event participation, and event viewing, and finally build a "cloud platform" with digital elements, "cloud competition" with digital processes, "cloud stands" with digital produces. On this basis, through the in-depth analysis of the cases of the Beijing Winter Olympics led by the "cloud stand" and the national fitness Online sports meeting led by the "cloud competition", the successful experience is briefly summarized to provide scientific reference for the digital development of sports events in China.

Keywords: Sports Event; Digitizing; Practical Logics; Application Scenarios

"体操化" 还是 "去体操化"

——竞技健美操发展趋向的历史演进与现实之思

李 亮 陶 乐 杨明泽*

【摘 要】围绕竞技健美操（aerobic gymnastics）发展趋向所产生的争议，其本质是对项目是否应该实现"体操化"（gymnasticization）改革的道路性分歧。本文通过对竞技健美操近半个世纪发展趋向的历史演进梳理发现，以健身健美为根基的难度动作、以电视综艺为媒介的艺术表演、以现代芭蕾舞体系为原则的完成质量，共同构成了早期竞技健美操发展趋向的三大基石。1994 年竞技健美操被纳入国际体操联合会（Fédération Internationale de Gymnastique，FIG）后，这三大基石逐渐呈现整体难度性（包括难度动作与过渡连接）趋于技巧化与杂技化、艺术评判趋于量化与多维化、完成评判趋于精细化与全面化的"体操化"发展趋向。随着竞技健美操入奥的持续失利，过度追求"体操化"的改革路径反而为"去体操化"思潮的滥觞埋下了伏笔，最终在业界的一致倡议下形成了新的"去体操化"实践转折。基于此，本文提出对当前竞技健美操发展趋向的三大现实之思：①"体操化"值得反思与纠偏，矫枉过正的"去体操化"也不可取；②明确当前竞技健美操发展应向下兼容的客观事实；③入奥不应成为衡量运动项目发展的唯一标准。

【关 键 词】竞技健美操；发展趋向；体操化；去体操化

---

* 李亮，山东大学体育学院博士研究生，研究方向为体育史；陶乐，通讯作者，华东师范大学体育与健康学院讲师，硕士，国际级运动健将，研究方向为体操类项目教学与竞赛；杨明泽，衢州职业技术学院文化旅游学院。

　　作为脱胎于传统健美操运动的竞技健美操如今已迎来其加入 FIG 的第 30 个年头。围绕项目发展趋向的相关议题，国内外学者及从业者均对此有所探讨。其原因在于，作为起源于现代大众健身的休闲运动，健美操的"体育化"、"竞技化"与"体操化"发展之路带有鲜明的人为导向色彩，这与同属体操分支的艺术体操、技巧、蹦床等运动项目的发展路径有显著区别。[①] 自 1994 年被纳入 FIG 以来，关于该项目究竟应"体操化"还是"去体操化"的发展趋向争议，便一直成为学界与业界热议话题。这些争议的代表性、论点的启发性以及论据的深层性，都是对这一议题的思考，在健美操运动发展史上都有着重要的价值与意义。

　　仅在我国，以"竞技健美操"为关键词在中国知网进行北大核心、CSSCI 论文检索，便可获取相关文献 263 篇，成果颇丰。其中，讨论项目发展趋向的成果数量约占 1/3。若在此基础上排除同类选题，再以宏观史学研究为切入视角，呈现"以史鉴今"研究旨趣的细分，则相关成果仅有 3 篇，且时间均集中在 2006 年以前。[②③④] 这对于一项发展历程仅有约 30 年的新兴项目而言，无疑还有较大的研究空间。其中，尤为缺乏通过厘清竞技健美操发展趋向的历史演进脉络，达到对当前项目所存在问题做现实之思的研究成果。

　　基于此，本文拟在前人的研究基础上，兼顾 FIG 官方公布的档案资料，同时参照当事人回忆录及同时期新闻报道的相关史料，立足于宏观历史学研究视角，梳理竞技健美操发展趋向的演进脉络与实践理路，重新思考当前竞技健美操发展趋向的现实问题，以此丰富学界对体育史研究的客观认知与价值定位。

一　健美操发展趋向的早期形成与确立

　　1983 年，美国同时出现了最早的两大健美操运动组织：一是美国出版商 Bob Anderson 发起成立的 Fit Aerobic International Association （FIA，后采用美国—日

---

① 李亮：《竞技健美操源流考（1968—2004）》华东师范大学硕士学位论文，2023。
② 雷雯、邱建钢：《从历届世界健美操锦标赛看健美操的竞争格局与发展态势》，《成都体育学院学报》2006 年第 1 期，第 79~81，88 页。
③ 许铭：《竞技健美操的历史沿革与发展趋势》，《广州体育学院学报》2003 年第 6 期，第 78~80 页。
④ 杨静、徐维良：《竞技健美操发展趋势研究及对策分析》，《西安体育学院学报》2003 年第 6 期，第 68~69 页。

本双总部制）①；二是美国体育营销专员霍华德·施瓦茨（Howard Schwartz）早年成立的 Sport Fitness International（SFI）电视公司正式将健美操纳入业务范围。② 法国学者 Bordes③ 曾将运动组织的成立视为休闲活动转向体育运动的关键标志，健美操的发展之路则同样遵循此逻辑。因此，下面将结合两大组织的改良理念与实践举措，试图勾勒出早期健美操发展趋向的大致轮廓，为后文系统阐述与揭示竞技健美操的发展趋向问题奠定基础。

（一）以健身健美为根基的难度动作发展趋向

现代健美操运动的发起人为美国影视明星简·方达（Jane Fonda），这已成为学界公认的事实。据简·方达④本人回忆，20 世纪 80 年代风靡全美的健身风潮为她带来了灵感，萌生了将传统有氧舞蹈与健美运动做进一步融合，以此发明出一种"全新的、尤为适合女性的运动课程"的想法。因此，在简·方达早年所拍摄的《简式健身术》（*Jane Fonda's Workout*）同名录像带中，可以看出这一被誉为现代健美操雏形的项目，除保留大量基本的有氧舞蹈动作外，也在此基础上增加了不少颇具健身健美风格的难度动作（见图 1），主要可分为柔韧与肌力两大类。

因此，最初的健美操（简式健身术）可以被视为一种"健身舞蹈"，难度动作是其区别于其他同类运动的根本特征。随着项目的后续发展，大量男性练习者的加入，使难度动作在健美操中逐渐成为常态。简·方达为主动迎合这一趋向，选择将更多健身健美的基本难度动作引入健美操中，由此进一步确立了早期健美操崇尚难度动作的发展趋向。值得一提的是，正是因为简式健身术对健美元素的大量借鉴与融合，我国在 20 世纪 80 年代引入该项目时，在陈德星、牛乾元等先驱的影响下，选择将"健美操"作为该项运动的中文翻译并沿用至今。⑤

---

① 日本エアロビック連盟．競技エアロビック，https：//www. Aerobic. or. jp. 2023 年 1 月 3 日。

② Association of National Aerobic Championships. History of Aerobic Gymnastics, https：//www. Sport Aerobics-nac. com/about/，2023 年 1 月 3 日。

③ Lebreton F, Routier G, Héas S., "La ß Sportification du Parkour et du Street Golf Comme Médiation Culturelle", *Cultures urbaines et activités physiques et sportives*, 2010, 47(3)：293–317.

④ The Pop History Dig. "Fonda Fitness Boom"1980s & Beyond, https：//pophistorydig. com/topics/tag/jane-fonda-fitness/，2023 年 9 月 7 日。

⑤ 于可红、邱亚君：《健美操教学与训练教程》，高等教育出版社，2021，第 6 页。

图 1　简式健身术的难度动作

资料来源：Aerobic History，YouTuBe，https：//www.youtube.com/c/AerobicHistory.

1983 年，两大健美操运动组织 FIA 与 SFI 相继成立后，都延续了允许运动员在健美操成套动作中展示难度动作的惯例，分别在评判标准中加入了对"难度（技术）"的评判。根据本研究考察，两大组织早期虽均未出台与难度动作相配套的分值细则，却在后续发展中相继确立以难度动作为核心之一的发展趋向，实现了由健美操向竞技健美操的实践转折。对于该发展趋向，可主要归纳为以下三点。（1）强制性。要求运动员必须在成套动作中展示难度动作。（2）本真性。展示的难度必须具有健美操的原始特点。（3）杂技化。除指定难度动作外，集体项目运动员可自由展示其托举或配合动作且不受次数限制。这一结论可能与当前学界主流认为"是 FIG 奠定竞技健美操难度发展趋向"的论断存在一定出入。

（二）以电视综艺为媒介的艺术表演发展趋向

事实上，作为以"健身塑形"为宗旨的健美操本身并不强调与艺术性、表演性相关的价值评判导向。它追求艺术表演的惯例，最早可追溯至 SFI 举办的系列赛事中。1983 年，洛杉矶体育营销人员霍华德·施瓦茨因捕捉到健美操在美国盛行背后所隐藏的巨大商业价值，决定将该项目作为电视业务纳入其早年创办的 SFI 影视公司，旨在通过商业模式推动健美操的发展①。1984~1989 年，SFI 主要制作了 National Aerobic Championship（全美健美操锦标赛，NAC）系列赛事②，引发了美国社会的较大关注。得益于该赛事主要通过影片形式发行，诸多较为珍贵的视频资料被保留下来（见图 2）。

图 2　1985 年 SFI 举办的 NAC 赛事

资料来源：Aerobic History，YouTuBe，https：//www.youtube.com/c/AerobicHistory.

　　从视频内容来看，NAC 赛事的娱乐表演性质显著高于其竞赛属性，总体偏向 "竞演" 而非 "竞技"。例如，NAC 的竞赛场地通常设在电视演播室内，每组选手都围坐在舞台周围等待主持人介绍出场。竞演过程中，主持人会不时通过幽默诙谐的语言带动现场氛围，选手则会通过夸张的面部表情与肢体表演，以博得现场观众的喝彩。最后，由七位裁判根据现场观众的反应及自身喜好，共同评选出最终的优胜者。在缺乏量化标准的模式下，如何依靠自身的表现力赢得现场裁判与观众的一致青睐，成为参赛选手绞尽脑汁的目标。此外，在 FIA（日本）总部，主席小西浩一为纠正大众对健美操是 "身穿华丽服装的女性们过激地跳舞和摆姿势的性感姿态" 的偏见，提出要通过改革使健美操能够彰显其独特的

　　①　오윤선.엘리트 체육으로서의 경기에어로빅[A].한국에어로빅스운동 보급 20 주년기념 학술세미나 자료집[C].서울:한국에어로빅스건강과학협회，1995.

　　②　YouTube. AerobicHistory，https：//www.youtube.com.

艺术价值与动作美感，从而变成一项"美丽的运动"①。在这一倡导下，竞技健美操的总体发展趋向开始逐步朝艺术性迈进，"艺术分"的概念也逐步得到确立。

综上所述，两大组织在 20 世纪 80 年代的共同导向，使健美操正式形成以表演力和艺术性为核心的发展趋向。这一转变促使此后健美操运动员在成套编排中能够大胆展示艺术造诣，对竞技健美操的形式乃至本质都产生了极为深远的影响。

（三）以现代芭蕾舞体系为原则的完成质量发展趋向

19 世纪中叶，法国舞蹈家弗朗索瓦·德尔萨特（Francois Delsarte）首次将体操与舞蹈进行互补性融合，以构建二者"以技促艺""以艺美技"的和谐和韵律之美②。这一理念对当时的欧美体育界产生了巨大影响，奠定了此后几乎所有难美性项群运动"开、绷、直、立"的共性审美准则，并最终形成以现代芭蕾舞体系为原则的审美理想③。健美操的诞生也与芭蕾舞有着深厚渊源。不太为人所熟知的是，简·方达早在发明健美操以前便有着丰富的芭蕾舞经历（见图 3），曾在多次采访中表达芭蕾舞对其发明与改良健美操所带来的诸多启发。因此，在众多同类项目中，健美操是最早且最完整将现代芭蕾舞体系的审美准则引入的项目，由此确立了"体态规范、动作标准"的审美原则。

两大组织成立后，健美操在走上竞技化道路的同时，也被嵌入了浓厚的商业表演色彩，对舞台表现力的极致追求使赛场逐渐沦为选手们"争奇斗艳"的舞台，导致原先由简·方达建立起的审美原则逐渐崩塌。进入 20 世纪 90 年代，通过完成对美国 FIA 的合并而成为 International Aerobic Federation（IAF）主席的小西浩一，开始对这一现状感到不满，认为运动员在此风气下所编排与展示的成套动作，已逐渐脱离健美操的本真。因此，小西浩一决定在健美操竞赛规则中重新引入芭蕾舞审美准则，使健美操的完成质量能够通过伸直脚尖膝盖、动作轻盈有

---

① 日本エアロビック連盟.エアロビックで世界に挑んだ日本人［M］，東京：株式会社ハードフィールド·アソシエイツ，2009；5-8.

② ［美］杰伊·弗里曼：《当代西方舞蹈美学》，欧建平、宁玲译，光明日报出版社，1995，第 265 页.

③ 樊莲香、潘凌云：《难美项群中身体动作的文化体现》，《体育学刊》2011 年第 18（4）期，第 49~52 页.

图 3　正在进行芭蕾舞训练的简·方达

资料来源：《Vogue》，Arthur Elgort，https：//pophistorydig.com/.

力、精神状态饱满等方面予以彰显[1]。伴随美国健美操组织的式微［FIA（美国）被 FIA（日本）合并、SFI 改组］，日本已成为当时世界健美操运动的中心。因此，通过小西浩一大刀阔斧的改革，竞技健美操得以重新确立 "崇尚规范" 的审美原则，并最终将以现代芭蕾舞体系为原则的完成质量发展趋向延续至今。

二　竞技健美操 "体操化" 发展趋向的历史演进与基本特征

"体操化" 一词常被学界用于对舞蹈、武术及花样滑冰等难美性项目的宏观反思中，通常含有贬义，特指某运动项目在某因素作用下，陷入的 "套路化" 或 "技巧化（难度化）" 现象[2]。然而，本文所说的 "体操化" 是基于其字面意义，特指在人为主观导向下，健美操自 1994 年以降，便正式确立向体操全面转型的发展趋向，由此深刻塑造其作为体操分支项目的根本样态[3]，竞技健美操的概念也由此得到广泛认同并正式确立。因此，有必要对竞技健美操确立 "体

① 武内麻美、中村剛：《エアロビック競技の発達史——国内外の歴史的変遷》，《スポーツ運動学研究》2020 年第 33 期，第 123~137 页。
② 唐满城：《唐满城舞蹈文集》（第 3 版），南京师范大学出版社，2017，第 192 页。
③ 邱建钢、雷雯、李鸿等：《健美操能否进入奥运会的思考》，《成都体育学院学报》2005 年第 2 期，第 79~81、88 页。

操化"发展趋向的历史演进做系统性梳理，对其基本特征做理论性阐发，为后文深入探讨竞技健美操发展趋向的内在动因与实践转折提供前提依据。

（一）健美操被纳入国际体操联合会的时代背景

20 世纪 90 年代两大组织相继完成对自身结构的国际化改革，标志着全球健美操事业正式进入鼎盛时期。据学者统计，截至竞技健美操被纳入 FIG 前的 1993 年，两大组织的成员国已遍布世界五大洲，包括美国、日本、澳大利亚、德国、巴西等 80 多个国家，每年其举办各类赛事的参赛总人数超万人①。与此形成鲜明对比的是，世界上历史最悠久、规模最庞大的单项体育组织——FIG 在同时期所面临的发展瓶颈，主要表现在全球体操人口的急剧下滑方面②。

面对来自项目受众的困境，时任 FIG 主席的尤里·季托夫决定通过广泛纳入新兴体育项目的方式扩大全球体操覆盖面。他首先关注到当时发展势头最为强劲的健美操项目。自 1993 年起，尤里·季托夫便持续与两大组织接触，探索在统一竞赛规则、组织权威赛事等方面合作的可能性③。经过长期的协商与博弈，两大组织分别于 20 世纪末与 21 世纪初达成与 FIG 的全面合作关系，确立以后者为中心的全球健美操新发展格局④。目前，学界已有很多相关论述，此处仅对此背景做结论性引入，就此问题本书不再赘述。

（二）竞赛规则视角下竞技健美操"体操化"发展趋向的历史演进

1994 年，FIG 在瑞士洛桑正式宣布将健美操纳入第二个体操分支项目的决议⑤，竞技健美操的概念由此得到广泛认同并正式确立。FIG 同时宣布，将启动首部 FIG 版竞技健美操竞赛规则的编撰工作，为翌年由 FIG 举办的首届竞技健美操世界锦标赛做好前期准备。在主席季托夫的安排下，这一任务最终交由官员约翰·阿特金森（John Atkinson）负责，由其所率领的第一届 FIG 竞技健美操技术

---

① 이정심.스포츠 에어로빅스의 발전 방안에 관한 연구[D].서울:명지대학교, 2003.
② 李萍、陶成武、方奇等：《现代体操运动的意蕴发展与结构演变》，《北京体育大学学报》2020 年第 43（7）期，第 127~134 页。
③ International Gymnastics Hall of Fame. Yuri Titov, https://www.ighof.com, 2023 年 9 月 23 日。
④ 《竞技健美操，令人惊叹的强度训练》，国际体操联合会，https：//www.gymnastics. sport, 2023 年 3 月 25 日。
⑤ 곽애영.한국 에어로빅체조 경기사 연구[D].서울:동덕여자대학교, 2011.

委员会随即宣告成立。据阿特金森①回忆，当时面临的主要工作是如何将竞技健美操由运动转为竞技运动，对此其给出的方案是：厘清各类难度动作的分值，确立竞技健美操成套动作的要求。该技术委员会从女子体操和艺术体操的地面动作中汲取灵感，在原竞技健美操三大评判板块的基础上，进一步融入了对难度动作完成标准的要求，并以健美操原始基本步伐为参考对象，改良了竞技健美操的运动模式。竞赛规则是运动赛事的准绳，对运动项目的宏观发展发挥着重要导向作用②。因此，基于竞赛规则的视角，能够为我们勾勒出一幅生动描写竞技健美操"体操化"发展趋向的演进谱系。

2003年，三大组织在竞赛规则层面达成一体化协议。2004年，FIG为遵循奥运周期（四年）原则，发布首版竞技健美操竞赛规则——《2004—2008竞技健美操竞赛规则》，对整体评分标准及评判内容做出重要细化。难度评判方面，FIG将原先较为冷门且不适用于体操审美的难度种类剔除，并引入了大量竞技体操与艺术体操的难度动作作为替代。艺术评判方面，FIG为鼓励运动员在成套编排层面的创新性，首次将成套动作中的各项评分点逐一量化。完成评判方面，除延续此前"开、绷、直、立"的审美原则外，FIG首次将"动作与音乐是否合拍"作为重要的评判标准，旨在增强竞技健美操套路的观赏性。

2008年，FIG颁布《2009—2012竞技健美操竞赛规则》，将托举动作作为硬性规定纳入了竞赛规则中，要求成套动作中至少出现3次托举动作，否则便由裁判长对其进行违例扣分。难度评判方面，FIG对运动员在成套动作中所使用的难度动作数量进行了严格限制，并增加了"技术委员会可现场认定运动员所展示新难度"的规定。艺术评判方面，要求成套创编必须在展现创造性的同时兼顾竞技性，以深化竞技健美操与传统健美操相比具有的"竞技"属性。完成评判方面，FIG将完成质量定义为"准确完成动作的能力"，并将其评判指标细化为"明确的动作过程"、"完美的控制"与"适当的身体平衡"三大方面，明确表示FIG将在竞技健美操中延续体操评判标准的倾向。

2012年，FIG颁布《2013—2016竞技健美操竞赛规则》，主要对宏观评判体

① International Federation of Gymnastics. 20th Anniversary of FIG World Championships, https://www.gymnastics.sport, 2023年7月27日。
② 周建社、陶成武：《健美操竞赛发展新动向》，《北京体育大学学报》2012年第35（8）期，第126~129页。

系作出均衡性调整，以强化对成套动作的整体性评价。难度评判方面，增加了"最低完成标准"的概念，并且仅对最先完成的 10 个难度动作予以评判，以此严格规范运动员在成套动作中所展示难度动作的数量与质量。艺术评判方面，要求所有创编元素均需"有助于增强其他体操类项目的艺术表现力"，并将之细化为"做什么""怎么做""在哪做"的三大评判准则。完成评判方面，延续了 2009—2012 版规则中借鉴体操评判标准的惯例，并在此基础上增加了对动作技术及能力规格的评判指标。值得一提的是，FIG 在此版规则中专门增加了关于完成分扣除标准的详细图表，以助力裁判可以更为公正且高效地完成对成套质量的评判。

2016 年，FIG 颁布《2017—2020 竞技健美操竞赛规则》，在艺术评判与完成评判均无过多变动的情况下，主要针对成套的整体难度性进行了大幅提升。其中包括但不限于：允许最多 3 次难度连接；赋予托举动作分值；要求至少包含 4 个难度组别中的 3 个；等等。整体难度性在短时间内的频次与大范围提升，无疑使该版规则在业内充满了争议。2017 年，FIG 竞技健美操技术委员会于瑞士召开会议，提出进一步增加更多体操技巧与旋转跳跃动作的倡议①。这一举措标志着竞技健美操持续多年的"体操化"发展趋向至此达到顶点，为后续"去体操化"思想的萌芽埋下了伏笔。

（三）竞赛规则视角下竞技健美操"体操化"发展趋向的基本特征

1. 整体难度性趋于技巧化与杂技化

对难度动作的崇尚一直被视为竞技健美操"体操化"发展趋向的基本特征之一。然而，从真实的历史演进来看，FIG 的"体操化"改革可能并非仅体现在对项目难度动作的深化方面。更为确切地说，是将其引向了整体难度性（包括难度动作与过渡连接）朝技巧化与杂技化的技术转型。20 世纪 80 年代末，竞技健美操赛事中已出现了运动员偏爱展示技巧与杂技动作的现象。其底层逻辑认为，在缺乏量化评判标准的年代，选手可通过展示花哨的技巧与杂技动作赢得裁判的青睐。但当时尚未与 FIG 达成合作的两大组织，均以"丧失项目本真"为

---

① 《健美操学院评审小组在 FIG 总部举行会议》，国际体操联合会，https：//www. gymnastics. sport，2017 年 6 月 19 日/2023 年 10 月 28 日。

由对此现象进行了遏制。由此看来，竞技健美操在难度性层面的技巧化与杂技化趋向，早在项目发展之初便已见端倪，这一趋势符合难美性运动追求"高、新、难、美"的发展规律。因此，将竞技健美操追求难度性的发展趋向完全归由"体操化"所致的论断，是既不符合客观规律，也不符合史实的"历史唯心主义"。

事实上，自 2004 年统一竞赛规则后，围绕竞技健美操整体难度性的技巧化、杂技化转型才是 FIG 治下项目"体操化"发展趋向的基本特征之一。对此正如前任 FIG 主席布鲁诺·格兰迪（Bruno Grandi）所言，"在难度方面，技术委员会为运动员展现竞技健美操的美感和运动极限铺平了道路"。2004～2013 年，FIG 技术委员会主要通过对体操类难度动作的持续性引入，实现了对竞技健美操难度体系的技术化改革，促使此后的运动员若想在竞赛中夺标，就应当具备一定体操类项目基础或定期进行练习，否则极有可能在难度动作的选用与完成方面处于劣势[1]。

2014 年，时任 FIG 竞技健美操技术委员会主席的米雷耶·甘津（Mireille Ganzin）[2] 在会议上宣布，"我们想要通过引入一些杂技动作，使这项运动变得更具吸引力和更令人惊叹"。这标志着竞技健美操难度性的发展方向，将在此前引入体操类难度的基础上，进一步融入杂技体操（技巧）的托举与配合动作。但技术委员会在 2009—2012 版规则中确立的"站立托举不得超过两人高度"的惯例，又较为巧妙地划清了竞技健美操与杂技体操（技巧）的界限。这既在总体上确立了项目的"体操化"发展趋向，又较为良好地保留了其基本特征，是竞技健美操持续多年的"体操化"改革的基本理念与宏观缩影。

2. 艺术评判趋于量化与多维化

如前文所述，早在竞技健美操诞生之初，由于商业表演与规范项目的需要，当时的健美操两大组织——SFI 与 IAF 便共同将艺术评判确立为核心评价指标之一。这促使后续无论竞技健美操的运动组织历经了怎样复杂的更迭，对艺术评判的追求一直得到沿袭，即便当 FIG 加入后也无过多改变。然而，从竞技健美操发

---

① 国际体操联合会：《对于秘鲁的费尔南德斯而言攀登至世界成功是一个学习过程》，https://www.gymnastics.sport，2022 年 5 月 26 日/2023 年 10 月 24 日。

② 《米雷耶·甘津："竞技健美操有自己的身份"》，国际体操联合会，https://www.gymnastics.sport，2014 年 6 月 24 日/2023 年 11 月 5 日。

展趋向的总体视角来看，FIG 对艺术评判的理解与此前的组织存在较为明显的差异，主要体现在以下两个方面。其一，FIG 作为全球最为专业且权威的运动组织之一，深知对难美性项目的评判不能过于泛化。尤其是艺术评判，鉴于其本身带有裁判员较为主观的个人偏好，必须通过建立一套量化的艺术评判标准，才能将此问题置于可控范围内。其二，在量化艺术评判的思维导向下，FIG 又必须通过将艺术评判拆分为各项子集的方式，才能确立多维度且误差较小的评判体系。这种多维化可以从两方面来理解，既指音乐、主题、内容、空间的元素多维化，又指操化、难度、过渡连接、托举配合的内容多维化。

正是这种基于艺术评判理解的差异性，才使 FIG 管理下的竞技健美操艺术评判趋于量化与多维化，成为项目"体操化"发展趋向的另一个基本特征。FIG 技术委员会曾公开表示，"现今的竞技健美操已不再是我们司空见惯的手势和假笑表演。在竞赛规则的范围内，它已发展成为由操化组成的流畅肢体动作，是集转体、跳跃和杂技元素的运动组合"[1]。因此，综观 FIG 在历版规则中对艺术评判标准、内容及体系的变动，从成套编排、成套内容、表现力与音乐，到音乐和乐感、操化内容、主体内容、空间运用、艺术性，无不凸显其趋于量化与多维化的艺术评判思维。但必须承认的是，这种量化评判标准从根本上削弱了运动员发自内心的舞台表现力与感染力，促使其中的大多数人逐渐沦为一味迎合规则的"元素拼凑家"，成为竞技健美操"体操化"发展趋向所最为人诟病的一环。

3. 完成评判趋于精细化与全面化

竞技健美操虽然与众多体操类项目一样，在现代芭蕾舞体系中发展，但无论在哪个时期，竞技健美操的组织者都未曾单独设立过针对完成质量的评判板块。即便是对动作规格要求较为严格的 IAF 前主席小西浩一，也只是将动作完成质量纳入整体评价中考虑。2004 年以前（尚未形成统一竞赛规则），FIG 技术委员会首先针对成套的完成评判问题，进行了一系列大刀阔斧的改革，包括但不限于：设立完成评判板块、规定完成扣分规范、确立最低完成标准等[2]。因此，单独设

---

① 《第 12 届竞技健美操世界锦标赛男单评述》，国际体操联合会，https://www.gymnastics.sport，2012 年 6 月 3 日/2023 年 11 月 5 日。

② 杨萍：《从对健美操竞赛规则的研究，探讨竞技健美操发展趋势和我国的发展对策》，《体育与科学》1997 年第 4 期，第 1~7 页。

立完成评判可以视为竞技健美操"体操化"发展趋向的基本特征之一。但如果将研究视角扩展到竞技健美操"体操化"发展趋向的历史演进全过程,这一概括可能不足以支撑起后续庞大的历史主线,可能会给人以"隔靴搔痒"之感。

此处依旧以 2004 年统一竞赛规则、确立健美操"体操化"发展趋向为例。2005—2008 版规则仅加大了完成评判的扣分尺度,且将评判范围仅限于难度动作层面;2009—2012 版规则则在此基础上增加了对集体项目动作的一致性评判;2013—2016 版规则进一步将动作编排纳入完成评判范围;将"体操化"推至顶点的 2017—2020 版规则,则将包括难度或技巧、操化、过渡连接、托举、动力性配合、一致性在内的六项内容全部纳入完成评判范围。可见,趋于精细化与全面化的完成评判体系,是较为准确概论 FIG 管理下竞技健美操"体操化"发展趋向的基本特征之一,充分体现了 FIG 对提升竞技健美操观赏性与竞技性的双重追求。正因如此,在业界后续的"去体操化"诉求中,唯有完全基于"体操化"改革的完成评判得到了业内的普遍认可,被视作竞技健美操未来可持续发展的关键所在。

三 竞技健美操"去体操化" 发展趋向的内在动因与实践转折

《2017—2020 竞技健美操竞赛规则》的发布,引发了业界对竞技健美操"体操化"发展趋向的广泛质疑、争议与反思,催生了自 2018 年延续至今的"去体操化"思想。作为"体操化"的反义词,"去体操化"主张竞技健美操应回归其本源,使项目重新具备"创造力的表演价值和原创性的健身功能"[1],将矛头直指 FIG 持续近 30 年的"体操化"改革。值得注意的是,作为始作俑者的 FIG 不仅默认了业界对其的一切指摘,还屡屡在各类会议及新闻中表明其要使项目"回归本源"的后续发展理念。因此,探讨竞技健美操"去体操化"发展趋向的内在动因与实践转折,能帮助我们从思想与行为两个层面剖析 FIG 反常行为背后所蕴含的真正逻辑,以深刻理解当前竞技健美操所面临的根本困境。

---

① 《健美操以更多的创造力和独创性重回正轨》,国际体操联合会,https://www.gymnastics. sport,2022 年 10 月 7 日/2023 年 10 月 23 日。

（一）竞技健美操“去体操化”发展趋向的内在动因

2016 年，匈牙利运动员 Dora Hegyi① 便在当选 FIG 技术委员会的运动员代表时表示，“我们希望改进这项运动。作为运动员，我们可以向 FIG 提出一些建议，并与技术委员会进行沟通”。作为在公开场合提出项目改革的第一人，Dora 并没有就其动机做进一步说明。然而，时任 FIG 主席的布鲁诺·格兰迪在本次会议上关于“竞技健美操无法入奥”的论断，以及 Dora 本人的非奥大使身份，皆为我们提供了一些线索。2019 年，两届世锦赛男单亚军得主丹尼尔·巴利（Daniel Bali）② 也在采访中表示，“我想向人们证明，竞技健美操不只是关于体操难度的比拼，即使有一个严格且复杂的规则体系，我们也有可能通过成套动作表达自己”。而此次谈论的主题依旧是关于竞技健美操的入奥问题，且最终的结论也依然是“这可能还有很长的路要走”。这两位运动员，一位是几乎满票当选的运动员代表，一位是世锦赛竞争最为激烈的男单项目常青树，均在业内的改革声浪中具有代表性。

具有国际级裁判与国家队教练双重身份的华东师范大学周燕③教授，在接受本研究访谈中对此问题提出了自身见解：“竞技健美操与其同类项目相比，难度动作的难度性、关联性与关键性均较为适中。因此，难度并非妨碍竞技健美操入奥的根本原因。（对难度动作的指责）实则是业内穷则思变，为入奥失利的改革诉求所找的托词。”由此看来，业界对“体操化”所带来的高难度抗议可能仅为表象，多年的入奥失利才应是“去体操化”倡议被提出的重要原因，也是这一趋向被最终确立的内在动因。

回顾历史，竞技健美操入奥的诉求在 20 世纪 90 年代被普遍认为需借助 FIG 平台才能实现，这也是竞技健美操多年来由上至下始终坚持“体操化”发展趋

---

① 《Dora Hegyi 当选国际体操联合会运动员代表，圆桌会议展望竞技健美操前景》，国际体操联合会，https://www.gymnastics.sport，2016 年 6 月 19 日/2023 年 10 月 29 日。

② 《以前的成功不能保证更多》，国际体操联合会，https://www.gymnastics.sport，2019 年 3 月 27 日/2023 年 10 月 27 日。

③ 口述整理（周燕，中国健美操协会技术委员会副主任；中国健美操国家队教练、国际级裁判。访谈时间：2023 年 12 月 10 日，地点：华东师范大学）。

向的根本原因①。因此，当 FIG 因无法兑现其诺言而表现出意图放弃的迹象时，一种看似偶然、实则必然的现实思潮——由业界自发形成的"去体操化"诉求，便通过各类方式将 FIG 多年建立起的项目体系逐渐从内部解构，并最终迫使后者在实践层面做出妥协。

（二）竞技健美操"去体操化"发展趋向的实践转折

2019 年上半年，在业内的强烈呼吁下，FIG 技术委员会新任主席八木北川宣布了其所领导的技术委员会在下一周期的项目改革计划：

> 许多人认为，竞技健美操目前所展示的形象已失去了其原有特性。有时它看起来太像其他项目的混合体。对我们来说，加强健美操的专属特征很重要。为此，技术委员会观看了过去 20 年的视频，并讨论了在新规则中传达他们所希望遵循方向的最佳方式——回归健美操的 DNA 构成②。

可见，FIG 在默认"体操化"发展趋势所面临的困境并承诺应做出重大变革的同时，用"回归"一词代替了其"去除"（弱化）的原意。以此为分水岭，竞技健美操正式拉开轰轰烈烈的"去体操化"改革大幕。同年下半年，技术委员会再次在墨西哥召开会议，向世界各地的运动员、教练员、裁判员及 FIG 官员收集项目改革意见。八木北川再度在会上表示，"我们的主要关注点之一，是保护竞技健美操原始且独异的特征，（后续改革）将为其提供更多的艺术性，使男性和女性能够同台竞争，最终成为一项令人愉悦的运动"③。这进一步指明了后续竞技健美操改革性回归的落脚点。在此后不久的新周期规则制定中，FIG 将沿用近 30 年的艺术评判"Artistic"（艺术分）更改为"Artistry"（艺术性）④，并将其分割为相对独立的"成套艺术性"和"艺术表现"两部分，变相增加了艺

---

① 《Giulia Bianchi（意大利）采访》，国际体操联合会，https://www.gymnastics.sport，2010 年 6 月 19 日/2023 年 11 月 5 日。

② 《恢复竞技健美操的本源》，国际体操联合会，https://www.gymnastics.sport，2019 年 2 月 28 日/2023 年 10 月 27 日。

③ 《竞技健美操技术委员会旨在通过新的积分代码加强该项目身份》，国际体操联合会，https://www.gymnastics.sport，2019 年 9 月 10 日/2023 年 10 月 27 日。

④ 国际体操联合会：《2022—2024 竞技健美操竞赛规则》，2021。

术评判的比重。

　　然而，这种仅限于艺术层面的改革，显然不能满足业界日益强烈的"去体操化"诉求。2020 年，运动员代表 Dora Hegyi 在 FIG 举办的例行会议上进一步表示，"我们有很多难度动作的要求，但最好仅有一个简洁的完成分和更多的娱乐性即可。发展固然是好事，但同时我们也失去了这项运动的特性"①。为此，FIG 技术委员会在 2021 年的规则修正案中及时跟进，提出积极鼓励运动员做"基于健美操元素的难度创新"② 以及 "追求完美的动作完成规格"③ 的双重举措。同年，FIG 技术委员会正式颁布《2022—2024 竞技健美操竞赛规则》，将上述所有关于项目发展改革的承诺均列入其中。此举标志着业界关于竞技健美操"去体操化"发展趋向的诉求得到了全面落实，由此开启的实践转折也即将迎来新的历史考验。

四　历史视角下竞技健美操发展趋向的现实之思

（一）"体操化"值得反思与纠偏，矫枉过正的"去体操化"也不可取

　　从近半个世纪竞技健美操发展趋向的历史演进来看，一方面，"体操化"确实给竞技健美操带来了诸如"丢失项目本真"、"技术难度过高"及"受众群体锐减"等负面影响。作为特殊时代的特殊产物，"体操化"显然已不符合竞技健美操现实发展的未来趋势，围绕其所产生的一系列问题也亟须解决，需要及时对其作出反思与纠偏。但另一方面，自 1994 年至今 30 年的"体操化"改革也早已深入竞技健美操的骨髓，这不仅深刻体现在本文所探讨的运动项目本身，更涉及项目之外的运动员选材、培养体系、就业去向等方方面面，是真正意义上的"牵一发而动全身"。如果此时脱离客观情况而"猛踩刹车"，甚至意图通过"去体操化"这一逆历史潮流而动的方式，达到所谓入奥的愿景或重返当年竞技健

---

① 《FIG 为健美操运动员提供在线会议的讨论平台》，国际体操联合会，https://www.gymnastics. sport，2020 年 12 月 9 日/2023 年 10 月 25 日。
② 《竞技健美操认可的六项新元素》，国际体操联合会，https://www.gymnastics.sport，2020 年 3 月 19 日/2023 年 10 月 25 日。
③ 《健美操技术委员会对下一个积分守则进行最后润色》，国际体操联合会，https://www.gymnastics. sport，2020 年 2 月 25 日/2023 年 10 月 25 日。

美操的"盛况",都只会将竞技健美操置于比现状更加进退维谷的尴尬境地。

当前竞技健美操的"去体操化"呼声,与中华武术的"回归传统"倡议颇有几分相似。二者均是由众多从业者把多年入奥失败所产生的失落感,最终引向了"复古"之路。然而,竞技健美操屡次入奥失败的原因极为复杂,其中既有FIG前主席布鲁诺·格兰迪所说的"奥运会运动员的配额和场馆数量将保持不变,因此体操项目的数量在不久的将来不会增加"的客观因素,又有我国学者邱建钢所说的"健美操的原始风格特点与奥运会理念不符"的主观因素。因此,"体操化"不应该成为竞技健美操屡次入奥失利的"祸首",矫枉过正的"去体操化"也应当不会是打破僵局的关键。我们认为,如何辩证地看待二者的关系并付诸实践探索,可能依旧会在今后很长的一段时间里,成为业界与学界所经久不衰的议题。

(二) 明确当前竞技健美操发展应向下兼容的客观事实

综观全球竞技健美操事业,可大致分为两大体系:一是以美国、日本、韩国为代表的"社团主导型";二是以中国、俄罗斯、越南为代表的"政府主导型"。前者均为健美操及竞技健美操的早期发源地或重要推广阵地,本身便有极为庞大的受众群体与各类利益组织。这也是为何在早年FIG对竞技健美操及其运动组织的并入(合作)行动中,美国的国际健美操冠军联合会(ANAC,前身为SFI)、日本的IAF(前身为FIA)、韩国的民间健美操团体、捷克的FISAF会拒不配合且极力阻挠的根本原因。反观后者,在竞技健美操纳入FIG的1994年以前,在各大国际性赛事及活动中几乎难觅其身影。但在此之后,竞技健美操便如日中天般在该类国家中迅速发展。如中国于1997年将中国健美操协会由国家体育总局的"社会体育指导中心"转移至"体操运动管理中心"管辖,1998年由体操运动管理中心牵头组建首支竞技健美操国家队,1999年正式采用FIG的官方规则与国际接轨,这些均是在该体系下最具代表性的发展理路缩影①。

2004年,伴随ANAC与IAF相继宣布与FIG达成包括规则一体化在内的全方位合作,竞技健美操的"体操化"发展趋向正式确立。在后续近20年的发展中,仅就竞技健美操的社团主导型国家而言,"体操化"所带来的"技术难度过

---

① 王宏:《健美操运动发展研究》,《运动》2013年第2期,第1~3页。

高"与"竞赛规则较严"等问题，显然不利于该项目面向大众的推广，从而在源头上造成了全球健美操人口呈断崖式下滑的现状，成为当前宏观竞技健美操项目的"下不来"问题。再就竞技健美操的政府主导型国家而言，"体操化"终究不等于体操，竞技健美操在该类国家的受重视程度与资源倾斜莫说与竞技体操相比，即便是与同为体操分支项目的艺术体操、蹦床相比也存在不小差距。其中固然有竞技健美操自身的问题，但究其原因还是与项目的入奥不利有直接关系，成为当前宏观竞技健美操项目的"上不去"问题。

依本研究之见，竞技健美操的入奥诉求，会伴随其"体操化"与"去体操化"的争议在未来的很长一段时间里维持"任重而道远"的现状。这一事关多方复杂因素的愿景，既不随业界的主观意志而转移，也不会因业界的主观能动性而轻易改变。因此，当前宏观竞技健美操事业应优先解决"下不来"的问题，明确项目的未来发展需向下兼容的客观事实。在此过程中，应及时出台与落实相应配套措施，通过如"降低难度要求""放宽规则限制""扩大赛事规模及类（组）别"等方式，将项目的普及与推广置于首位，以此增加全球竞技健美操人口，为后续的长远发展奠定受众基础。

（三）入奥不应成为衡量运动项目发展的唯一标准

如前文所述，竞技健美操持续多年的"体操化"与"去体操化"之争，实际上隐藏了一条关于入奥的暗线。客观地说，起源于大众健身的健美操运动，在实现其体育化、竞技化的发展过程中，意图通过入奥来实现自身价值的理念本就无可厚非。而在屡次入奥失利后，业界本着"穷则思变"的原则自发为项目寻找新的出路也同样理所应当。然而，在当前奥运会不断追求"瘦身"的大背景下，注定有一些项目会因为各种原因与入奥失之交臂，这并不总是与项目本身的发展趋向乃至发展水平成正比。如橄榄球、F1 方程式赛车、台球等运动项目，即便没有入奥，也丝毫不影响它们的影响力与发展势头。由此可见，入奥固然是推动项目发展的重要手段，但绝非最终目的，更不是唯一的衡量标准。运动项目的发展绝不能仅为了入奥而入奥。

以此逻辑审视竞技健美操的发展历程便可发现，其当前所面临的困境，本质上是陷入了狭隘的"唯入奥论"。在竞技健美操发展势头最为强劲的 20 世纪 90 年代，面对 FIG "竞技健美操进入奥运会不是在 2004 年就是在 2008 年"的承诺,许多业内人士选择了盲从,毅然决然放弃了其多年苦心经营的大众基础与项目理念,转而主动迈向了"体操化"发展趋向的改造路径。但当竞技健美操入奥失利几乎已成定局的今天,许多业内人士又将再次选择盲从,企图通过"去体操化"的方式,摒弃30年来建立的新发展趋向,以实现其"通过展示竞技健美操的艺术价值,使之成为奥运会正式项目"的憧憬①。这种完全被入奥愿景支配的发展策略所带来的一系列矛盾,既充分反映了竞技健美操在当前依旧对于自身定位存在深刻困惑,也为我们再次敲响了"入奥不应成为衡量运动项目发展的唯一标准"的警钟。

"Gymnasticization" or "Degymnasticization" – Historical Evolution and Contemporary Reflections in Aerobic Gymnastics

Li Liang, Tao le, Yang Mingze

Abstract: The debate surrounding the development trends of aerobic gymnastics essentially revolves around the divergence of opinion on whether the sport should undergo a "gymnasticization" reform. This article, through a historical analysis of the development trends in aerobic gymnastics over the past half-century, identifies three fundamental elements that formed the early development trends: difficulty movements based on fitness and bodybuilding, artistic performances mediated by television variety shows, and performance quality governed by the principles of modern ballet. After aerobic gymnastics was incorporated into the International Gymnastics Federation (FIG) in 1994, these three elements gradually shifted towards a "gymnasticization" trend characterized by increased technical and acrobatic difficulty, more quantified and multidimensional artistic judging, and more detailed and comprehensive execution assessment. Following the continuous failures of aerobic gymnastics to be included in the Olympics, the excessive pursuit of "gymnasticization" reforms inadvertently laid the groundwork for a backlash towards "de-gymnasticization," which eventually led to a new

---

① 《体操的面孔:韩国健美操队揭示成功的秘诀》,国际体操联合会,https://www.gymnastics.sport,2018年5月17日/2023年10月28日。

shift in practice towards "de-gymnasticization," driven by a consensus within the industry. In light of this, the article proposes three key reflections on the current development trends of aerobic gymnastics: 1) The "gymnasticization" approach deserves re-evaluation and correction, and an overcorrection towards "de-gymnasticization" is equally undesirable; 2) Clarify the objective fact that the current development of aerobic gymnastics should be downward compatible; 3) The inclusion in the Olympics should not be the sole standard for measuring the development of sporting event.

Keywords: Aerobic Gymnastics; Development Trends; Gymnasticization; Degymnasticization

"体医养"融合视域下太极拳对老年群体健康作用研究[*]

冯　珺　李云蕾　王甜雅[**]

【摘　　要】本文基于"体医养"融合发展的视角，使用全国代表性数据定量识别了太极拳对于改善老年人身心健康的积极作用，评估了现阶段太极拳在老年人群体中的发展现状和推广效果。结果表明，太极拳在我国老年人群体中具有广泛的群众基础，但城乡发展情况依然存在明显差距；太极拳在我国老年人群体中已经形成了可观的习练者规模，但省域之间依然呈现非均衡发展特征；太极拳的发展情况与习练者的人口统计学特征有关，在相对年长、女性、无配偶的老年人群体中推广效果面临短板。针对这些问题，提出了应加强太极拳健康公共服务的政策支持和财政保障，进一步夯实与太极拳相关的老年社区工作，更加重视信息技术在老年人群体中推广和传播太极拳的作用，面向高龄老人开发更具有针对性的太极拳健康处方等对策建议。

【关　键　词】太极拳；群众体育；健康老龄化；"体医养"融合

目前，我国居民人均预期寿命从新中国成立初期的不足 35 岁增加到 2019 年的 77.3 岁（谢伏瞻，2020）。预期寿命提升意味着人民群众能够更加充分地分

──────────

　＊　本文系中央高校基本科研业务费专项资金资助项目（项目编号：2021QN018）的研究成果。

　＊＊　冯珺，博士，北京体育大学体育商学院讲师，主要研究方向为体育融合发展；李云蕾，博士，河南工业大学经济贸易学院讲师，主要研究方向为人口老龄化、健康经济学；王甜雅，通讯作者，硕士，北京体育大学体育劳动力市场研究中心特约研究员，主要研究方向为体育经济与产业。

享经济和社会发展成果、享受美好生活，但也意味着老年人口在总人口中所占比重持续增长，从而带来人口老龄化的相应挑战（Lu & Cai，2016；Feng & Li，2019）。我国 60 岁及以上老年人口截至 2020 年已达 2.55 亿左右，从短期来看，我国老年人口在"十四五"期间将突破 3 亿，从而使我国从轻度老龄化社会步入中度老龄化社会（李邦华，2021）；从中长期来看，我国老年人口未来 30 年间仍将保持年均 2.35%的增长速度（蔡昉，2021）。因此，如何妥善应对老龄化影响、实现健康老龄化成为亟须回应的时代命题。党的十八大以来，以习近平同志为核心的党中央高度重视老龄工作，高度关注健康民生需求。2016 年 8 月，习近平总书记在全国卫生与健康大会上提出了大健康、大卫生理念，并多次强调"促进全民健身融入全民健康"，从而指明了通过体育、医疗与养老融合发展积极应对人口老龄化的战略方向。基于此，《"健康中国 2030"规划纲要》《体育强国建设纲要》等政策文件均提及制订实施老年人体质健康干预计划，催生健康与养老融合的新产业、新业态、新模式。特别是 2021 年底出台的《关于加强新时代老龄工作的意见》明确指出，应促进老年人文化体育活动开展，实现老年人娱乐、健身、文化、学习、消费、交流等方面的结合。由此可见，体育、医疗与养老融合，即"体医养"融合，正在成为实现健康老龄化的政策取向和实践抓手（张健和王会寨，2020；冯珺和肖淑红，2020）。

太极拳在我国拥有广泛的老年群众基础，并于 2020 年被联合国教科文组织列入人类非物质文化遗产代表作名录，是为数不多的兼具文化凝聚力、市场生命力和国际影响力的民族传统体育项目（李慎明，2020）。在健康老龄化的背景下，太极拳有望为改善老年人健康水平、推动我国"体医养"融合发展发挥更加关键的作用。因此，评估太极拳在我国老年人群体中的健康影响和推广基础，识别当前太极拳公共事业和相关产业发展的不足和制约因素，并在此基础上总结提炼太极拳服务我国"体医养"融合发展的路径选择和优化方向，具有重要的理论和实践意义。

一　理论基础与文献回顾

"体医养"融合的理论基础在于体育参与对老年人生命健康的积极影响（Cockerham，2005）。来自运动训练学领域的大量经验证据表明，体育锻炼不但能够抑制基础疾病、改善老年人体质（Sarma & Levine，2016；邓晓琴和郑松波，2017），而且能够显著改善老年人的心理健康状况，提升老年人的生活幸福感（Wicker & Frick，2015）。但锻炼目标和运动损伤风险会呈现年龄别的特征异质性（Ushijima、Morita & Hama，et al.，2020），必须正确认识老年人体育锻炼的生理特点和条件限制（Eberth & Smith，2010）。因此，审慎考虑老年人体育参与的方式选择与适应性，实现"体医养"融合发展，能够更好地满足老年人的健康美好生活需求（王会儒和姚忆，2017）。

从我国推动"体医养"融合发展的现实情境来看，老年人从事体育锻炼通常面临身体和认知功能下降、对压力的适应性降低等挑战（Camila、Cecagno & Luana，et al.，2016）。太极拳这一民族传统体育形式能够改善老年人的血糖、血脂等健康指标（李晓智和高亮，2019），不仅有利于提升老年人的心肺功能（Polkey、Qiu & Zhou，et al.，2018）和运动平衡能力（陈爽和岳春林，2019），还有助于调节情绪、改善心理健康（Song、Shen & Xu，et al.，2014）。由此可见，太极拳与老年人的健康需求和运动条件具有天然的契合性（邱丕相，2014；Yeh、Wang & Wayne，et al.，2010）。但是，太极拳本身的运动生理学特征仅仅是其满足老年人健康需求的必要条件，而太极拳是否满足推动"体医养"融合发展的充分条件，还应从"应然"和"实然"两个维度加以考量。

"应然"维度，是指太极拳锻炼能否有效发挥积极应对人口老龄化的健康作用。尽管此前已有若干对于太极拳有益于老年人身心健康的经验证据，但此类研究多来自运动训练学和循证医学领域的小样本实验（Lee、Kim & Yoon，2015；Hall、Copsey & Richmond，et al.，2017）。然而在"体医养"融合发展的视域下，一方面，提升老年人的身心福祉不仅仅关乎锻炼项目选择和运动技能培育，还是个体锻炼、家庭照料和社会公共服务共同作用的综合结果（Yang et al.，2021）。另一方面，鉴于我国健康养老服务在城乡、区域之间的非均衡发展，积极应对人口老龄化面临超大规模经济体独有的复杂挑战（Zhong，2011；Liu、Qü & Wang，et al.，2020）。特别是结合我国养老情境的特定经济约束和文化习惯（Zeng、Gu & Land，et al.，2007），太极拳的健康作用论证应基于大样本经验证据（Lei & Bai，2020），以及对于经济和社会变量的综合考量（Jiang、Zheng & Zhao，et al.，2019）。

"实然"维度，是指在太极拳的健康作用得到证实的前提下，其在我国老年人群体中的发展现状是否能够作为支撑"体医养"融合的现实基础。目前，针对太极拳发展现状的研究大致可以归结为市场和产业培育（魏真和彭前冲，2015；叶宋忠和仇军，2019）、公共服务供给（戴志鹏和马卫平，2017）、政策建设（王占坤和彭艳芳，2019）、人才培养（刘上元，2020）等角度。但已有研究多以逻辑演绎和思辨为主，能够较为完整地反映太极拳在我国老年人群体中发展现实的研究仍显不足。从太极拳支撑"体医养"融合发展的现状评估和经验证据来看，相关研究多基于小样本调研数据（王兵伟和赵红波，2006；陈兰、张长念和王璐璐，2017），或区域层面的宏观汇总数据（吴振超、庄红梅和赵志强，2015；张望龙和王柏利，2019），从而在相当程度上影响了对太极拳在我国老年人群体中发展现状的整体判断，以及对现阶段发展问题的准确把握。

总体而言，国内外已有文献大多从运动科学的角度考察太极拳的健康意义，但对经济因素和社会因素影响太极拳在"体医养"融合中的作用发挥关注不足。此外，既有的太极拳研究多采取小样本对照实验，基于全国代表性数据的描述性分析和推断研究较为有限。整体来看，"体医养"融合研究仍处于概念厘定和辨析的初步阶段（倪国新、邓晓琴和徐玥等，2020；孙鹃娟和田佳音，2020），关于太极拳能否支撑"体医养"融合发展以及在何种程度上支撑"体医养"融合发展的深入研究相对匮乏，太极拳在我国"体医养"融合发展过程中取得的阶段性成就和遭遇的现实困境仍待进一步总结。

针对太极拳与"体医养"融合研究的前述局限，本文第二部分定量识别太极拳对于改善老年人身心健康的积极作用，弥补同类研究中较缺乏的、基于全国代表性数据的经验证据。第三部分分别从整体发展、区域发展和微观个体的角度，描述老年人群体中的太极拳习练者特征，评估太极拳在老年人群体中的发展现状和推广效果，并总结现阶段的主要发展问题。第四部分针对当前太极拳在我国老年人群体中的发展现状和问题，提出了相应的对策建议。

二 太极拳改善老年人健康的作用评估

1. 研究数据

本文选取中国老年健康影响因素跟踪调查（Chinese Longitudinal Healthy Longevity Survey，CLHLS）2018 年的数据作为分析对象。CLHLS 由北京大学健康老龄与发展研究中心主持，自 1998 年以来进行了 8 次入户调查，累计访问人次达 11.3 万次。调查内容包括 60 岁以上老年人的人口学特征、家庭特征、健康状况和经济来源等信息。该调查问卷内容全面，结构科学，具有代表性，是一项得到国内外学者普遍认可的高质量微观数据。2018 年公布的数据覆盖全国 23 个省份，包括北京、天津、河北、山西、辽宁、吉林、黑龙江、上海、江苏、浙江、安徽、福建、江西、山东、河南、湖北、湖南、广东、广西、海南、重庆、四川和陕西，总样本量达 15874 例。根据研究需要，剔除变量缺失的样本后，得到 60 岁以上的有效样本 10213 例。

2. 模型设定

为识别太极拳对于改善老年人健康的作用，本文将老年人的健康状况作为被解释变量，以习练太极拳的频次作为解释变量，建立回归模型。被解释变量方面，老年人的健康状况分为身体健康和心理健康。身体健康通过老年人的日常生活自理能力和自评健康来衡量，采用基础性日常生活自理能力（ADL）、工具性日常生活自理能力（IADL）及自评健康进行描述。其中，ADL 参考 Katz 指数法，将洗澡、穿衣、上厕所、室内活动、控制大小便、吃饭是否需要他人帮忙作为评价指标，设置为二分变量，若 6 项均能独立完成则表示 ADL 完好，一项及以上不能自理则表示 ADL 受损；而 IADL 涉及以下 8 个项目指标，包括能否独自到邻居家串门、外出购物、做饭、洗衣服、连续走 2 公里路、提起 5 公斤重物、连续蹲下站起 3 次、乘坐公共交通工具出行等，若这 8 项指标均能独立完成则表示 IADL 完好，否则 IADL 受损，同样为二分变量；自评健康基于个体对自身身体、心理和社会适应等方面的主观感受和客观健康信息综合而来，设置为二分变量，1 表示良好，0 表示较差。心理健康通过对生活的满意度、凡事是否想得开和是否和年轻时一样开心来衡量，均设置为二分变量。

解释变量方面，习练太极拳的频次根据研究习惯，将"从不习练太极拳"赋值为 1，"不定期习练"赋值为 2，"每月至少习练一次"赋值为 3，"每周至少习练一次"赋值为 4，"每天习练一次"赋值为 5。

模型所涉及的其他控制变量包括人口统计学特征、居住模式、经济状况、是否有医保等。人口统计学特征包括年龄、性别、民族、受教育年限、城乡、婚姻状况；居住模式包括与家庭成员同住、独居以及住在养老机构，分别赋值为 1~3；经济状况包括退休前职业、家庭人均收入的对数、是否有房产等。婚姻状况即是否有配偶，没有配偶的含义包括离婚、丧偶、未婚等几种情况。

在识别太极拳改善老年居民健康的作用时，本文采用普通最小二乘法（OLS）和 Probit 模型进行实证分析。OLS 是回归分析的一种基本形式，对模型条件要求最少，适合进行基准分析。又由于识别所涉及的被解释变量为二分变量，为了克服异方差性对估计结果的影响，本文选取了离散选择模型中常用的 Probit 模型进行分析，并将估计结果与 OLS 模型加以对照。

3. 太极拳改善老年习练者身体健康的作用识别

根据实证分析结果，习练太极拳能够显著影响老年人的身体健康状况。如表 1 所示，在基础性日常生活自理能力（ADL）方面，太极拳习练的频次越高，老年人 ADL 完好的概率越大，OLS 模型的估计结果在 10% 的统计水平下显著；在工具性日常生活自理能力（IADL）方面，太极拳习练的频次越高，老年人 IADL 完好的概率越大，且 OLS 模型和 Probit 模型的估计结果均在 1% 的统计水平下显著；在自评健康方面，太极拳习练的频次越高，自评健康良好的概率越大，且 OLS 模型和 Probit 模型的估计结果均在 1% 的统计水平下显著。整体而言，习练太极拳对老年人身体健康具有明显的正向作用，且太极拳的锻炼效果随着习练频次的增加而提升。

此外，年龄对老年人身体健康的负向影响是不可避免的。老年人的年龄越大，ADL 和 IADL 完好的概率越小；与女性相比，男性的 ADL、IADL 和自评健康状况更好；城镇老年人的 ADL 和自评健康水平低于乡村老年人；有配偶的老年人在 ADL 和 IADL 状况上好于无配偶老年人，但自评健康水平低于无配偶老年人；家庭人均收入越高，IADL 和自评健康状况越好。

表 1　太极拳改善老年习练者身体健康的作用识别

变量	ADL		IADL		自评健康	
	OLS 模型	Probit 模型	OLS 模型	Probit 模型	OLS 模型	Probit 模型
太极拳习练的频次	0.013 * (0.007)	0.047 (0.033)	0.028 *** (0.008)	0.104 *** (0.030)	0.038 *** (0.010)	0.098 *** (0.026)
年龄	−0.014 *** (0.001)	−0.049 *** (0.002)	−0.022 *** (0.001)	−0.078 *** (0.002)	−0.001 (0.001)	−0.003 (0.002)
性别（男性 = 1）	0.030 *** (0.010)	0.093 ** (0.040)	0.086 *** (0.011)	0.382 *** (0.039)	0.061 *** (0.013)	0.156 *** (0.033)

变量	ADL		IADL		自评健康	
	OLS 模型	Probit 模型	OLS 模型	Probit 模型	OLS 模型	Probit 模型
民族 （汉族＝1）	-0.070 *** （0.016）	-0.271 *** （0.071）	-0.058 *** （0.018）	-0.236 *** （0.065）	-0.009 （0.022）	-0.022 （0.056）
受教育年限	-0.000 （0.001）	0.001 （0.006）	0.010 *** （0.002）	0.026 *** （0.005）	-0.005 *** （0.002）	-0.012 *** （0.005）
城乡 （城镇＝1）	-0.035 *** （0.010）	-0.135 *** （0.039）	-0.015 （0.010）	-0.039 （0.039）	-0.023 * （0.013）	-0.059 * （0.032）
婚姻状况 （有配偶＝1）	0.058 *** （0.013）	0.181 *** （0.049）	0.036 *** （0.014）	0.111 ** （0.047）	-0.056 *** （0.016）	-0.141 *** （0.042）
居住模式（与家人同住＝1, 独居＝2，住在养老院＝3）	0.066 *** （0.024）	0.194 ** （0.086）	0.026 （0.023）	0.148 * （0.086）	-0.005 （0.029）	-0.013 （0.074）
职业（技术管理类＝1）	-0.027 （0.017）	-0.130 ** （0.067）	0.003 （0.018）	0.061 （0.064）	0.016 （0.022）	0.042 （0.056）
家庭人均收入的对数	0.001 （0.004）	0.005 （0.015）	0.010 ** （0.004）	0.039 *** （0.014）	0.028 *** （0.005）	0.071 *** （0.012）
是否有房产（是＝1）	-0.023 ** （0.010）	-0.081 ** （0.042）	-0.024 ** （0.011）	-0.077 * （0.040）	0.005 （0.014）	0.013 （0.035）
是否有医保（有＝1）	0.050 *** （0.014）	0.177 *** （0.050）	-0.008 （0.013）	-0.018 （0.053）	-0.065 *** （0.017）	-0.165 *** （0.044）
常数	1.810 *** （0.066）	4.682 *** （0.265）	2.030 *** （0.070）	5.423 *** （0.259）	0.369 *** （0.085）	-0.336 （0.217）
样本量	6951	6951	6951	6951	6938	6938

注：*、**、*** 分别代表在 10%、5%、1% 的统计水平下显著，括号内为异方差稳健标准误。

资料来源：根据 CLHLS2018 数据测算。

4. 太极拳改善老年习练者心理健康的作用识别

基于生活满意度、"凡事是否想得开"以及"是否和年轻时一样开心"等若干代理变量，可能发现习练太极拳能够有效改善老年人的心理健康状况。如表 2 所示，在"生活满意度"方面，太极拳习练的频次越高，老年人生活满意度的概率越大；在"凡事是否想得开"方面，太极拳习练的频次越高，老年人凡事想得开的概率越大，且 OLS 模型和 Probit 模型的估计结果均在 10% 的水平下显著；在"和年轻时一样开心"方面，太极拳习练的频次越高，老年人感到和年轻时一样开心的概率越大，且 OLS 模型和 Probit 模型的估计结果均在 1% 的水平下显著。总体而言，习练太极拳对老年人的心理健康具有积极作用，且这种作用随着习练频次的增加而增强。

表 2 太极拳改善老年习练者心理健康的作用识别

变量	生活满意度		凡事是否想得开		和年轻时一样开心	
	OLS 模型	Probit 模型	OLS 模型	Probit 模型	OLS 模型	Probit 模型
太极拳 习练的频次	0.016 * (0.009)	0.051 * (0.029)	0.013 * (0.007)	0.054 * (0.031)	0.038 *** (0.010)	0.097 *** (0.026)
年龄	0.002 *** (0.001)	0.006 *** (0.002)	0.001 * (0.001)	0.003 (0.002)	-0.003 *** (0.001)	-0.008 *** (0.002)
性别 （男性=1）	-0.003 (0.012)	-0.005 (0.036)	0.046 *** (0.011)	0.162 *** (0.038)	0.009 (0.013)	0.024 (0.033)
民族 （汉族=1）	-0.027 (0.019)	-0.077 (0.061)	0.032 * (0.019)	0.108 * (0.061)	0.036 (0.022)	0.092 (0.056)
受教育年限	-0.004 ** (0.002)	-0.012 ** (0.005)	-0.001 (0.002)	-0.005 (0.005)	0.000 (0.002)	0.000 (0.005)
城乡 （城镇=1）	-0.019 * (0.011)	-0.059 * (0.035)	-0.028 *** (0.011)	-0.095 *** (0.036)	-0.010 (0.013)	-0.025 (0.033)
婚姻状况 （有配偶=1）	-0.008 (0.015)	-0.024 (0.044)	0.005 (0.013)	0.016 (0.047)	0.011 (0.016)	0.029 (0.042)
居住模式（与家人同住=1, 独居=2，住在养老院=3）	-0.073 *** (0.027)	-0.217 *** (0.076)	-0.014 (0.24)	-0.051 (0.082)	-0.005 (0.029)	-0.012 (0.074)
职业 （技术管理类=1）	0.086 *** (0.019)	0.273 *** (0.062)	0.039 ** (0.017)	0.159 ** (0.066)	0.076 *** (0.022)	0.191 *** (0.056)
家庭人均收入的对数	0.039 *** (0.005)	0.114 *** (0.013)	0.024 *** (0.004)	0.081 *** (0.013)	0.008 (0.005)	0.020 (0.012)
是否有房产 （是=1）	-0.041 *** (0.012)	-0.125 *** (0.037)	0.011 (0.011)	0.038 (0.040)	-0.028 ** (0.014)	-0.072 ** (0.035)
是否有医保 （有=1）	-0.034 ** (0.015)	-0.111 ** (0.048)	-0.052 *** (0.013)	-0.196 *** (0.052)	-0.052 *** (0.017)	-0.133 *** (0.044)
常数	0.374 *** (0.079)	-0.428 * (0.230)	0.450 *** (0.071)	-0.158 (0.243)	0.607 *** (0.085)	0.273 (0.218)
样本量	6937	6937	6935	6935	6923	6923

注：* 、** 、*** 分别代表在 10%、5%、1%的统计水平下显著，括号内为异方差稳健标准误。
资料来源：根据 CLHLS2018 数据测算。

综上所述，本文的估计结果表明，太极拳对于改善老年习练者的身体健康和心理健康均具有显著的积极作用。就身体健康而言，太极拳习练的频次越高，老年人的基础性日常生活自理能力和工具性日常生活自理能力的完好概率越大；就心理健康而言，在使用生活满意度等作为代理变量的条件下，太极拳习练的频次越高，对老年人心理健康状态的改善作用越明显。上述结果在控制了一系列老年人个体特征、经济因素和社会家庭因素后依然成立。由此可见，通过太极拳推动"体医养"融合发展，服务于积极应对人口老龄化的国家战略，具有坚实的经验证据和循证基础。

三 太极拳在我国老年人群体中的发展分析

1. 太极拳在我国老年人群体中的整体发展现状

在 20 世纪 90 年代兴起的"全民健身"热潮中，太极拳因其具有养生、文化、社交等多元价值而备受老年群体的青睐，成为老年人参与全民健身过程中的一项重要健身运动项目（谷崎，2003）。进入 21 世纪后，随着"世界太极拳月"等群众体育活动的开展，太极拳的影响力与惠老作用不断深化。特别是 2011 年以来，《全民健身计划（2011—2015 年）》《全民健身计划（2016—2020 年）》《"健康中国2030"规划纲要》等重要文件先后颁布并实施，均明确提出要扶持推广太极拳等民族传统体育项目和健身活动。同时，2019 年中共中央、国务院印发的《国家积极应对人口老龄化中长期规划》明确提出，促进养老服务业与健康、体育等幸福产业融合发展，不断提供满足老年人需求的健康养老服务。至此，太极拳在群众体育，尤其是在体育与养老和医疗等领域的融合发展方面迈上了新台阶。

从太极拳目前在全国范围内的推广和普及效果来看，太极拳习练人口日益增多。据国家体育总局的不完全统计，目前全国长期习练太极拳的人口约 5000 万，其中焦作、邯郸、成都等太极拳特色城市的习练人数超过 500 万（赵泽仁、张云和张山等，2019）。但是，针对太极拳在我国老年人群体中发展情况的专项统计，目前仍缺乏口径完整且权威的数据资料（王彩霞和李建，2021）。调查数据显示，在太极拳习练者中，年龄在 46 岁及以上的中老年群体占比达 78.7%，年龄在 60 岁及以上的老年群体占比达 52.1%（杨静和程硕，2019）。由此可知，老年人客观上构成了我国太极拳习练者的主要群体。可以预见，随着我国社会人口老龄化程度的加深，老年人及其家庭的健康美好生活需求将更加凸显，太极拳有望从"体医养"融合发展的角度为积极应对人口老龄化做出更大的贡献。

值得注意的是，从老年太极拳习练者的城乡分布来看，参考 CLHLS2018 数据，太极拳目前在我国城镇地区的普及推广效果要明显优于农村地区。如表 3 所示，城镇太极拳习练者人数占城镇样本总数的比重为 4.7%，农村太极拳习练者人数占农村样本总数的比重为 1.6%。仅就太极拳习练者群体而言，城镇习练者人数占习练者总数的比重为 79.36%，农村习练者人数占习练者总数的比重为 20.64%，二者比例为 4∶1。城乡太极拳习练者规模差距较为明显，太极拳在城镇地区的推广效果更加理想，主要原因有可能在于我国城乡二元经济结构特征依然广泛存在，农村地区在与太极拳相关的公共体育设施保障、科学的健身指导服务以及健身意识培育方面均存在不同程度的薄弱之处。

表 3 老年太极拳习练者的城乡分布特征

单位:%

项目	太极拳习练者人数占习练者总数的比重	太极拳习练者人数占样本总数的比重
城镇样本	79.36	4.7
农村样本	20.64	1.6

资料来源：根据 CLHLS2018 数据整理。

2. 太极拳在我国老年人群体中的区域发展现状

从习练者的区域分布来看，太极拳在老年人群体中的发展和推广效果不仅取决于经济和社会发展水平，也与历史文化因素密切相关。如表 4 所示，CLHLS2018 数据显示，从太极拳习练者的区域分布来看，北京、辽宁、广东、黑龙江、上海等地习练者占样本总数的比重较高，其中北京习练者占比最高，达 8.1%；其次是辽宁、广东，占比分别为 7.7% 和 6.8%；黑龙江和上海占比均为 6.3%；河北、重庆、四川、陕西等地习练者占比均超过 3.4% 的平均水平，河北占比为 5.1%，重庆占比为 4.6%，四川占比为 4.2%，陕西占比为 3.7%；海南、天津、山西、吉林、江苏、浙江等 14 个省份的太极拳习练者占样本总数的比重低于平均水平，其中海南和天津最低，均为 1.3%。

表 4 老年太极拳习练者的省域分布特征

单位:%

序号	省份	太极拳习练者人数占样本总数的比重	序号	省份	太极拳习练者人数占样本总数的比重
1	北京	8.1	13	山东	2.7
2	辽宁	7.7	14	吉林	2.5
3	广东	6.8	15	湖北	2.5

续表

序号	省份	太极拳习练者人数占样本总数的比重	序号	省份	太极拳习练者人数占样本总数的比重
4	黑龙江	6.3	16	福建	2.4
5	上海	6.3	17	江苏	2.2
6	河北	5.1	18	广西	2.2
7	重庆	4.6	19	湖南	1.9
8	四川	4.2	20	安徽	1.7
9	陕西	3.7	21	山西	1.5
10	江西	3.3	22	天津	1.3
11	河南	3.3	23	海南	1.3
12	浙江	3.2			

资料来源：根据 CLHLS2018 数据整理。

以 CLHLS2018 抽样调查数据反映的习练太极拳人数占样本总数的比重作为权重，并结合第七次全国人口普查公报数据，可以推算全国老年太极拳习练者的规模和省域分布特征。如表 5 所示，从 CLHLS2018 数据所覆盖的全国 23 个主要省份来看，老年太极拳习练者规模约为 2932.9 万人。其中，老年太极拳习练者规模排名前三的省份分别为广东、河北和四川，习练者规模均在 240 万人以上。

表 5　老年太极拳习练者的规模和省域分布特征

省份	太极拳习练者人数占样本总数的比重（%）	老年太极拳习练者规模（万人）
北京	8.1	124.13
天津	1.3	12.62
河北	5.1	266.36
山西	1.5	36.66
辽宁	7.7	229.57
吉林	2.5	42.13
黑龙江	6.3	140.46
上海	6.3	109.68
江苏	2.2	130.52
浙江	3.2	144.63
安徽	1.7	72.63
福建	2.4	69.79
江西	3.3	104.38

续表

省份	太极拳习练者人数占样本总数的比重（%）	老年太极拳习练者规模（万人）
山东	2.7	191.88
河南	3.3	229.54
湖北	2.5	101.07
湖南	1.9	88.38
广东	6.8	599.82
广西	2.2	77.20
海南	1.3	9.18
重庆	4.6	103.22
四川	4.2	246.00
陕西	3.7	102.38
合计	3.4	3232.23

资料来源：根据第七次全国人口普查公报和 CLHLS2018 数据整理。

3. 太极拳在我国老年人群体中的微观个体发展现状

在"体医养"融合发展的视角下，个体老年人是太极拳锻炼的最终参与者和受益者。因此，有必要通过"太极拳习练者"这一微观指标来反映太极拳在老年人群体中的发展现状与推广效果。值得注意的是，CLHLS2018 作为大样本微观数据具有较好的全国代表性。但是，考虑到抽样调查数据的局限性，本文在描述性统计的过程中更加关注太极拳习练者的相对比重，而非绝对样本数。

（1）老年太极拳习练者的健身习惯特征

从老年太极拳习练者的健身习惯特征来看，太极拳对于习练者健身习惯的养成和坚持起到了积极的作用。如表 6 所示，坚持"每天习练一次"的人数占比为54.36%，坚持"每周至少习练一次"的人数占比为17.73%，坚持"每月至少习练一次"的人数占比为8.72%，选择"不定期习练"的人数占比为19.19%。总体而言，能够坚持每天习练一次的人数占比超过了习练者总数的50%，能够坚持每天习练一次及每周至少习练一次的人数占比合计超过了习练者总数的70%。

表 6　老年太极拳习练者的健身习惯特征

单位:%

项目	每天习练一次	每周至少习练一次	每月至少习练一次	不定期习练	合计
人数占比	54.36	17.73	8.72	19.19	100

资料来源：根据 CLHLS2018 数据整理。

（2）老年太极拳习练者的人口统计学特征

从老年太极拳习练者的人口统计学特征来看，太极拳在年龄相对较轻、男性、有配偶的老年人群体中具有更好的推广效果。如表7所示，就全样本数据而言，年龄分组后的数据显示，60~80岁年龄组的习练者人数占该组样本的比重为4.5%，而80岁及以上年龄组的习练者人数占该组样本的比重为2.5%；性别分组后的数据显示，男性习练者人数占男性样本的比重为3.8%，女性习练者人数占女性样本的比重为3.0%；婚姻状况分组后的数据显示，有配偶的习练者人数占已婚老年人样本的比重为4.2%，无配偶的习练者人数占未婚老年人样本的比重为2.6%。总体而言，年龄相对较轻、男性、有配偶的老年人习练太极拳的规模、比重高于其他群组。

表 7 老年太极拳习练者的人口统计学特征

单位:%

项目	年龄		性别		婚姻状况	
	60~80 岁	80 岁及以上	男性	女性	有配偶	无配偶
整体样本	4.5	2.5	3.8	3.0	4.2	2.6
城镇样本	6.5	3.6	5.2	4.3	5.9	3.6
农村样本	2.1	1.2	2.0	1.3	2.1	1.1

资料来源：根据 CLHLS2018 数据整理。

本文进一步区分年龄、性别、婚姻状况等群组，结合城乡分布分析太极拳习练者的人口统计学特征。年龄分组后的数据显示，中低龄老年人习练太极拳的人数占比高于高龄老人。在城镇地区，60~80岁年龄组的习练者人数占该组样本的比重为6.5%，而80岁及以上年龄组的习练者人数占该组样本的比重为3.6%；在农村地区，中低龄老年人习练太极拳的人数占比明显下降，60~80岁年龄组的习练者人数占该组样本的比重为2.1%，而80岁及以上年龄组的习练者人数占该组样本的比重为1.2%。

性别分组后的数据显示，老年男性习练太极拳的人数占比在城镇地区和农村地区均高于老年女性。在城镇地区，老年男性习练太极拳的人数在老年男性样本中的占比为5.2%，老年女性习练太极拳的人数在老年女性样本中的占比为4.3%；在农村地区，老年男性习练太极拳的人数在老年男性样本中的占比为2.0%，老年女性习练太极拳的人数在老年女性样本中的占比为1.3%。

婚姻状况分组后的数据显示，有配偶的老年人习练太极拳的人数占比在城镇地区和农村地区均高于无配偶的老年人。在城镇地区，有配偶的老年人习练太极拳的人数占该组样本总数的 5.9%，无配偶的老年人习练太极拳的人数占该组样本总数的 3.6%；在农村地区，有配偶的老年人习练太极拳的人数占该组样本总数的 2.1%，无配偶的老年人习练太极拳的人数占该组样本总数的 1.1%。总体而言，无论是在城镇地区还是在农村地区，年龄相对较轻、男性、有配偶的老年人习练太极拳的规模、比重均高于其他群组。

4. 太极拳在我国老年人群体中的发展症结

面对老龄化程度不断加深和群众体育需求日益凸显的双重背景，在老年人群体中推广和普及太极拳这一民族传统体育形式，实现"体医养"融合发展，具有积极应对人口老龄化和推动实现健康中国战略目标的重要意义。本文基于整体维度、区域维度和微观维度等不同层面，梳理了现阶段太极拳在我国老年人群体中的发展状况，并针对太极拳发展的主要问题总结如下。

首先，太极拳在我国老年人群体中具有广泛的群众基础，但城乡发展情况依然存在明显差距。本文基于全国代表性数据的测算显示，城镇习练者与农村习练者的比例为 4 : 1，表明太极拳城乡发展差距较为明显。这一现象产生的原因主要有以下几方面。一是农村地区太极拳推广活动和赛事组织存在短板。梳理近年来太极拳相关主题赛事和推广活动可知，太极拳专项赛事的组织地偏好北京、上海等大型城市，以及焦作、邯郸等太极拳特色城市，以农村地区和农村居民作为主要辐射对象的太极拳推广活动依然偏少（刘明君、尤新芬和张居伟，2012）。二是农村地区健身指导服务相对缺乏。尽管太极拳较少受到场地、设施等硬件条件制约，但参与太极拳锻炼须以一定的知识储备和科学训练为前提，缺乏专业性健身指导服务不利于农村地区的太极拳传播。三是农村地区居民健身意识和习惯仍待进一步培育。针对我国农村居民时间利用和休闲习惯的研究表明，农村居民对闲暇时间的利用以单纯的放松娱乐为主（Su，2009；Wei、Huang & Stodolska，et al.，2015），积极从事体育锻炼所需的健身意识和习惯尚需加强。

其次，太极拳在我国老年人群体中已经形成了可观的习练者规模，但省域之间依然呈现非均衡发展特征。本文的测算结果表明，全国 23 个主要省份的老年太极拳习练者规模约为 3232.23 万人。其中，全国老年太极拳习练者规模排名前三的省份分别为广东、河北、四川，习练者规模均在 240 万人以上。但山西、吉林等传统工业省份的太极拳发展受到地方经济转型和财政压力的限制，在活动组织、经费和人员保障等方面存在客观困难。而对海南、广西等太极拳文化传统相对薄弱的地区而言，推广和普及工作同样具有较大潜力，主要原因在于此类地区往往具有独具特色的民族传统体育形式，继续扩大老年人群体中的太极拳习练者规模需要切实加大基础宣传和培育工作力度。

最后，太极拳的发展情况与习练者的人口统计学特征有关，在相对年长、女性、无配偶的老年人群体中推广效果面临短板。具体而言，高龄老年人习练太极拳的人数占比低于中低龄老年人，老年女性习练太极拳人数的比重在城镇地区和农村地区均低于老年男性，无配偶的老年人习练太极拳人数的比重在城镇地区和农村地区均低于有配偶的老年人。这表明太极拳在老年人群体中的发展和推广效果既有赖于个体的基础运动能力，又与老年人的生活条件密切相关。对于高龄老年人而言，除面临更高的失能风险外，基础运动能力相对薄弱，特别是力量训练欠缺（Zhang、Fu & Wang, et al., 2019），已经成为包括太极拳在内的锻炼参与的主要阻碍。对于女性和无配偶老年人而言，一方面，太极拳基础健身知识的普及和锻炼习惯的养成仍存在改善空间；另一方面，生活照料成本和养老保障条件也构成了其习练太极拳的局限性因素。

四　推动太极拳在老年人群体中发展的优化策略

第一，应针对农村地区和重点省份的老年人群体，加强太极拳健康公共服务的政策支持，进一步完善和落实财政保障措施。

在"体医养"融合的视域下，要进一步在老年人群体中普及和推广太极拳，应重点关注农村地区和太极拳发展的潜力省份，出台更具针对性的倾斜政策。尤其是在面向农村地区和经济欠发达地区的老年人群体时，须更加强调太极拳服务于养老事业的公益性和普惠性。具体而言，应当在全民健身工作经费、卫生健康事业发展专项经费、体彩公益金使用等方面做出针对性安排，同时重视发挥公益慈善等第三次分配的作用，多措并举拓宽太极拳发展的资金渠道，更广泛地满足人民群众的健康养老需求。同时，应通过出台专项政策、试点推广等方式主动引导太极拳融入养老公共服务体系，进一步发挥太极拳对老年人日常生活的健康促进作用。

第二，应针对农村地区和太极拳文化传统相对薄弱的地区进一步夯实社区工作，通过积极组织相关活动推广太极拳知识，培育太极拳文化氛围。

太极拳虽然具有广泛的群众基础，但就太极拳知识和技能传播的覆盖面、影响力和便捷性而言，农村地区和非太极拳传统特色地区的普及与推广工作仍需进一步加强。基层社区是宣传和普及太极拳文化知识的适宜场所。一方面，社区的宣传栏、健身广场等场所为太极拳的传播普及提供了必要的硬件设施，而基层武术协会能够在此基础上实现太极拳课程、人才等软件配套。另一方面，社区层面组织的小规模、小范围的太极拳活动，更加符合老年人适宜进行属地锻炼的运动健康特点。特别是养老机构和健康服务机构能够与社区卫生服务中心、体质监测站等功能场景有机结合，加强"体医养"融合宣传，引导社区老年居民形成良好的运动健康习惯。

第三，更加重视信息技术对太极拳推广和传播的作用，着力破解老年女性、独居老人等弱势群体所面临的"数字鸿沟"问题。

太极拳既拥有古老的文化积淀，又应当积极拥抱数字体育时代的新产品、新技术、新模式。例如，针对太极拳技术培训的标准化和规范化要求，可以制作权威培训视频和电子读物，作为运动和康养领域的公共资源向社会传播。具体而言，可由公共部门牵头建设太极拳健康服务平台，吸引太极拳健康服务的供给方入驻。同时，平台管理方能够利用大数据技术建立太极拳运动处方数据库，并通过平台直接发放健身和康养电子消费券等。老年女性、独居老人等弱势群体既是太极拳推广和普及的难点，也更容易遇到"数字鸿沟"的困境。可以考虑以村和社区为网格单元，面向老年女性和独居老人组织太极拳宣传、健身知识培训、智能设备和 App 使用等方面的上门指导和志愿帮扶，帮助老年人更好地体验 O2O 形式的太极拳健康服务。

第四，针对高龄老人加强健康处方的开发，更好地发挥太极拳的失能风险控制和慢性病防治作用。

本文的研究结果显示，老年人随年龄增长坚持从事太极拳锻炼的比重呈下降趋势。这一现象通常与重视套路呈现的太极拳对老年人体力和运动技巧的要求有关。因此，应面向高龄老年人开发更具针对性的太极拳简化套路，或基于特定太极拳招式的健康处方。充分发挥太极拳在情绪调节等方面的优势，助力老年人的康复训练等。利用太极拳健康处方引导高龄老人适当参与体育锻炼，增强平衡力、耐力、灵活性和肌肉力量，改善骨骼和肌肉功能。通过太极拳的"体医养"融合来预防失能风险，积极应对人口老龄化带来的挑战。

参考文献

［1］ Camila T., Cecagno Z., Luana C., et al., "Effect of Physical Exercise Program on the Balance and Risk of Falls of Institutionalized Elderly Persons: A Randomized Clinical Trial", *Revista Brasileira de Geriatria e Gerontologia*, 2016, 19(3): 473-482.

［2］ Cockerham W. C., "Health Lifestyle Theory and the Convergence of Agency and Structure", *Journal of Health and Social Behavior*, 2005, 46(1): 51-67.

［3］ Eberth B., Smith M D., "Modelling the Participation Decision and Duration of Sporting Activity in Scotland", *Economic Modelling*, 2010, 27(4): 822-834.

［4］ Feng J., Li M., "Human Capital Structure and Economic Growth: From the Perspective of New Structural Economics", *China Economist*, 2019, 14(6): 36-55.

［5］ Hall A., Copsey B., Richmond H., et al., "Effectiveness of Tai Chi Forchronic Musculoskeletal Pain Conditions: Updated Systematic Review and Meta-analysis", *Physical therapy*, 2017, 97(2): 227-238.

［6］ Jiang Y., Zheng H., Zhao T., "Socioeconomic Status and Morbidity Rate Inequality in China: Based on NHSS and CHARLS Data", *International Journal of Environmental Research and Public Health*, 2019, 16(2): 215.

［7］ Lee J. H., Kim M. H., Yoon Y. J., "Thechanges of Basic Physical Fitness and Self-efficacy According to Tai Chi Training Type in Elderly Men", *Journal of the Korea Entertainment Industry Association*, 2015, 9(1): 153.

［8］ Lei X., Bai C., "Cognitive Function and Mental Health of Elderly People in China: Findings from 2018 CLHLS Survey", *China Population and Development Studies*, 2020, 3(4): 343-351.

［9］ Liu N., Qü N., Wang N., et al., "Does Population Aging Hinder the Accumulation of Human Capital? Evidence from China", *Frontiers of Economics in China*, 2020, 15(2): 257-281.

［10］ Lu Y., Cai F., "Transition from Demographic Dividend to Reform Dividend: Simulation of China's Potential Growth Rate", *China Economist*, 2016, 11(6): 22-35.

［11］ Polkey M. I., Qiu Z. H., Zhou L., et al., "Tai Chi and Pulmonary Rehabilitation Compared for Treatment-naive Patients with COPD: A Randomized Controlled Trial", *Chest*, 2018, 153(5): 1116-1124.

［12］ Sarma S., Levine B. D., "Beyond the Bruce Protocol: Advanced Exercise Testing for the Sports Cardiologist", *Cardiology Clinics*, 2016, 34(4): 603-608.

［13］ Song Q. H., Shen G. Q., Xu R. M., et al., "Effect of Tai Chi Exercise on the Physical and Mental Health of the Elder Patients Suffered from Anxiety Disorder", *International Journal of Physiology Pathophysiology & Pharmacology*, 2014, 6(1): 55-60.

［14］ Su B., "Leisurelife of Elderly Residents in China: A case Study of Difference between Rural and Urban Area", *Asian Social Science*, 2009, 4(11): 100-106.

［15］ Ushijima A., Morita N., Hama T., et al., "Effects of Cardiac Rehabilitation on Physical Function and Exercise Capacity in Elderly Cardiovascular Patients with Frailty", *Journal of Cardiology*, 2020, 77(7): 424-431.

［16］ Wei X., Huang S., Stodolska M., et al., "Leisure Time, Leisure Activities, and Happiness in China", *Journal of Leisure Research*, 2015, 47(5): 556-576.

[17] Wicker P., Frick B., "The Relationship between Intensity and Duration of Physical Activity and Subjective Well-being", *European Journal of Public Health*, 2015(5): 868-872.

[18] Yang H., Shen Z., Shen Y., "Raising Retirement Age, TFP and Elderly Welfare in China", *China Economist*, 2021, 16(2): 95-107.

[19] Yeh G. Y., Wang C., Wayne P. M., et al., "The Effect of Tai Chi Exercise on Blood Pressure: A Systematic Review", *Preventive Cardiology*, 2010, 11(2): 82-89.

[20] Zeng Y., Gu D., Land K. C., "The association of childhood socioeconomic conditions with healthy longevity at the oldest-old ages in China", *Methuen*, 2007, 44(3): 497-518.

[21] Zhang Y., Fu S., Wang, et al., "Association between Geriatric Nutrition Risk Index and Low Muscle Mass in Chinese Elderly People", *European Journal of Clinical Nutrition*, 2019(73): 917-923.

[22] Zhong H., "The Impact of Population Aging on Income Inequality in Developing Countries: Evidence from Rural China", *China Economic Review*, 2011, 22(1): 98-107.

[23] 蔡昉:《中国老龄化挑战的供给侧和需求侧视角》,《经济学动态》2021年第1期,第27~34页。

[24] 陈兰、张长念、王璐璐:《北京市城市社区老年人习练太极拳现状调查》,《武术研究》2017年第2(2)期,第50~54页。

[25] 陈爽、岳春林:《太极拳对不同锻炼水平老年女性动态平衡的影响》,《南京体育学院学报》2019年第2(8)期,第26~32页。

[26] 冯珺、肖淑红:《产业融合视角下的体养融合研究:概念、作用与发展现状》,《北京体育大学学报》2020年第43(12)期,第58~70页。

[27] 戴志鹏、马卫平:《人口老龄化背景下我国老年人体育的发展动向研究——基于全面推进居家养老服务的思考》,《南京体育学院学报》(社会科学版)2017年第31(1)期,第18~23页。

[28] 邓晓琴、郑松波:《太极拳健骨机理》,《中国体育科技》2017年第53(4)期,第97~105,130页。

[29] 谷崎:《太极拳在我国全民健身运动中的特殊作用》,《体育成人教育学刊》2003年第3期,第33~34页。

[30] 李邦华:《我国养老服务新发展阶段的思考》,《中国社会工作》2021年第20期,第10~12页。

[31] 李慎明:《让太极文化和太极拳在全国进一步普及并尽快走向世界》,《世界社会主义研究》2020年第5(8)期,第14~19,93页。

[32] 李晓智、高亮:《健身气功干预对老年人血糖、血脂及其自评健康的影响》,《西安体育学院学报》2019年第36(1)期,第82~87页。

[33] 刘明君、尤新芬、张居伟:《群众性太极拳赛事的异化研究》,《河北体育学院学报》2012年第26(5)期,第80~82页。

[34] 刘上元:《职业学校老年人服务与管理专业太极拳教学的探索之路》,《当代体育科技》2020年第10(4)期,第155~156页。

[35] 倪国新、邓晓琴、徐玥等:《体医融合的历史推进与发展路径研究》,《北京体育大学学

报》 2020 年第 43（12）期，第 22~34 页。

［36］ 邱丕相：《练习太极拳的养生意义》，《中国对外贸易》2014 年第 1 期，第 93 页。

［37］ 孙鹃娟、田佳音：《新健康老龄化视域下的中国医养结合政策分析》，《中国体育科技》2020 年第 56（9）期，第 58~65 页。

［38］ 王兵伟、赵红波：《太极拳发展现状的调查与分析》，《韶关学院学报》（自然科学版）2006 年第 6 期，第 128~130，169 页。

［39］ 王彩霞、李建：《老年人习练太极拳的价值及推广策略研究》，《武术研究》2021 年第 6（6）期，第 61~63 页。

［40］ 王会儒、姚忆：《"传统养生体育+医疗+养老"的老年健康干预模式构建》，《中国体育科技》2017 年第 53（3）期，第 8~13 页。

［41］ 王占坤、彭艳芳：《农村老年人公共体育服务供需反思及优化研究》，《北京体育大学学报》2019 年第 42（6）期，第 120~131 页。

［42］ 魏真、彭前冲：《试论太极拳在应对河南老龄化社会中的作用》，《少林与太极》（中州体育）2015 年第 5 期，第 14~16，30 页。

［43］ 吴振超、庄红梅、赵志强：《邯郸太极拳文化产业发展现状》，《合作经济与科技》2015 年第 8 期，第 43~44 页。

［44］ 谢伏瞻：《全面建成小康社会的理论与实践》，《中国社会科学》2020 年第 12 期，第 4~24，200 页。

［45］ 杨静、程硕：《太极拳普及现状与对策研究》，《中国健康教育》2019 年第 35（10）期，第 923~926 页。

［46］ 叶宋忠、仇军：《老龄化背景下养老产业与体育产业融合发展研究》，《西安体育学院学报》2019 年第 36（4）期，第 410~414 页。

［47］ 张健、王会寨：《全生命周期体育融合发展研究》，《北京体育大学学报》2020 年第 43（12）期，第 1~10 页。

［48］ 张望龙、王柏利：《河南省太极拳发展现状及趋势分析》，《武术研究》2019 年第 4（4）期，第 18~20 页。

［49］ 赵泽仁、张云、张山等：《太极拳的传承与发展》，载李慎明主编《世界太极拳发展报告（2019）》，社会科学文献出版社，2020，第 1~64 页。

Health Effect of Taijiquan in Elderly People in China: From the Perspective of Integration Development of Sport, Treatment and Maintenance

Feng Jun, Li Yunlei, Wang Tianya

Abstract: Based on integration development of sport, treatment and maintenance, i. e. ISTM, Taijiquan's positive influence on physical and mental health of the elderly is quantitatively identified from nationally representative survey data. The development status and promotion effectiveness of Taijiquan in older adults are evaluated. The results show that Taijiquan has a broad mass base among the elderly in China although there is still a clear gap between urban and rural development, Taijiquan has formed a considerable number of practitioners among the elderly in China however there is still unbalanced development among provinces, and the development of Taijiquan is related to the demographic characteristics of practitioners is manifested that the promotion effect in the more elderly, female and no spouse group faces short board. A series of countermeasures and suggestions that policy support and financial guarantee for health public service of Taijiquan should be further strengthened, elderly social work related to Taijiquan should be more emphasized, the role of information technology in promoting and spreading Taijiquan among the elderly should be paid more attention, and health prescriptions of Taijiquan should be developed specifically for the elderly are put forward.

Keywords: Taijiquan; Mass Sports; Healthy Aging; Integration of Sport, Treatment and Maintenance

社会契约论视域下体育行政权力研究[*]

李承昊　张　琪^{**}

【摘　　要】落实放权改革、创新体育行政管理方式是我国体育体制改革长期以来的关键点和困难点，扎实推进改革进程需要更深入地认识与分析体育行政权力，并找到权力运作底层的症结。本文以社会契约论的权力视角为切入点，对体育行政权力的构成要素进行反思，分析实践中的困境与原因，并提出改革方略。研究认为，在改革过程中没有厘清不同管理主体间行政权力的性质区别，机械性地尝试转移权力，导致要么这种转移只能停留在形式上而无法真正落实，要么权力转移到个别利益群体当中，同时权力系统的不成熟、不规范也使权力规制机制没能发挥出充分的作用。下一步应在厘清不同主体间权力性质区别的基础上进一步完善不同主体的职权落实方案，并深化行政权力的监管制约措施。

【关 键 词】体育体制；行政权力；社会契约论；监管措施

自1993年国家体委制定并下发了《关于深化体育改革的意见》，要求进一步改革体育行政管理体制，转变体育行政部门职能以来，推进简政放权改革，创新体育行政管理方式，厘清实体化协会与体育行政部门、体育事业单位间的关系与职权界限就一直是我国体育体制改革的重点内容。然而经过数十年的发展，我

＊　本文系国家社会科学基金重大项目"新发展阶段中国体育战略转型与发展模式创新研究"（项目编号：21&ZD343）的研究成果。

＊＊　李承昊，上海体育大学体育教育学院硕士，研究方向为体育哲学；张琪，通讯作者，博士，上海体育大学体育教育学院副教授，硕士研究生导师，研究方向为体育哲学、裁判哲学。

国体育参与比例持续增长，体育市场日益繁荣，但体育行政改革推进情况并不理想，没有随时代的发展而得到实质性的突破。一方面，我国体育系统仍带有政治惯性，许多体育协会至今仍与政府、与体育事业单位的职权重叠，权力边界模糊。另一方面，一些改革进程较快的体育协会并未收获改革的预期成果。总体而言，我国体育行政体制在全面转型和改革的进程中，体育行政权力仍存在系统性的问题，且迟迟难以得到彻底解决，法治规范程度相对滞后于社会发展的整体水平，不利于全面深化我国体育体制改革，不利于激发社会和市场办体育的热情和活力，也不利于推动我国的法制化和现代化建设。深化体育行政改革需要在思想观念和措施方法等各方面进行全面、彻底的转变。因此，需要以更具建设性的视角，更彻底地审视我国当前体育行政权力系统中存在的问题，分析这些问题出现的内在原因和外在原因，并提出更加科学的解决方案，以助力体育事业迈向更高的台阶。

一　社会契约论：考察体育行政权力的理论基础

社会契约论是西方近现代发展中最重要的政治权力理论之一，其主要讨论的话题集中在人与政府的关系上，认为政府的权力来自人民，从自然状态到政府统治的正当完成应源自人们订立的社会契约。经过霍布斯、洛克和卢梭等思想家的不断探讨，社会契约论逐渐发展成一个论证严密、结构成熟的政治哲学理论体系，也随着时代的变革转化为具体的宪政制度和民主模型，成为现代民主思想的核心与民主制度的理论基石。其中，卢梭在西方政治思想史上彻底消除了传统意义上君主与人民间的隔阂[1]，其《社会契约论》一书的问世，直接为不久之后的美国《独立宣言》和美国宪法及其权利法案、法国《人权宣言》及法国大革命时期的三部宪法奠定了理论基础[2]。

卢梭的《社会契约论》成书于 18 世纪中叶，这一时期正是启蒙运动开花结果的时期，教权与王权对人民的压迫严重阻碍了欧洲社会的发展与进步，日益壮大的科学、理性、平等、自由等启蒙思想与日益衰败的封建专制思想及天主教会

---

① 肖丹：《"主权在君"抑或"主权在民"——霍布斯与卢梭的契约政府理论比较》，《沈阳大学学报》2009 年第 5 期。
② 吕世伦：《法理的积淀与变迁》，西安交通大学出版社，2016，第 265 页。

思想束缚之间发生着越来越激烈的碰撞。卢梭认为，人们不应当为他人放弃自己的权利和自由，不应当把自己奉献给国王或者选出国王，而是试图构建另一种政治逻辑，使既能实现国家的善治，又不会妨碍每个个体的自由。

这一方案便是构建出一个经由全体自愿且一致同意的"社会公约"结合而成的集体共同体，而非具体的人作为国家主权者，是"每个结合者及其自身的一切（指全部之中其用途对于集体有重要关系的那部分①）权利全部都转让给整个集体"，这样每个个体在受到结合体保护的同时，又没有向任何人奉献出自己，而只是在服从自己，这样他就能够像以往一样自由。而且既然人们可以从其他结合者让渡出的权利中重新获得自己让渡出的权利，人们"就得到了自己所丧失的一切东西的等价物以及更大的力量来保全自己的所有"②。所有人平等地遵守公约的约束，并平等地享有受保护的权利。这样一个共同体的权力是崇高而绝对的，但不是任意的，不得逾越社会契约的界限，而且必须立足于"公意"。公意是全体意志的总和，着眼于全体的、公共的利益，因此，其也必须是从全体出发，才能有适用于全体的公正性。如果不是由全体产生，或者只着眼于个别目标，那就是众意，是某种集团的意志，因此也就不具备主权力。而政府意志在卢梭看来就只是一种众意，行政权力也只不过是主权力的一些表现。政府"只不过是主权者的执行人……那完全是一种委托，是一种任用；他们仅仅是主权者的官吏，是以主权者的名义在行使着主权者所委托给他们的权力……行政权力的合法运用称之为政府或最高行政"③。因此，行政权力在此是主权者为实现公共意志而使某些人代行的、以主权权力为保障基础的一些个别的权力行为。行政权力也不是直接来自社会契约，而是来自法律。受任行政权力的官员只是在承担国家赋予的职务，在履行自己的公民义务。

尽管社会契约论作为欧洲启蒙时期的政治思想，在近现代政治活动中已较少被直接运用，但其思想精华对于应对我国体育领域当前的发展与权力体制改革困境具有重要的借鉴价值。

我国的体育发展形态与西方国家的体育发展形态有较大差异。例如，在英国，传统上认为体育是参与者之间的私事，公民社会组织或私人组织发挥主要的

① 〔法〕卢梭：《社会契约论》，何兆武译，商务印书馆，2003，第38页。
② 〔法〕卢梭：《社会契约论》，何兆武译，商务印书馆，2003，第20页。
③ 〔法〕卢梭：《社会契约论》，何兆武译，商务印书馆，2003，第72~73页。

管理作用，政府则处于次要地位①。而我国的现代体育，一方面，在新中国成立初期的政治社会基调下，各体育群众组织、运动协会都与政府高度关联，其发展和成立的主要推动力来自政府的支持，其形态也更接近政府部门而非社会自治组织。另一方面，随着国家计划经济的形成与完善，体育权力高度集中于国家体委，体育社会组织管理系统的功能和作用逐渐削弱②。体育行政部门所设的各处室实际上取代了各级体育总会与各体育协会，并以它们的名义行使着体育项目管理的职权③。

20 世纪 80 年代之后，权力高度集中于体委系统的旧体制所产生的弊端开始暴露出来，体育体制也进行了一系列改革，试图使体育行政管理结构由原来政府部门逐步向管办结合的方向转变。但是，体育协会自身合法性不足、社会基础薄弱、治理能力不足、配套制度缺位等问题阻碍着改革的推进进程，与政府行政机关的脱钩也往往形式大于内容④。即使试图通过推行体制改革实现体育管理职能的转移，体育权力格局也无法得到彻底的重新调整，导致体育行政体制改革流于形式。

因此，为了更有效地推进体育建设，解放体育生产力，就需要以更具革命性和建设性的权力思想打破过去对体育行政的固有认识，重新审视体育行政权力的现实，并厘清现实背后权力的运行逻辑以及不同主体间权力性质的区别和联系。这有助于重塑体育行政权力运作系统，突破权力实践中的现实困境，使不同主体能够更高效、更充分地落实体育管理职能，全方位调动体育资源。

社会契约论的思想可以为打破旧有的体育行政权力秩序，进一步保障和增进全社会的体育权益提供理论借鉴。尽管社会契约论主要以国家为着眼点分析政治，但其政治逻辑是构建联合整体意志的道德共同体，其行政逻辑是对共同体所委任职权的履行。这些思想逻辑可以应用于分析社会团体的性质和运作情况，应用于分析社会行政主体等多元行政主体的行政权力正当性，从而为完善体育社会行政管理主体建设，为推进体育体制改革提供参考。其权力来自人民的民主思想

---

① 贾文彤、孙焕江、梁灵艳：《命令与契约——论英国体育管理》，《山东体育学院学报》2009 年第 1 期。
② 孙汉超：《中国竞技体育的巨大进步得益于五大管理对策》，《武汉体育学院学报》2005 年第 1 期。
③ 孙瑞坤：《中华全国体育总会历史变迁研究》，北京体育大学硕士学位论文，2015。
④ 王志文、张瑞林、沈克印：《全国性单项体育协会与政府脱钩的逻辑、难点与对策》，《体育学刊》2020 年第 5 期。

和以公意为指导的治理观念，也可以服务于在体育领域推进我国的全过程民主建设，从而更好地实现向下充分吸收公共意见、保障人民的体育权利，向上广泛凝聚共识、巩固体育整体成就。

二 体育行政权力的构成要素

就一项行政权力的形成、运用并最终产生实际效果的全过程来分析，它至少包括以下几个关键环节：权力的决定并配置—权力被相应主体拥有和行使—权力运用的相应方式—权力得以有效运用的各种必要保障—权力运用所作用的相应对象[1]。这些构成的环节就是行政权力的各个要素，总的来说，包括主体要素、客体要素、配置要素、运行要素、支撑要素。

体育行政权力的主体要素是行政权力落实的实体基础。随着社会的发展，现代社会的民主化、灵活化以及多元化要求使各国政府都必须根据现实需要调整管理办法，行政也由权力管控向公共服务转变。传统行政主体理论也需要继续完善和发展，以适应现代公共行政的发展形势。体现在行政主体理论和制度的发展中，就是行政主体的多元化[2]，因此在当前传统的一元化体育行政权力结构逐渐被打破、体育体制向多元化的行政权力结构发展的大趋势下，可以将体育行政主体界定为依法承担体育行政任务，独立进行体育行政管理活动，并能独立承担法律责任的组织，其类型具体包括国家行政机关、政府委托的体育事业单位和体育社会行政主体三大主要类别。

体育行政权力的客体要素是指体育行政管理法律关系中与行政主体相对应的，其权益受到行政主体行为有利或不利影响的另一方个人或组织。体育行政权力的客体对行政权力的行使具有合作与制约两方面的作用，若客体合法权益受到行政主体侵犯，可以依法申请权利救济。

体育行政权力的配置要素是指体育行政主体对行政权力的获取。配置要素决定了行政主体是否拥有某种权力或拥有多大的权力。配置的内容对应着其行政职能的范围，承担何种职能，就配置多少权力。从配置途径上看，体育行政主体间

---

① 方世荣：《论行政权力的要素及其制约》，《法商研究》2001年第2期。
② 周秀娟：《论行政主体多元化》，长春理工大学硕士学位论文，2007。

行政权力的配置途径可以分为法定职权、行政授权、行政委托、社会自治等类型。法定职权是行政权力配置最基本的方式。行政授权是指根据法律、法规对特定组织授予行政权力，其以自己名义独立行使行政权并承担相应的法律责任①。被授权机关为开展行政事务，需要向其他主体再次分配任务的，则属于行政委托②，其是指行政机关委托行政机关系统以外的组织行使某种行政职权。除上述途径之外，体育社会团体未经过行政授权或委托，而是依照社会自治原则，通过内部自治制度和章程的规定来获取对社团内部管理的行政权力的，则属于社会自治。

体育行政权力的运行要素，即各类体育行政主体实施的行政行为。从广义上讲，其包括为履行体育行政职责、落实体育行政职权而采取的各种行政管理活动，是体育行政权力的具体表现形式。行政权力是行政行为的内在基础，而行政行为则是行政权力的外在形式。体育行政权力正是通过行政行为作为中介实现对公共事务的组织与管理③。

体育行政权力的支撑要素，即支撑体育行政权力发挥效果的资源条件。体育行政权力能否保持有效性和权力强度，在很大程度上取决于支撑要素的强弱。资源条件既有有形的，如物质型资源；也有无形的，如声望型资源。资源条件既有内部建设的，也有来自外部扶持的。内部的资源条件既包括协会内部可以直接控制和运用的人才、资金、技术、场地、设施等，也包括其自身的品质、价值观念、文化吸引力等。外部的资源条件则包括来自政府的扶持、来自市场的投资或赞助、来自社会的共享或援助等④。

此外，行政权力具有自由裁量性、主动性、广泛性和扩张性，如果不受到制度性的制约，就可能被滥用⑤。随着社会对公共治理需求的不断增加，随着体育领域的日益繁荣和扩大，体育行政权力也必然变得更加复杂。因此，对体育行政

---

① 谭波：《行政授权与行政委托：衍生性权力的法律规制》，《当代法学》2022 年第 6 期。
② 根据《最高人民法院关于执行〈中华人民共和国行政诉讼法〉若干问题的解释》第 21 条，"行政机关在没有法律、法规或者规章规定的情况下，授权其内设机构、派出机构或者其他组织行使行政职权的，应当视为委托。当事人不服提起诉讼的，应当以该行政机关为被告"。
③ 马生安：《法治理念下的行政行为》，苏州大学博士学位论文，2003。
④ 刘璐、董芹芹：《资源依赖理论下体育社会组织资源系统的构建与策略》，《湖北体育科技》2021 年第 3 期。
⑤ 杨汉国：《论法治国家对行政权力的制约》，《西南民族学院学报》（人文社会科学版）2002 年第 3 期。

权力的制约也是权力运行中不可或缺的重要环节，在配置、运行和资源支撑等各个方面权力都需要得到规范的监督和制约。

三　社会契约论视域下对我国体育行政权力的反思

总体而言，经过多年改革政策的不断推进，我国体育行政权力的制度性问题相比以往已经得到了很大改善。2022 年新修订的《体育法》等法律法规，以及各级政府和体育部门出台的新规章新政策也填补了过去留下的诸多空白，使体育行政越来越规范和完善。

契约论的观点认为，行政权力应是共同体设立的，用以执行其意志的力量。从这一角度出发，完善我国体育行政权力体系，需要针对体育行政权力的各个要素，反思各主体权力的配置是否符合共同体所委任的指向、权力的运行是否是对其职能的正确履行、权力的支撑资源是否能充分确保共同体公意的执行，以及权力是否能受到共同体全体的充分规制。

（一）对我国体育行政权力配置的反思

过去，我国体育领域的方方面面基本都由政府部门统一管理，因此在体育管理事务高度集中于体育部门的时期，体育行政权力配置机制的起点单一，为根据《宪法》由人民代表大会产生的、依法拥有管理行政区内体育事业职权的人民政府。然后，再由各级人民政府通过行政授权授予体育行政部门，以及通过行政授权委托授予体育管理中心。从契约论的视角来看，这一体制下运动员队伍的构建和体育体系的运作的根本源头是服务于国家的整体利益，这也与这一时期出于为国争光而建立举国体制这一目标相符。

随着社会的发展，我国也开始了长期的体育改革探索，试图通过发展体育协会接手体育管理职能等途径来实现对体育社会力量的开发和对体育发展潜力的解放。

通过体育运动协会这一社会管理主体对体育进行管理，理论上产生了新的一条体育行政权力产生和配置的途径，即社会自治。但是这种体育行政权力与政府包办体制下的体育行政权力在性质上是完全不同的。以基层的体育协会为例，按照《社会团体登记管理条例》，社会团体正式登记要求有 50 个以上的个人会员，要求有民主的组织管理制度与执行机构的产生程序。许多体育协会在程序上也按照规定完成了这一过程，但是这种社会团体在成员范围上基本也只以创立者的社交与认识范围为边界，因此，即使成立了民主的体育协会，并且正确地推行了民主的程序，也只满足这一群体内部的民主。从契约论的观点来看，这只不过是一种个别的集团，这一集团的公共意志对它的成员来说是公意，但对全体来说则只能是个别意志。因此，作为社会团体，体育社会行政主体的行政权力最多只对社团成员而言有权力的正当性，并且不得超越章程设定的范围。从法理上看，与政府相比，这种协会并不能代表全社会的意愿；对协会会员团体之外的广大运动员和体育组织而言，也并没能从这一过程中获得自己的话语权。

（二）对我国体育行政权力运行的反思

在政府主管体育的举国体制下，各种体育行政管理事项是由政府以及政府下属体育管理中心具体落实的。而随着脱钩改革的推进，许多体育行政权力行为开始以协会的名义实施。但为了维持举国体制所取得的体育成就，我国的体育事业仍需要强有力的统筹协调力和组织动员力予以维持，因此不可能轻易地迅速完全交权于协会。结果就是运动队伍同时接受政府体育部门、体育管理中心与协会共同管理。

从契约论的视角来看，行政官员对行政权力的行使只是共同体为实现其意愿而授予行政官一定权力以执行一些个别的行为。因此，理论上不同行政主体其官员所负责的对象不同，所要达到的目的不同，所代表的意志不同，各自所要从事的职能也不尽相同。但是在"两块牌子，一套人马"的情况下，本身就是通过相同的官员对同样的对象行使行政管理权力，行使协会体育行政权力这一行为往往也就被行使政府体育行政权力的行为掩盖了。因此，协会的职权在这种情况下是难以清晰分辨并落实的，同时也意味着协会这一行政权力主体缺失了运行权力的实体，协会的实体化建设也自然会因此停滞，这也是脱钩改革难以推进的原因之一。

此外，无论是政府体育部门、体育管理中心还是体育协会，对权力运行的具体内容方面理解都比较模糊，操作也不够透明。一方面，权力公开相关的制度尚未覆盖到社会行政主体之上；另一方面，根据各地体育主管部门公布的权力清单显示，各地体育主管部门对行政权力的理解和执行状况较为混乱。权力清单的设立表现出较大的随意性，在文字表述和公布形式上也缺少统一的规范，公示的权力依据也不尽相同，数量上也有较大差异。这就难以确保行政权力的运行与行政主体的职能相符，难以确保行政主体正确履行了自己被赋予的职责，也难以确保行政权力这一契约论视域下的"个别的权力"被规范地用于应有的情形，而不是被随意滥用。

（三）对我国体育行政权力资源支撑的反思

我国当前的诸多协会都是由原来的事业单位转变而来，自身的造血能力不足，导致原来事业编制的很多工作人员不选择到协会工作，同时协会也较难吸引到优秀的社会人才进入协会工作①。在这种情况下，一方面，协会没有充分的资源积累；另一方面，又未能摆脱过去处于政府体系内的路径依赖，仍然主要依靠获取政府的物质资源和声望权威对组织进行管理，而不重视自身对社会的吸引力，那么也就没有起到政策所预想的充分调动社会力量治理体育的作用。

社会组织的权力边界是有限的，其作为国家的一分子必然不能脱离法律和人民公权的约束，即使经由结合成为具有一定权力的共同体，也不代表这种结合可以超越政府的管辖。因此，政府和社会组织，客观上拥有的实际权力和影响力是不可等同的，政府官员的话语影响力也远大于社会组织官员的话语影响力。

（四）对我国体育行政权力规制的反思

近年来，纪检和监察系统在体育权力治理方面表达了明确的意见，并作出了巨大的努力，政府部门的权力运作已得到越来越严格的规制。但是，仅依靠纪检监察系统对体育行政权力进行监督是不全面的。随着体育管理职能不断下放给协会等体育社会行政主体，一方面，纪检监察力量有限，对社会行政主体的权力规制强度难以达到与对政府机关一样的级别；另一方面，作为本应由成员自发结成、为成员负责的社会团体，其权力更应当充分接受成员和社会的监督，更应当充分发挥团体内部的权力规制机制。理论上，行政权力听命于集体，集体也可以限制、改变和收回这种权力。但是现实中由于缺少实体运行的规范和经验，社会团体内部的管理常浮于表面，人事调整不合理、不合规。

---

① 侯雪婷、曹可强、李凌等：《全国单项体育协会治理的困境与路径——基于资源依赖理论的视角》，《体育学刊》2022年第1期。

契约论的观点认为，大会集会是防止公共权力被篡夺的核心方式。按规定的定期集会可以防止行政官任期不断延长，在完成合法集会成为共同体的那一刻，行政官被共同体授予的一切权限也就宣告终止，行政权也随之中断，所有成员的身份都是同样平等且神圣不可侵犯，从而从本质上对行政权力形成制约，维持共同体的集体权威。

然而，对社会行政主体而言，大会作为产生和制约行政权力的本质方式却常常没有起到应有的作用。一方面，大会可能没有按照章程定期举行；另一方面，权力机构成员配置也可能不符合规范。

四 社会契约论视域下体育行政权力改革方略

基于体育行政实践的现实问题和契约论的思想借鉴，我国体育行政权力系统仍存在可完善之处。之所以我国体育体制改革进度缓慢，改革效果不明显，原因在于在我国的历史背景下庞大的体育队伍本身不是由社会自治力量而是由政府力量组织和维持的，而在向协会脱钩改革的过程中，未能厘清社会管理主体的行政权力和政府管理主体的行政权力的性质区别。在社会体育行政主体建设不充分、体育队伍重视不足的情况下，机械性地试图将权力从政府的控制转向协会的控制，导致要么这种转移只能停留在形式上而无法真正落实，要么权力没有回归到全社会和体育队伍中，而是转移到了个别群体中，埋下了权力隐患。此外，权力系统运作的不成熟、不规范也加大了权力风险，使体育行政权力系统中的自我完善和规制机制未能充分发挥作用，给体育事业的高质量发展带来了负担。

从契约论的视角来看，行政权力是共同体设置的、执行其意志的力量。为更好地应对当前体育行政权力改革和治理中的现实困境，首先，要厘清不同行政权力主体的性质，认清不同行政权力主体间权力属性的区别，明确不同主体类型所应当承担的行政权力和职能覆盖范围。其次，在遵循权责一致的基本前提下，厘清各个行政主体的权力分配，完善行政权力的行使路径，实现对体育的共同治理。最后，也要构建和保障全面合理的行政权力监督和制约机制，防止持有行政权力的人员滥用职权，确保行政主体所拥有和行使的权力能够与共同体的意志相符。

（一）厘清不同主体间权力性质的区别

行政权力之所以能够实现行政职能，必须依靠具体的主体来承担和行使。主体的权力来源需要充分合理，否则会在处理权力主体和客体间关系时遇到困难，不利于社会的善治发展。我国的行政理论体系长期停留在以公权力为唯一起点的框架内，对行政主体的行政权力的判定都是以公权力的授予作为唯一起点。在体育行政权力完全集中于政府部门的情况下，政府部门根据法律和传统能够自然维持权力的正当性。但在政府向下简政放权的改革形势下，仅依靠政府的推动无法解决其他行政权力主体的权力来源问题，多元行政主体的格局需要重新建构对体育行政权力性质的诠释，为不同体育行政主体，特别是体育社会行政主体的自我发展和全社会的体育职权分配提供逻辑支持。

政府机关，以及政府体育行政部门，作为依法承担体育行政职权的主体，拥有主管行政区划内各种体育事务的行政权力。理想情况下，一个全知全能的、绝对正确的超级政府将一切事务都管理得井井有条是完美的社会模式。但在日益复杂、不断变化和革新的现实发展环境下，现有的行政能力无法实现全能型的政府包办模式，因此政府不得不以调整国家运行中的主要矛盾为工作中心，以宏观调控为工作重点，而将其他不必由政府统一管理的事务交由社会和市场，行政管理体制向简政放权的方向改革。不仅具体事务的执行可以由社会力量承担，一定范围的统一管理也可以由社会力量承担，因此行使一定行政职权的社会行政主体就应运而生。

体育社会行政主体的行政权力，是体育社会团体内部通过自治产生的对内管理的能力。体育社会行政主体的职责首先是服务于实现组织的共同目标、促进组织的共同利益。体育社会行政主体的行政权力，是在成员结合为共同体之后，共同体通过自治制度委托一部分人员代为行使团体的管理工作而表现出来的。这部分权力应当基于团体的公共意志，而不是某些人的个别意见。这部分权力是用于服务和保障团体的共同利益，而不是用于对成员甚至非成员的团体或个人进行任意干涉。通过为会员提供管理服务，体育社会行政主体是在客观上相当于行使了一部分公共管理的职能，而不是为政府行使来自政府的行政权力和职能。而团体外的个人或组织既然并非团体成员，没有与团体结合、向团体转让力量的过程，因此，团体也没有向外部个人或组织行使权力的正当性，外部个人或组织也没有服从其管理的义务。同时，这些外部个人或组织并没有向团体转让自身的力量，团体也就没有足够的力量将管理之手伸向团体外部。因此，无论是在资格方面，还是在力量方面，体育社会行政主体的行政权力在性质上与带有普遍性的政府的体育行政权力都有所区别，自治性是其行政权力性质的基本属性。

而体育事业单位，由于本身不是由社会契约结合而成，而是依靠国有资产成立的体育社会服务组织，其职能不是为成员共同体行使一般的行政管理事务，而是为完成体育领域中的某些特定任务。因此，体育事业单位内部不产生行政职能和权力，也只在行使被授予或委托的特定行政职能的场合下享有行政权力。体育事业单位所行使的行政权力本质上是主管部门行政权力的委托和延伸，因此对于那些不属于社会行政主体内部事务，但又不适合由政府机关来直接实施的管理事项，则最适合通过法律法规授予或政府机关委托运动管理中心等直属体育事业单位行政权力，通过体育事业单位实施管理。

（二）完善不同主体的职权落实方案

契约论认为，行政权力不是普遍的，而是个别的、有限的。作为抽象的影响能力，其影响范围可能覆盖共同体中的全体成员；但作为具体的行为，行政权力的使用总是针对规定范围内的具体对象或具体情形。在主体多元化的现代行政格局下，行政职权的运作不仅要符合其主体的性质，也需要在全社会范围内保持整体性、协调性，避免不同主体间行政权力的冲突或缺失。因此，在厘清不同行政主体间性质的差异后，还需要完善各主体行政权力的具体落实方案。

根据契约论的观点，政府部门的权力由最高国家权力机关依法授予，政府的权威影响力可以覆盖行政区域内的全体公民。但是，政府能够行使的行政权力内容是有限的。具体而言，首先，政府部门不能行使法律规定范围之外的权力。其次，政府在实际工作中往往不直接行使不适合政府机关行使的权力。这是由于一方面，虽然在社会主义市场经济体制下，应当最大限度地减少政府对市场资源的直接配置和对微观经济活动的直接干预，但也要考虑当地社会和市场的实际发展状况，而且也并非所有事务都能够全盘交给社会和市场，例如，反兴奋剂等工作还是需要国家力量予以保障。另一方面，公务员的编制有限，政府机关的工作重心更多是在对主管领域事务的整体统筹规划方面，而剩余那些不应下放给社会和市场进行调节的具体事项就需要主管单位直属的体育管理中心等事业单位来承接和实施。但受主管部门委托的权力并非由政府部门转移到了体育管理中心手中，体育管理中心仅受主管部门委托执行这些事项，所享有的行政权力仅是为保障这些事项的顺利实施而被主管部门赋予。根据行政权力的不同来源，体育管理中心在行使权力时的法律地位也有所不同。当权力是来自法律、法规授权时，体育管理中心能以自己的名义行使所授职权，并对外承担法律责任；当权力是来自政府机关委托时，必须以委托机关的名义行使职权，且由委托机关对其行为向外部承担法律责任。

政府与下属体育管理中心所需承办的职权可以总结为构建新型体育举国体制。作为我国体育事业腾飞的制度性基础，举国体制是我国体育发展不能舍弃的基石。但是，由于举国体制可能会打破经济社会运行的常规状态，其应用对象必须对国家稳定和发展具有至关重要的战略意义，并且不违背经济长远发展规律，如此才具有合理性①。新型举国体制旨在通过鼓励多元主体参与，将"分散试错"嵌入"集中攻关"，从而克服传统举国体制带来的系统风险②。在新型举国体制下，对政府而言，一方面，要继续坚持通过行使行政权力维护体育安全、维护体育公共财产、维护体育行业秩序，保障体育公共利益，积极回应党的二十大报告中指出的扎实推进全过程人民民主，主动引导和完善社会各类体育群体的民主参与，拓宽体育治理的基层参与渠道。另一方面，要继续推进建设直属体育科学事业单位，对体育科研和国家运动队等需要发展关键技术的核心领域，以国家战略需求为导向，通过政府的行政权力引导各方力量集中攻关体育尖端科技，完善体育科研体系，强化以国家体育科研机构、高水平体育院校、体育科技领军企业为重要组成的体育战略科技力量，不断提高运动训练技术和体育科技水平，实现体育科学的持续突破，走出一条由科技创新引领体育事业、体育产业全面发展的新道路。

除必须通过政府机关和附属事业单位承办的事项外，剩下的各类事务应交给社会和市场来承担，但这种承担需要遵循社会和市场的内在规律。社会中为了增进共同的利益，为了应对那些需要通过分工和合作来处理的冲突与矛盾，人们会自发地结合在一起，通过合法途径结成社会团体，建立自治秩序，实现社会自主

---

① 眭纪刚：《新型举国体制中的政府与市场》，《人民论坛·学术前沿》2023 年第 1 期。
② 丁明磊、黄琪轩：《健全新型举国体制的逻辑思考与实践启示》，《人民论坛·学术前沿》2023 年第 1 期。

治理。这是社会行政主体产生的自然规律，也需要在这一过程中通过自然的竞争与合作完成实体的建设，并在这一过程中形成基于共识性意见的公意。人们可以通过在自由平等的交往行动中的对话和讨论来形成共识，并且这种共识并不意味着抹杀差异和个性，而是在相互理解和相互承认的基础上的民主①。政府可以通过资源和政策的扶持来推动这一过程，但不应强行介入以改变这一过程。在体育领域，政府可以积极鼓励自发性体育组织开展群众体育活动，探索创新自发性体育组织的行政确认制度，通过法律途径赋予自发性体育组织的合法性，行使行政权力，以保障、引导和鼓励基层体育组织提供社会体育服务。政府应通过更加明确的财政流程，以具体体育内容的良好开展为导向对各类组织进行投资，以此来扩大体育运动队伍，扩大体育参与和实践的覆盖面，并从中培育出建设水平较高的、在事实上承担着体育事务管理的组织，在对其自治化、实体化能力进行全面、严格的评估之后，适当地通过合法的流程逐渐将体育行政权力下放。同时，应坚持体育社会行政管理体系与政府系统在人事方面彻底分开，坚持体育社会组织业务与政府职能的明确区分，确保各方能够各司其职，发挥各自的制度性优势。但不应当盲目地将体育行政权力委托给协会等社会组织代行，以免其在这种情形下能够对组织之外的、委托范围之内的相对人行使行政职权，导致其行使的权力超越社会组织成立之初所约定的职能与责任范围，造成权责不匹配，不利于行政权力的规制。对于现有的协会，如果其实体运作状况良好、能够成熟地承办和管理各种赛事、能够高质量完成运动队伍建设、能够充分与社会各界进行互动并获得支持，可以在充分继承原本职能的基础上，进一步完善内部民主建设，扩大体育运动队伍的民主参与程度，并根据协会章程，通过内部的民主选举制度选出没有政府背景的负责人团队，平稳实现彻底脱钩。对于实体运作状况较差、没有充足造血能力、社会影响力一般的协会，可以考虑将权力和资源回收，重新整合为运动管理中心等事业单位，以事业单位的名义继承和实施各项事务，为其他能够承担相似业务的社会力量腾出位置。

（三）深化行政权力的监管制约措施

行政权力的执行者归根结底是人，个体的有限性不能保证行使权力的人的意

---

① 陈炳辉、李琳浩：《公意理论的建构、解构和重构》，《政治思想史》2021 年第 4 期。

愿总能够准确地与公意保持一致，可能对权力的内容作出错误的判断，也可能作出不正当的行为。而且，权力天生具有不对称性，权力的两端——权力指令发出者的主体与权力指令的接收者的客体之间的权力是不平等的。权力的行使者比权力的接收者拥有更多的权力[①]。权力的行使者能使权力的接收者服从，能够以强制或非强制、直接或间接的方式使权力的接收者按照权力发出者的意愿行动，这是权力关系存在和运作的内在机制。这种不对称性使权力总有扩张倾向，因此必须对体育行政权力施加监督，并通过有力的措施予以制约。

首先，行政权力在作为客观的影响力时是抽象的，但作为实际的行为时是具体的。为了避免由于权力的抽象性导致的权力滥用，就需要将抽象的权力以具体行为的形式限定下来。越空泛，权力的操作空间越大；越具体，权力越容易得到监督。而且要坚持职权一致的原则，所有权力都应当来自确定的职能，同时所有职能也要以权力行为的形式将履职的方式明确且具体地表达出来，这样既能够为政府工作人员提供规范的操作方案，确保行政职能的落实，也能够为行政权力的监督提供切实的落脚点。

其次，目前体育行政权力的公布情况并不理想，特别是对各体育行政主体而言，权力公开制度有待完善，需要进一步提高权力的透明性，建立更完善的制度督促各类行政主体完成权力事项的清理和公布，指导和监督各类体育行政主体制定和公开更加详尽的工作和财务报告，并接受社会监督。各级政府单位不仅要做到信息公开，而且要主动完善信息内容，填补不完整的信息，优化不直观的信息。各级政府也要尽可能做到规范统一，同一条法律规定的同一职权，应当形成统一的文字描述；全国各地都适用的法律条款，应当在全国各地都予以公示。在做到信息公开的同时，尽可能提高信息的可视化程度，完善信息公示的整体性，避免信息公示碎片化导致的信息查找困难。

再次，要完善和创新体育监督制度，在充分发挥行政监督和监察系统力量对体育官员进行震慑的同时，也需要建设体育行业内部的监督和评审制度，搭建行业性体育治理平台，增加体育领域内部的非政府治理手段，填补行政监督和监察系统不易触及的角落，及时发现和解决权力运作中的问题，把权力关进制度的笼子。并且要将制度的钥匙交给群众和社会，不仅要让权力在阳光下运行，还要让

---

① 李元书、李宏宇：《试论权力的实质、渊源和特性》，《学习与探索》2001 年第 6 期。

权力的制约制度在阳光下运行，让群众能够看到权力的运行，并参与到权力的制约路径当中，从而真正做到民主监督，做到廉洁行政。特别是对于体育社会行政主体而言，要在确保其自治属性的基础上，充分发挥自治制度对行政权力的监督和制约作用。其行政权力的制定应是"自下而上"的，而不是"自上而下"的，首先来自成员民主大会，而不是来自官员。行政权力的委任和执行也应受到成员大会的制约，不能将成员大会架空。同时，通过行业内部的评审机制审查与维护各类体育社会行政主体的自治性，使社会行政主体内部民主自治制度能够真正发挥作用，从内部制约体育社会行政主体的权力。

最后，还需要建立体育行政权力制度评估的长效机制。通过对制度的审查和评估过滤掉不廉洁的制度，防止制度"带病上岗"，更要杜绝那些试图维护部门利益而损害公共利益的制度获得批准。重视制度实施后的评估，在制度实施一段时间后，对执行情况进行客观的调查和综合的评价，并对制度进行"小病小治""大病大治"，防止出现只注重制度出台而忽视执行效果的倾向①。

Research on Sports Administrative Power from the Perspective of Social Contract Theory

Li Chenghao, Zhang Qi

Abstract: The implementation of decentralization reform and the innovation of sports administrative management methods have been key and difficult points in China's sports system reform for a long time. To solidly promote the reform process, it is necessary to have a deeper understanding and analysis of sports administrative power and find the crux of power operation at the bottom. Starting from the perspective of social contract theory, this study reflects on the various elements of sports administrative power, analyzes the difficulties and reasons in practice, and proposes reform strategies. Research suggests that during the reform process, due to the failure to clarify the differences in the nature of administrative power between different management

---

① 李挚：《从权力的扩张性谈如何把权力关进制度的笼子》，《领导科学》2014 年第 6 期。

entities, mechanical attempts were made to transfer power, resulting in either a formal transfer that could not be truly implemented, or power being transferred to individual interest groups. At the same time, the immature and non-standard power system also prevented the power regulation mechanism from fully playing its role. The next step should be to further improve the implementation plans of the powers of different subjects based on clarifying the differences in the nature of power among them, and to deepen the regulatory and restrictive measures of administrative power.

Keywords: Sports System; Administration; Power; Social Contract Theory

我国竞技体育研究热点追溯
及趋势展望*

方　泰**

【摘　　要】竞技体育是我国体育事业的重要组成部分。本文以中国知网（CNKI）核心数据库为数据来源，借助 BICOMB、gCLUTO 等软件，运用双聚类（biclustering）方法分析我国竞技体育研究热点，追寻研究发展趋势。研究结果表明：①我国竞技体育研究可以划分为缓慢发展期（1992—2000 年）、快速发展期（2001—2008 年）、持续发展期（2009—2014 年）以及稳步发展期（2015 年至今）四个阶段；②研究热点较为宽泛，主要集中在竞技体育后备人才培养、发展政策评价、体制机制创新、运动训练优化、运动专项探究、多元价值挖掘、中外奥运实力对比、科学技术影响等方面；③研究认为，对标新目标——新时代竞技体育高质量发展，挖掘新动能——数字转型助力竞技体育发展，聚焦新视角——竞技体育运动项目分类治理，探索新模式——竞技体育发展方式创新转变等主题将成为未来我国竞技体育研究的发展趋势。

【关 键 词】竞技体育；双聚类分析；高质量发展

新中国成立以来，我国竞技体育经历了曲折发展期（1949—1978 年），竞技

---

　*　　本文系国家社科基金重大项目"新发展阶段中国体育战略转型与发展模式创新研究"（项目编号：21&ZD343）的研究成果。

**　　方泰，博士研究生，北京体育大学管理学院，研究方向为体育战略管理。

体育波澜起伏；稳步发展期（1979—1992 年），竞技体育勇攀高峰；快速发展期（1993—2008 年），竞技体育创造辉煌；内涵发展期（2009 年至今），竞技体育改革奋进四个重要的发展阶段[1]，在社会政治、经济、文化等领域彰显出多元的价值与综合功能。2019 年国务院办公厅印发的《体育强国建设纲要》提出，要提升竞技体育综合实力，增强为国争光能力[2]。进入新时代，加快建设体育强国的新目标给我国竞技体育发展提出了新的更高要求。在竞技体育发展过程中，体育学者在不同阶段，通过不同视角，运用不同方法展开了大量的研究，形成了一定规模的学术成果。以已有优秀研究成果为基础，展开综述性研究不仅能够将分散的竞技体育研究理论按照多条逻辑主线体系化串联，揭示各研究主题的共识与争议，而且可为管理人员、教练员、运动员提供决策参考，对研究人员寻找研究热点、预测未来趋势、避免重复工作、提升研究效率具有重要的理论与实践意义。基于此，本文运用文献计量研究方法，对核心期刊与CSSCI 来源期刊上的竞技体育文献中的研究问题与观点进行归纳，以期挖掘竞技体育研究热点、探讨研究趋势，为推动我国竞技体育研究高质量发展提供理论参考。

一 数据来源与方法

1. 数据来源

本研究以中国学术期刊网络出版总库 CNKI 为文献数据库，运用高级检索方法，以"竞技体育"为主题词，期刊来源类别选择为"北大核心""CSSCI"（以当年来源刊为准），时间跨度默认为 1992—2022 年，共检索到相关文献 8105 篇，在此基础上，根据文献题目、摘要内容逐一剔除与主题不相关的文献以及新闻评论、期刊目录、会议纪要等非研究性文献，最终得到有效文献 6435 篇，并以 Notefirst 的格式依次下载。

2. 研究方法

为了应对与日俱增的多维数据，Y. Cheng，G. M. Church 等首次提出了"双

---

① 杨国庆、彭国强：《迈向体育强国新时代中国竞技体育发展研究》，人民体育出版社，2021，第 46~66 页。

② 国务院：《体育强国建设纲要》，https://www.sport.gov.cn/whzx/n5590/c925560/content.html，2019 年 9 月 3 日。

聚类"的概念。与只能对单一字段进行运算的传统聚类方法相比，双聚类分析作为一种新型的处理多维数据的方法，可以同时对词篇矩阵的行和列进行聚类，实现对聚类的对象与属性同时进行聚类，进而轻松地对全局信息进行分析①。同时，它还可以利用类内描述度高的文献来标注聚类，提高标注客观性，在文本数据挖掘上有着广阔的应用前景②。

二　我国竞技体育研究基础现状分析

1. 研究时间分布

如图 1 所示，1992—2022 年，近 30 年间我国竞技体育研究经历了多个重要的时间节点，整体呈现先增长后下降的趋势。根据文献年发文量分布图，可以将我国竞技体育研究分为缓慢发展期、快速发展期、持续发展期以及稳步发展期四个阶段。①缓慢发展期（1992—2000 年）：1992 年，在"中山会议""红山口会议"等会议精神的指导下，我国竞技体育的体制机制改革开始加快步伐，《关于深化体育改革的意见》《体育法》《奥运争光计划纲要》等一系列相关文件的出台落地，使竞技体育领域的研究逐步成为学界重点关注的议题。②快速发展期（2001—2008 年）：随着北京奥运会的成功申办，我国竞技体育的发展进入了"奥运窗口期"，同时这一红利期极大地推动了我国竞技体育研究的热潮。③持续发展期（2009—2014 年）：步入后奥运时代，学界掀起了一股有关我国竞技体育未来发展道路的热议，且伴随着伦敦奥运会的接踵而至，竞技体育研究的持续高产态势得以延续。④稳步发展期（2015 年至今）：随着《关于促进全民健身和体育消费推动体育产业高质量发展的意见》等文件的出台，我国体育事业工作重心开始逐步由竞技体育向群众体育、体育产业倾斜，体育事业协调发展成为新要求，再加上近 10 年国内体育核心期刊发文量呈现下降趋势③，导致在这一阶段，我国竞技体育研究文献发文数量开始有所下滑，研究进入了稳定发展阶段。

① 于跃、徐志健、王坤等：《基于双聚类方法的生物医学信息学文本数据挖掘研究》，《图书情报工作》2012 年第 18 期。
② 方丽、崔雷：《利用双聚类算法探测学科前沿及知识基础——以 h 指数研究领域为例》，《情报理论与实践》2014 年第 11 期。
③ 孙文芳、王长生、赵明：《我国体育教育训练学研究动态及进展——基于对 10 种 CSSCI 体育期刊的计量分析》，《吉林体育学院学报》2018 年第 4 期。

值得注意的是，竞技体育研究文献的以上发文演变过程与普赖斯提出的科技文献增长四阶段理论基本吻合①。

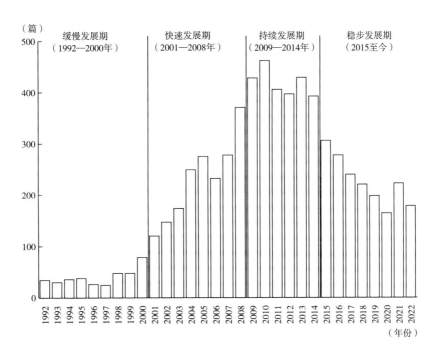

图1　竞技体育研究年发文量

2. 研究作者分布

在每一个成熟的研究领域中，往往会形成一批核心的研究作者群体，他们通过产出大量高质量的论文，推动着该领域研究的创新发展。经过统计得出，竞技体育相关研究作者达6944人，其中最高发文量为33篇（见表1）。根据普赖斯定律（Price Law）公式：$n_{min} = 0.749\sqrt{n_{max}}$（$n_{max}$即为一定时期内最高产作者的发文量），可以算出核心作者的最低发文量约为5篇。经统计，核心作者共有331位，其中杨国庆（33篇）、田麦久（32篇）、钟秉枢（32篇）、舒盛芳（30篇）等学者的发文量均超过30篇，排名核心作者前四。331位核心作者发文量之和占总发文量的43.2%，接近普赖斯定律所规定的核心作者发文量占总发文量

---

① 丁学东：《文献计量学基础》，北京大学出版社，1993，第54~55页。

50%的水平。这表明竞技体育领域核心作者群体具有一定的影响力，对该领域的研究起到了很好的带动引领作用。但较 50%的水平线仍有一定距离，需要核心作者群体加强研究意识，拓宽研究视角，更好地推动竞技体育研究提质增量。

表 1　前 12 名核心作者发文量

单位：篇

排名	作者	发文量	累计百分比	排名	作者	发文量	累计百分比
1	杨国庆	33	0.5128	7	吴贻刚	25	3.2479
2	田麦久	32	1.0101	8	于文谦	24	3.6208
3	钟秉枢	32	1.5074	9	刘青	23	3.9782
4	舒盛芳	30	1.9736	10	浦义俊	23	4.3357
5	辜德宏	29	2.4242	11	刘波	22	4.6775
6	彭国强	28	2.8594	12	陈小平	21	5.0039

3. 关键词词频分析

关键词是作者对一篇文献研究主题与内容的高度概括，通过对高频关键词的分析可以了解某一领域的研究热点与趋势。由于不同作者在关键词选择上存在不规范统一的情况，为了使关键词科学有效地反映出竞技体育研究领域的热点结构，首先，借助 BICOMB 软件对关键词进行提取与清洗处理，包括相似关键词的合并，如将"高校"与"高等院校"、"竞技体育后备人才"与"后备人才"、"中华人民共和国体育法"与"体育法"合并，以及无效关键词的剔除，如将本体检索关键词"竞技体育"删除，将"体育""分析"等过于宽泛的关键词删除。其次，本文根据孙清兰学者关于高频词分界标准公式[①]，并结合已有学者在关键词词频阈值选取上的经验予以平衡，最终选取词频≥30 的关键词为高频关键词进行下一步分析。据统计，总共得到高频关键词 89 个，这 89 个关键词词频合计占总词频的 27.7%，符合知识图谱统计分析 27%的要求标准[②]。最后，再次借助 BICOMB 软件生成词篇矩阵。

---

① 孙清兰：《高频词与低频词的界分及词频估算法》，《中国图书馆学报》1992 年第 2 期。
② 赵丽梅、张花：《我国大数据时代数字图书馆研究前沿分析——基于共词分析的视角》，《情报科学》2019 年第 3 期。

表 2　我国竞技体育研究高频关键词（部分）

排序	关键词	词频	排序	关键词	词频	排序	关键词	词频
1	中国	387	11	后备人才培养	141	21	体育文化	96
2	体育管理	296	12	发展	124	22	教练员	88
3	竞技运动	258	13	对策	118	23	改革	80
4	体育强国	228	14	可持续发展	116	24	体育体制	78
5	竞技体育后备人才	225	15	高水平运动队	110	25	体育教育	77
6	运动员	175	16	体教结合	109	26	体育产业	76
7	举国体制	159	17	群众体育	107	27	体育价值	73
8	奥运会	156	18	学校体育	100	28	体教融合	72
9	高校	150	19	全运会	99	29	日本	67
10	运动训练	143	20	美国	97	30	体育发展战略	62

三　我国竞技体育研究热点分析

　　为了更加科学客观地探讨竞技体育研究的热点主题，本文借助 gCLUTO 软件对"高频词—来源文献"词篇矩阵进行双聚类分析，最终生成双聚类可视化图，各聚类所包含的关键词情况如图 2 所示。图中的行表示来源文献，列表示高频关键词，颜色代表原始数据矩阵中的数值，数值的大小由渐变的红色表示，其中白色代表接近零值，红色越深代表数值越大。

　　另外，可以将聚类结果生成双聚类山峰图（见图 3），以此可以直观地判断出聚类效果。山峰的高度与类内相似性成正比，山峰的体积与聚类类团中高频关键词的数量有关，山峰顶部有红色、黄色、绿色、浅蓝色和深蓝色五种颜色，其代表的类内相似度标准差依次增高，只有峰顶的颜色是有意义的[①]。由图 2 和图 3 可以看出，竞技体育研究共聚类为八大类，各组类间相似度均小于 0.009，类间相似度与类内相似度的差值较大，这表明聚类之间保持了良好的独立性，聚类整体效果较好。

　　根据双聚类分析结果，结合高描述性文献特征以及研究文献实际情况，可以将我国竞技体育研究热点归纳为：竞技体育后备人才培养的研究、运动训练及运

---

① 杨颖、许丹、陈斯斯等：《基于自然指数刊文数据对全球医学研究领域热点的探析》，《情报学报》2019 年第 11 期。

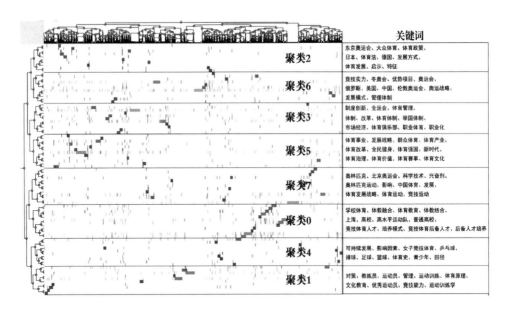

	关键词
聚类2	东京奥运会、大众体育、体育政策、日本、体育法、德国、发展方式、体育发展、启示、特征
聚类6	竞技实力、冬奥会、优势项目、奥运会、俄罗斯、美国、中国、伦敦奥运会、奥运战略、发展模式、管理体制
聚类3	制度创新、全运会、体育管理、体制、改革、体育体制、举国体制、市场经济、体育俱乐部、职业体育、职业化
聚类5	体育事业、发展战略、群众体育、体育产业、体育改革、全民健身、体育强国、新时代、体育治理、体育价值、体育赛事、体育文化
聚类7	奥林匹克、北京奥运会、科学技术、兴奋剂、奥林匹克运动、影响、中国体育、发展、体育发展战略、中国运动、竞技运动
聚类0	学校体育、体教融合、体育教育、体教结合、上海、高校、高水平运动队、普通高校、竞技体育人才、培养模式、竞技体育后备人才、后备人才培养
聚类4	可持续发展、影响因素、女子竞技体育、乒乓球、排球、足球、篮球、体育史、青少年、田径
聚类1	对策、教练员、运动员、管理、运动训练、体育原理、文化教育、优秀运动员、竞技能力、运动训练学

图 2　我国竞技体育研究双聚类可视化图

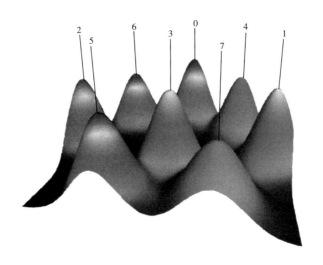

图 3　双聚类山峰图

动员和教练员的研究、竞技体育发展政策的研究、竞技体育体制机制的研究、竞技体育运动项目与女子竞技体育的研究、新时代竞技体育的多元价值研究、中外奥运竞技实力与战略比较研究、科学技术与竞技体育研究八大热点主题。

1. 竞技体育后备人才培养

竞技体育后备人才是推动我国竞技体育可持续发展的重要保障。随着我国竞技体育体制机制不断改革创新，竞技体育后备人才培养工作在发展目标、培养主体、培养方式等方面呈现多元化的发展态势[1]。根据图2的双聚类可视化结果可以看出，学者们主要围绕体教融合培养模式、高校高水平运动队建设、不同尺度地域内后备人才培养等方面展开研究。

（1）体教融合培养模式研究。刘波教授团队[2]的研究成果指出，我国体教融合发展模式仍存在体育部门与教育部门目标定位不一致，政策导向不明确；成功经验少，可借鉴性较弱；学校资源匮乏，经费紧张；学训矛盾难以缓解等问题。为此，学者们从不同视角提出了应对策略，杨国庆[3]针对体教融合落地问题，提出了通过目标融合、理念融合、机制融合、资源融合、措施融合来化解不同利益主体之间冲突的观点。杨桦和刘志国[4]创新性地提出了院校化、市场化、社会化三大路径下队校、双高、校企、校场、校协、校地、校家七种体教融合培养竞技体育人才的模式。季彦霞、马国义和吕万刚等[5]提出了通过多元共治主体网络的构建、府际协同的创新、组织制度的保障来推动体教融合模式发展的观点。以上研究从宏观层面分析了我国体教融合目前存在的问题，并有针对性地提出了对策建议，为完善我国体教融合模式下竞技体育后备人才培养的顶层设计提供了重要理论参考。

（2）高校高水平运动队建设研究。高水平运动队是体教融合的具体举措，发挥了重要的融合和牵引作用。高水平运动队的管理体系主要包括招生管理、训练管理、专业学习管理和经费管理四大部分[6]。学者们普遍认为我国高水平运动

---

① 杨国庆：《我国竞技体育后备人才多元化培养模式与优化策略》，《上海体育学院学报》2017年第6期。

② 刘波、郭振、王松等：《体教融合：新时代中国特色竞技体育后备人才培养的诉求、困境与探索》，《体育学刊》2020年第6期。

③ 杨国庆：《中国体教融合推进的现实困境与应对策略》，《成都体育学院学报》2021年第1期。

④ 杨桦、刘志国：《体教融合：中国特色竞技体育后备人才培养模式转化与创新》，《成都体育学院学报》2021年第3期。

⑤ 季彦霞、马国义、吕万刚等：《体教融合背景下我国青少年体育后备人才培养多元共治及实现路径》，《西安体育学院学报》2022年第2期。

⑥ 曾小松：《我国高校高水平运动队管理体系的研究》，《武汉体育学院学报》2001年第3期。

队建设存在目标定位不明确、发展布局不均衡、训练条件不健全、竞赛制度不完善、学训矛盾仍突出等问题，并提出了相应的优化建议。另外，还有不少学者从国际发展经验的角度，总结了美国高校高水平运动队的建设经验。例如，乔曦和梁勤超①指出美国高水平运动队建设具有竞赛体系整体化、教练员水平专业化、发展目标系统化、训练备赛科学化的特点。上述研究揭示了我国高水平运动队长期以来存在的问题，并在学界形成了一定的共识，为下一步我国高水平运动队的建设提供了方向。但是同时可以看出，研究大多停留在对问题的表层描述，缺乏对问题出现原因的深入分析，导致相关对策并未涉及体制机制层面的优化。

（3）不同尺度地域内后备人才培养研究。我国地域辽阔，区域特征显著，不同的经济条件、人口结构与文化环境催生出多样化的竞技体育发展模式。因此，学者们从省域、区域等不同空间尺度分析了竞技体育后备人才培养问题。在省域尺度上，学者对上海市、河南省、陕西省、浙江省竞技体育后备人才现状进行了研究，并结合各省市面临的突出问题，针对性地提出发展对策。在区域尺度上，既涉及长三角地区等发达地区，也包括西北地区、川渝地区等中西部地区。例如，戴健团队遵循"现状—问题—对策"的研究思路发表了一系列有关长三角地区竞技体育后备人才培养的研究成果，提出了长三角地区竞技体育后备人才资源一体化开发的思路②。上述研究揭示了竞技体育后备人才培养的区域差异性，明确了制约不同省份后备人才发展的主导因素，并探索了区域一体化的竞技体育后备人才发展模式，有助于因地制宜地实现竞技体育后备人才的培养。未来需要继续完善对其他省份以及东北地区、华北地区的研究，充分利用地域优势，构建"区域有特色，全国一盘棋"的竞技体育后备人才区域协同发展格局。

2. 运动训练及运动员和教练员

运动训练是竞技体育活动中至关重要的环节，是运动员展现出色竞技能力的重要保障。学者们通过体育学、心理学、生理学等多学科视角，采用理论与实践相结合的方法对运动训练展开研究，具体体现在运动训练学基础理论及运动项目训练实践两方面。同时，作为运动训练的主要参与主体，运动员与教练员受到了学者的广泛关注，成为这一研究领域的次热点。

---

① 乔曦、梁勤超：《美国高校高水平运动队建设经验与启示》，《体育文化导刊》2022 年第 2 期。
② 戴健、马志和：《论长三角竞技体育后备人才资源一体化开发》，《体育科学》2005 年第 11 期。

（1）运动训练学基础理论及专项训练实践研究。1983年中国体育科学学会编写了我国第一本《运动训练学》专著，1986年第一本《运动训练学》教材正式出版，标志着我国运动训练理论体系进入深入发展的阶段[①]。经历了40多年的发展，我国运动训练学逐渐形成了具有中国特色的运动训练理论与方法体系[②]，聚焦的问题越来越广泛。例如，陈小平[③]指出我国对专项运动训练理论存在在范围上局限于表面范围、在形式上局限于静态模型、在程度上局限于项群共性代替专项的认知误区；杨国庆[④]从理论演化与实践需求等方面介绍了整合分期理论的重要性，并总结了对我国运动训练实践的重要启示；田麦久、田烈和高玉花[⑤]通过对运动训练、竞技参赛、竞技能力、竞技状态、运动成绩、训练原则、训练内容、训练方法、训练负荷、训练计划等十大核心概念的遴选与界定，梳理了我国运动训练基本理论的创新成果。专项训练实践是对运动训练成果的检验，学者们普遍采取了定量为主、定性为辅的研究方法对专项运动的训练效果进行检验。例如，郭春杰和于亮[⑥]针对足球专项灵敏训练进行了国际先进训练方法的综述分析，认为超等长收缩训练、平衡素质训练和拉伸训练对足球专项灵敏训练能起到重要作用，同时需要注重将反应、速度和力量训练有机结合；高欢、高炳宏和孟志军[⑦]通过实验法以优秀男子赛艇运动员为研究对象，探究了长时间高原训练对运动能力的影响。以上有关运动训练的研究实现了定性与定量方法的互补、国际先进经验与国内原创理论的融合、理论创新与运动实践的转化，这对促进具有中国特色的运动训练理论体系的构建奠定了坚实的基础。

（2）运动员和教练员的研究。在对运动员的研究中，学者们重点聚焦于运动员专项训练与培养、运动员权益保障等问题。例如，田麦久、刘爱杰和

① 刘大庆、张莉清、王三保等：《运动训练学的研究热点与展望》，《北京体育大学学报》2013年第3期。

② 曹景伟、袁守龙、席翼等：《运动训练学理论研究中的中国流》，《体育科学》2004年第2期。

③ 陈小平：《论专项特征——当前我国运动训练存在的主要问题及对策》，《体育科学》2007年第2期。

④ 杨国庆：《整合分期：当代运动训练模式变革的新思维》，《体育科学》2020年第4期。

⑤ 田麦久、田烈、高玉花：《运动训练理论核心概念的界定及认知的深化》，《天津体育学院学报》2020年第5期。

⑥ 郭春杰、于亮：《足球专项灵敏：训练方法及效果评价系统综述》，《体育科学》2021年第8期。

⑦ 高欢、高炳宏、孟志军：《长时间高原训练对优秀男子赛艇运动员运动能力的影响》，《上海体育学院学报》2018年第6期。

易剑东①对“跨项选材”的运动员培养路径进行了思考；王长在和柴娇②指出了我国青少年运动员文化教育存在的问题，并提出了改善建议；赵冰、武胜军和杨雨凡等③探讨了我国优秀运动员职业规划与就业创业指导体系构建问题。在对教练员的研究中，重点聚焦于教练员的执教能力④、发展现状⑤等问题。另外，还有学者对教练员与运动员的关系展开了研究，例如，解欣⑥在社会学分析范式下，对我国教练员与运动员的关系结构形成及发展变迁历程进行了梳理；在交往理论下，马策和郭长寿⑦分析了影响教练员与运动员沟通的因素，并提出了加强沟通交流的对策。以上研究全面分析了运动员、教练员等竞技体育参与主体所面临的现实问题，强调了人的主体性，对构建公民体育权益保障体系、促进竞技体育人才全面发展起到了重要作用。

3. 竞技体育发展政策

竞技体育政策是指在一定的历史时期内，为确保竞技体育事业按照一定的路线发展而制定的行为准则⑧。竞技体育政策的颁布与实施指导着整个国家的竞技体育发展方向，决定着竞技体育的兴衰。自新中国成立以来，我国竞技体育领域已经形成了一套以《体育法》《奥运争光计划纲要》《竞技体育“十三五”规划》等为代表的全面而深入的政策体系，它是我国竞技体育事业完成从弱到强、实现跨越式发展的重要保障。习近平总书记在教育文化卫生体育领域专家代表座谈会上的讲话中曾指出，“要加快推进体育改革创新步伐，更新体育理念，借鉴国外有益经验，为我国体育事业发展注入新的活力和动力”。作为竞技体育后发国家，我们需要立足时代发展的新需求，借鉴竞技体育发达国家的经验，不断优

① 田麦久、刘爱杰、易剑东：《聚焦“跨项选材”：我国运动员选拔培养路径的建设与反思》，《体育学研究》2018 年第 5 期。
② 王长在、柴娇：《困境与突破：我国青少年运动员文化教育问题研究》，《体育文化导刊》2017 年第 10 期。
③ 赵冰、武胜军、杨雨凡：《我国优秀运动员职业规划与就业创业指导体系研究》，《北京体育大学学报》2015 年第 2 期。
④ 段炼、张守伟：《我国青少年足球教练员执教能力培养研究》，《沈阳体育学院学报》2019 年第 2 期。
⑤ 肖丹丹、严春锦、张晓蓬等：《全国乒乓球教练员发展现状及发展对策的研究——基于对区县级及以上体育机构在编乒乓球教练员的普查》，《北京体育大学学报》2014 年第 11 期。
⑥ 解欣：《我国“教练员—运动员关系”结构演化及其再造策略》，《武汉体育学院学报》2018 年第 6 期。
⑦ 马策、郭长寿：《交往理论下教练员与运动员沟通行为研究》，《沈阳体育学院学报》2017 年第 6 期。
⑧ 李益群、李静：《政府与体育的公共政策研究》，《北京体育大学学报》2003 年第 2 期。

化我国竞技体育的政策体系。因此，有关发达国家竞技体育政策的对比研究成为我国学者关注的热点，还有学者对我国竞技体育政策发展历程进行了系统梳理，并从政策设计的角度提出了我国竞技体育与大众体育发展关系的思考。

在发达国家竞技体育政策的对比研究方面，彭国强①在总结日本竞技体育政策演变经验的基础上，从拓宽政策目标、强调政策延续性与包容性、构建"一贯制"后备人才培养政策体系、完善奥运备战援助政策等 4 个方面提出了对我国的启示。吕和武、吴贻刚和辜德宏②利用竞技体育政策比较模型（SPLISS）对美国、俄罗斯、英国、日本四国的竞技体育政策进行了研究，并从拓展经济基础、健全竞技体育体制、推动后备人才培养、优化培养机制、完善职业生涯规划、增加训练设施等 9 个方面提出了我国竞技体育优化路径。吕俊莉③从时间的维度分析了美国、德国两国体育政策的演变过程，并结合国情提出了对我国体育政策发展的启示。刘波④将德国体育政策的演变分为 5 个阶段，在总结德国发展经验的基础上，对我国体育政策发展提出促进竞技体育与大众体育协调发展，基层体育主管部门脱离竞技体育的启示。马忠利、叶华聪、陈浩等⑤梳理了苏联解体以来俄罗斯体育政策演变，总结出了从缺乏国家调控到恢复国家作用，从偏重竞技体育到复兴大众体育的政策走向特征。在对我国竞技体育政策研究方面，金世斌⑥指出，从我国竞技体育政策经历了从竞技体育优先发展到与群众体育协调全面发展，从政府办体育向多元主体共办，从注重政治价值向注重经济和人文价值，从社会本位"工具论"向以人为本的"本体论"的转变。徐士韦、谭小勇、傅企明等⑦指出，我国经历了从群众体育优先到竞技体育优先再到竞技体育与群众体育协调发展的过程，相关的体育发展政策受到当时社会、政治和经济环境因素的影响。

① 彭国强：《日本竞技体育政策演变的历程、特征与启示》，《体育学研究》2019 年第 3 期。
② 吕和武、吴贻刚、辜德宏：《国际竞技体育政策分析及中国发展路径研究》，《体育科学》2019 年第 8 期。
③ 吕俊莉：《美、德体育政策嬗变的经验与启示》，《体育与科学》2014 年第 2 期。
④ 刘波：《德国体育政策的演进及启示》，《上海体育学院学报》2014 年第 1 期。
⑤ 马忠利、叶华聪、陈浩等：《苏联解体后俄罗斯体育政策的演进及启示》，《上海体育学院学报》2014 年第 1 期。
⑥ 金世斌：《改革开放以来我国体育政策演进与价值嬗变》，《体育与科学》2013 年第 1 期。
⑦ 徐士韦、谭小勇、傅企明等：《建国以来我国群众体育与竞技体育关系演变研究——兼论后奥运我国群众体育发展的必然》，《南京体育学院学报》（社会科学版）2009 年第 3 期。

4. 竞技体育体制机制

竞技体育体制机制是一个国家或地区竞技体育事业发展的基石，它是在特定历史时期内，政治、经济、文化等环境共同作用的产物，需要随着时代的发展而不断动态完善。2021 年，国家体育总局颁布的《"十四五"体育发展规划》指出，要创新竞技体育体制机制，加快推进竞技体育相关政策的研制工作，完善支撑竞技体育发展的制度体系。"举国体制"是我们在多年的体育实践中摸索出来的制度法宝，更是中国特色社会主义在体育领域的延伸。得益于"举国体制"的制度红利，我国体育事业取得了辉煌的成就。通过聚类分析关键词可以看出，有关举国体制的制度创新、以全运会为代表的竞赛体制以及竞技体育职业化发展研究已成为学者们的关注热点。

在举国体制的制度创新研究方面，杨桦、孙淑惠、舒为平等[1]分析了坚持举国体制的现实意义和现存问题，并提出了进一步完善举国体制的对策与措施。鲍明晓和李元伟[2]从体育行政管理体制、单项协会实体化、全运会改革、多元化后备人才培养体制 4 个方面提出了我国竞技体育发展方式转型的体制机制创新。戴永冠、许斌、刘炜浩[3]通过访谈的形式，得出后奥运时代我国竞技体育举国体制将倾向于渐进式改革趋势，并指出改革的成功主要得益于增量改革与新体制的成长。在竞赛体制研究方面，徐本力[4]在 21 世纪初期，全面分析了全运会的综合效益，并提出了全运会的改革走向。郭权分析了全运会举办时间、项目设置、代表资格、计分方法四个方面的改革成效，并分别提出了未来改革的建议。1992 年，"红山口会议"的召开，标志着我国体育开始走向职业化、市场化发展道路，有关竞技体育职业化的研究成为热点。钟秉枢、于立贤、董进霞等[5]从概念、历程、特征、效应、制约因素及对我国运动项目管理体制的影响等角度，对

---

① 杨桦、孙淑惠、舒为平等：《坚持和进一步完善我国竞技体育举国体制的研究》，《北京体育大学学报》2004 年第 5 期。

② 鲍明晓、李元伟：《转变我国竞技体育发展方式的对策研究》，《北京体育大学学报》2014 年第 1 期。

③ 戴永冠、许斌、刘炜浩：《后奥运时代中国竞技体育举国体制渐进式改革》，《天津体育学院学报》2008 年第 1 期。

④ 徐本力：《我国全运会体制的利弊及走向的探析》，《体育学刊》2001 年第 1 期。

⑤ 钟秉枢、于立贤、董进霞等：《我国竞技体育职业化若干问题的研究——兼论深化我国运动项目管理体制改革》，《北京体育大学学报》2002 年第 2 期。

竞技体育职业化的若干问题进行了深入分析。牛丽丽和谭建湘①阐明了举国体制创新与职业体育改革之间的互动关系，认为前者为后者提供了保障，后者对前者提出了更高的要求。唐炎和卢文云②将我国竞技体育职业化改革的问题总结为思想认识不足、产权关系不明、行政干预过度、法治建设滞后，并明确指出协会实体化对我国竞技体育职业化发展的重要意义。

5. 竞技体育运动项目与女子竞技体育

运动项目是竞技体育发展的重要载体和具体内容，竞技体育事业的成功体现在每一个运动项目的为国争光上。目前，随着竞技体育的不断发展和创新，运动项目呈现日益增加的趋势，根据不同的分类标准与学科视角，我们可以将运动项目划分为不同的类别，各运动项目之间既存在共性，也存在差异，这为研究提供了多元的视角。学者们主要将研究的问题集中在各运动项目的发展现状与趋势、制胜因素及后备人才培养等方面。同时，受到我国竞技体育"阴盛阳衰"现象的影响，有关女子竞技体育的研究成为这一研究领域的次热点。

在运动项目的发展现状与趋势研究方面，需要站在运动项目国际发展趋势的高度，同时立足我国发展现状，提出应对措施。进入 21 世纪，世界篮球运动呈现"智、高、壮、快、准、悍、巧、变"的发展特点，但我国篮球发展仍面临体制落后、人才短缺、成绩起伏、篮球理论研究滞后等问题，需要解放思想，从体制改革入手，健全法规，加强后备人才培养的多元化③。与此同时，世界排球运动正朝着职业化、实力均衡化、攻守均衡化、高科技化、训练全日制等趋势发展，但亚洲排球的发展受到身高条件以及训练理念方法落后的困扰④。不同的运动专项存在不同的制胜因素，就足球而言，个人和球队的技战术能力是核心竞技能力因素。进球数、任意球数、成功攻入禁区次数、反击次数、向前传球次数、横传球次数、突破次数、失球数、围抢和扑救次数是核

---

① 牛丽丽、谭建湘：《举国体制创新与职业体育改革的互动研究》，《南京体育学院学报》（社会科学版）2015 年第 6 期。

② 唐炎、卢文云：《制约我国竞技体育职业化改革的相关问题探究》，《北京体育大学学报》2010 年第 3 期。

③ 孙民治、陈钧、方明：《21 世纪世界篮球竞技运动的发展趋势——兼论中国篮球运动现状及对策》，《体育科学》2001 年第 1 期。

④ 张欣：《世界排球运动发展趋势——兼析亚洲排球落后的原因》，《天津体育学院学报》2002 年第 1 期。

心制胜因素①。祖苇②从一发因子、失误因子、得分因子和破发因子 4 个维度对优秀网球运动员的制胜因素进行了分析。运动项目可持续发展的关键在于对后备人才的培养，牟春蕾、肖丹丹和吴飞等③将我国乒乓球运动保持健康持续发展归因于梯队结构合理、竞赛体系完备以及教练员队伍素质高。反观我国篮球，其后备人才培养存在一系列的不足，需要从人才基数、选材理念、人才质量、沟通机制、教练员能力、职业梯队建设等方面加以完善④。在女子竞技体育发展的研究方面，有关女子足球、篮球、排球、水球等单项运动的发展研究占据主要地位。同时，学者们试图通过不同视角来分析中国体育"阴盛阳衰"的原因，赵宝椿、杨艳红和李田⑤从社会制度、经济发展、举国体制、传统文化、科学训练、教育大众化等方面总结了我国女子竞技体育优势现象的原因。李慧林则从意识形态斗争的需要、国际范围内的历史机缘、政治需要、体制优势、文化影响、男女平等、身体优势、媒体关注等方面进行了分析。

6. 新时代竞技体育的多元价值研究

习近平总书记有关体育的"四个重要"论述，为新时代体育事业提供了价值导向，明确了新时代体育事业的战略定位。竞技体育作为我国体育事业的重要组成部分，在推动新时代体育强国建设中起着至关重要的作用，同时也在服务于社会主义现代化中发挥着多元的价值。进入新时代，我国竞技体育正在经历由政治观向娱乐观、由功利观向人文观、由增长观向发展观、由金牌观向育人观的价值取向转变⑥。竞技体育成为带动群众体育协调发展，促进体育产业高质量发展，推动体育对外交流，丰富体育文化建设，助力体育强国建设的重要手段。

尤传豹和彭国强⑦指出，要充分发挥竞技体育的政治价值、经济价值、社会价值、教育价值以及文化价值，助力新时代的国家崛起，助推新时代经济社会建

---

① 侯会生、米玛顿珠、侯彪等：《足球比赛核心制胜因素和制胜公式的探讨》，《北京体育大学学报》2017 年第 11 期。

② 祖苇：《世界优秀女子网球选手技战术制胜因素分析》，《体育文化导刊》2015 年第 5 期。

③ 牟春蕾、肖丹丹、吴飞等：《我国竞技乒乓球后备人才梯队建设与培养路径的优势分析》，《北京体育大学学报》2014 年第 12 期。

④ 李海涛：《我国竞技篮球后备人才培养现状与发展路径》，《体育文化导刊》2020 年第 5 期。

⑤ 赵宝椿、杨艳红、李田：《我国女子竞技体育优势分析》，《体育文化导刊》2009 年第 9 期。

⑥ 苗治文、张帆：《我国竞技体育价值取向的转变》，《北京体育大学学报》2014 年第 7 期。

⑦ 尤传豹、彭国强：《新时代我国竞技体育价值转变的机遇、困境与定位》，《沈阳体育学院学报》2018 年第 6 期。

设，推动新时代社会主义文明建设，提升青少年学生的文化素养。竞技体育是体育强国建设中极具生命力的一部分，是体育强国建设中巨大的推动力，起到了突出的引领作用与辐射作用①。竞技体育进社区、进校园是实现竞技体育社会价值的重要途径。在全民健身方面，我们可以通过加大政策扶持力度、完善组织机构建设、拓展多维助力渠道、创新助力供给模式等路径促进竞技体育更好地助力全民健身事业②。教育是竞技体育的出发点和落脚点，必须推进竞技体育进学校，发挥竞技体育的教育价值，实现青少年的身心和谐发展，保障运动员的文化教育质量③。2018 年国务院办公厅颁布了《关于加快发展体育竞赛表演产业的指导意见》，以竞技体育为载体的体育竞赛表演产业受到国家高度重视，成为推动我国体育产业内部结构优化的重要动力。体育赛事作为竞技体育的重要组成部分，在"一带一路"的建设背景下，成为民心相通的突破口和切入点，发挥了多元的社会价值。举办体育赛事有利于扩大对外体育交流与合作，有利于巩固"一带一路"建设成果，有助于打造"一带一路"特色赛事品牌④。从文化价值来看，体育赛事提供了个体情感的"休息时间"以及社会价值整合的空间和平台，促进了个体行为规范和社会文化认同⑤。

学者们有关新时代竞技体育的多元价值研究较为全面，既涵盖了竞技体育在"五位一体"总体布局中的价值体现，也包括了竞技体育与群众体育、学校体育、体育产业等其他体育形态之间的互动。但对竞技体育价值的挖掘偏重显性层面的描述，缺乏对体育道德、精神等更深层次的隐性价值的关注，需要未来更多的理论探索。

7. 中外奥运竞技实力与战略比较研究

奥运会作为竞技体育的最高舞台，是提升国际体育话语权，展现国家形象，振奋民族精神的重要场域，受到各个国家和地区的重视和关注。事实上，我国

---

① 田麦久、孙大光、田雨普等：《中国体育：体育强国的辨析与建设——中国科协新观点新学说学术沙龙观点摘编》，《体育文化导刊》2009 年第 8 期。

② 宋德海、曹晓东、张兵：《新时代竞技体育助力全民健身发展的动力机制及实现路径》，《体育文化导刊》2020 年第 6 期。

③ 孟欢欢：《论竞技体育的教育价值——竞技体育发展的起点和归宿》，《武汉体育学院学报》2015 年第 12 期。

④ 王子朴、朱亚成：《"一带一路"背景下体育赛事发展的价值、困境与策略》，《北京体育大学学报》2017 年第 7 期。

⑤ 李采丰、杨宗友：《体育赛事文化价值初探》，《广州体育学院学报》2016 年第 5 期。

1984 年 8 月便正式提出了奥运战略，并将其作为最高层次的竞技体育发展战略。① 从 1979 年恢复国际奥委会的合法席位，到 1984 年在洛杉矶奥运会上实现金牌 "零" 的突破，到 2000 年悉尼奥运会首次进入奥运金牌榜第一集团，再到 2008 年北京奥运会跃居金牌榜榜首②，我国竞技体育取得了辉煌的成就，实现了跨越式发展。但是，随着奥运价值内涵的不断丰富，世界各国越来越重视奥运赛场的竞争，例如，美国出台了《金牌行动计划》《高水平竞技运动计划》；英国政府设立了 "英国体育局"，并实施了 "军令状战略"；日本颁布了 "铃木计划"、《奥运奖牌数倍增计划》等文件，竞争局势越来越激烈。因此，学者们围绕各个国家及地区的奥运竞技实力、奥运备战战略展开分析与横向比较，这一类型的研究具有重要的实践价值。

（1）在对奥运整体实力的研究中，有学者以奥运会奖牌作为指标，静态地对第 27 届、第 28 届、第 29 届奥运会中中国、美国和俄罗斯三国的奥运奖牌分布进行了对比分析③④⑤。马向文⑥对近 20 年中国、美国和俄罗斯三国奥运成绩的动态变化进行了分析，并从坚持完善举国体制、优化运动项目布局、多元化人才培养和完善法律法规等方面分析了经验启示。（2）在对奥运单项实力的研究中，学者们对体操、空手道、拳击、自行车等项目的竞争格局进行了分析。例如，彭召方、袁玲和李佐惠⑦对世界范围内男子体操项目进行了分析，全方位梳理了男子体操竞技格局，指出了中国队面临的问题，并提出了夯实强项、科学备战、积极参与国际体操联合会（FIG）工作、利用科技手段、做好疾病预防、减少失误发生等对策。（3）在对各国奥运备战战略的研究中，杨国庆、叶小瑜和

① 夏成前、田雨普：《新中国体育 60 年发展战略重点的变迁》，《武汉体育学院学报》2010 年第 1 期。
② 杨国庆、彭国强：《改革开放 40 年中国竞技体育发展回顾与展望》，《体育学研究》2018 年第 5 期。
③ 李红卫、丁英俊：《美中俄三国在第 27 届奥运会获奖牌项目分布的分析与启示》，《广州体育学院学报》2001 年第 1 期。
④ 李伟、杨照亮、王全军：《第 28 届奥运会美、中、俄三国直接竞技实力表现比较分析》，《天津体育学院学报》2005 年第 3 期。
⑤ 张玉超：《第 29 届奥运会中、美、俄奖牌分布特点及其启示》，《体育学刊》2009 年第 2 期。
⑥ 马向文：《中美俄 20 年奥运成绩变化及我国竞技体育战略抉择》，《武汉体育学院学报》2010 年第 4 期。
⑦ 彭召方、袁玲、李佐惠：《东京奥运周期世界男子体操竞争格局与中国队竞技实力提升策略》，《体育科学》2021 年第 4 期。

彭国强等①梳理了中外竞技体育强国奥运备战经验，研判了我国东京奥运备战的基本形势，最后提出了我国备战战略思路与备战体系。储建新②将伦敦奥运会的成功归功于体制外改革、渐进主义改革和举国体制的三大战略选择。陈慧敏和蒋云芸③深入分析了英国奥运竞技实力复兴的体制机制因素，并从组织规模、投入模式、监督与反馈机制、教育就业促进制度4个方面提出了对我国奥运战略选择的启示。李晨对法国奥运实力提升原因进行了剖析，并提出了在新增项目上寻找机会、科技助力奥运备战以及利用社会资源丰富奥运备战手段的观点。

8. 科学技术与竞技体育

科学技术是第一生产力，是推动竞技体育发展的重要动力。随着大数据、人工智能、仿真技术、虚拟现实等新技术的发展，一块金牌的分量越来越离不开科学技术的含量，尽管卫才胜④从伦理学的角度对这一趋势进行了批判与反思，但现代各国竞技体育领域的竞争在一定程度上已经演变为各国科技水平的竞争。正如美国社会学家默顿指出，一个事项可能兼具正功能和反功能，相关研究同样从正、反两个维度围绕科技对竞技体育三大领域的影响进行了讨论。

（1）科学技术对奥林匹克运动的影响。奥林匹克运动的发展与三次科技革命存在着千丝万缕的关系，有学者指出，第一次科技革命为现代奥林匹克运动提供了诞生的条件，第二次科技革命促进了奥林匹克运动的兴起，第三次科技革命实现了奥林匹克运动的跨越式发展，三次科技革命分别起到了催生剂、助推剂、加速剂的作用⑤⑥⑦。但是，科学技术的应用同样给奥林匹克运动带来了人的主体性淡化、各国发展不均衡、公平竞赛难以保障、以兴奋剂为代表的奥林匹克异化加剧等消极的影响⑧⑨。（2）科学技术在运动训练中的应用。相关研究针对某一

---

① 杨国庆、叶小瑜、彭国强等：《我国备战东京奥运会的战略思路与体系构建——基于中外奥运备战经验》，《上海体育学院学报》2019年第1期。

② 储建新：《我国伦敦奥运战略的成功及启示》，《武汉体育学院学报》2013年第2期。

③ 陈慧敏、蒋云芸：《英国奥运竞技复兴的制度成因及启示》，《成都体育学院学报》2019年第1期。

④ 卫才胜：《竞技体育技术的异化表现、根源及其消解途径》，《吉林体育学院学报》2014年第6期。

⑤ 张海峰、何玉秀：《现代科技革命对奥林匹克运动的影响》，《武汉体育学院学报》2005年第4期。

⑥ 方媛：《论科学技术革命与现代奥林匹克运动的发展》，《中国体育科技》2003年第1期。

⑦ 卫才胜：《三次科技革命对奥林匹克运动技术化影响的哲学探析》，《武汉体育学院学报》2018年第5期。

⑧ 何强：《科学技术与现代奥林匹克运动发展的"两难"选择》，《武汉体育学院学报》2006年第11期。

⑨ 黄瑞苑：《现代科技对奥林匹克运动的负面影响及其化解之道》，《武汉体育学院学报》2013年第8期。

热点技术在各运动项目训练中的应用情况进行了评价研究。例如，张栋、王淑友和马惠敏等[1]对红外热像技术在运动训练效果评价上的应用进行了分析，认为红外热像技术具有直观和大视野的优势。李波、沈梦和徐金成等[2]对风洞技术在冰雪项目中的应用进行了分析，认为风洞技术可以有效地提升运动表现、辅助运动装备研发与测试以及评估赛道赛时环境风。（3）兴奋剂问题的研究。兴奋剂问题不仅破坏了竞技体育公平，摧残了运动员的身心健康。党的十八大以来，我国高度重视反兴奋剂工作，习近平总书记多次就反兴奋剂工作做出重要批示，并提出"零出现""零风险"的目标，有关反兴奋剂的研究成为学界关注的话题[3]。学者们从法学[4]、社会学[5]、心理学[6]、经济学[7]等不同学科出发，对兴奋剂问题进行了全面分析，并提出通过加强宣传教育、重视反兴奋剂科学研究、加大兴奋剂监测与处罚力度、健全法律体系、利用社会力量等对策来解决兴奋剂问题。

四　未来我国竞技体育研究趋势前瞻

1. 对标新目标：新时代竞技体育高质量发展研究

党的二十大报告明确指出，高质量发展是全面建设社会主义现代化国家的首要任务。习近平总书记强调，"高质量发展，就是能够很好满足人民日益增长的美好生活需要的发展，是体现新发展理念的发展，是创新成为第一动力、协调成为内生特点、绿色成为普遍形态、开放成为必由之路、共享成为根本目的的发展""新时代新阶段的发展必须贯彻新发展理念，必须是高质量发展"[8]。作为新时代中国特色社会主义伟大事业的重要组成部分，竞技体育实现高质量发展是建

---

① 张栋、王淑友、马惠敏等：《红外热像技术进行运动训练效果检测和评价的研究》，《体育科学》2008 年第 2 期。

② 李波、沈梦、徐金成等：《风洞技术在冰雪项目中的应用》，《北京体育大学学报》2022 年第 8 期。

③ 国家体育总局编写组：《深入学习习近平关于体育的重要论述》，人民出版社，2022，第 203~204 页。

④ 阎旭峰、余敏：《国际反兴奋剂立法发展趋势与我国反兴奋剂立法》，《北京体育大学学报》2004 年第 4 期。

⑤ 杨春莉、朱考金、陈建兵：《兴奋剂问题的社会学分析》，《南京体育学院学报》2001 年第 6 期。

⑥ 易剑东、余俊明：《论兴奋剂产生和泛滥的社会心理根源》，《西安体育学院学报》2001 年第 2 期。

⑦ 韩开成、王和平：《竞技体育中兴奋剂问题的经济学分析》，《体育学刊》2006 年第 1 期。

⑧ 习近平经济思想研究中心：《推动高质量发展是做好新时代经济工作的根本要求》，https://www.ndrc.gov.cn/xwdt/ztzl/srxxgcxjpjjsx/xjpjjsxjyqk/202301/t20230116_1346701_ext.html，2023 年 1 月 16 日。

设体育强国的必然要求。推动竞技体育高质量发展是一个复杂的系统工程，它贯穿了从运动员选拔到后备人才培养，从运动训练到竞赛管理等竞技体育事业发展的全过程。因此，在新时代高质量发展的目标任务下，如何丰富竞技体育高质量发展的内涵与外延，分析阻碍竞技体育高质量发展的堵点与痛点，探索推动竞技体育高质量发展的实现路径，就需要学界积极依托新发展理念这一总指挥棒，通过定性与定量相结合的方法，以及管理学、体育学、社会学等学科的交叉融合，从宏观的效率提升、中观的结构优化以及微观的创新驱动等方面展开研讨，妥善处理好竞技体育领域高质量与高水平、公平与效率、普及与提高、行政推力与内生动力、重点突破与全面协调等关系，通过理论逻辑的归纳，指导我国竞技体育高质量发展客观实践，进而推进体育强国建设进程。

2. 挖掘新动能：数字转型助力竞技体育发展研究

随着大数据、云计算、人工智能等新一代信息技术的迅猛发展，一场数字化转型的浪潮正在社会各领域兴起。推动数字化转型成为打破信息壁垒、精准服务供给、提升发展效率、创新体育发展方式的重要手段。国家"十四五"规划在第五篇"加快数字化发展 建设数字中国"中明确提出，要"以数字化转型整体驱动生产方式、生活方式和治理方式变革"，这一论断为新时期数字化转型提供了理论支撑[1]。在竞技体育领域同样需要广泛探索数字化转型带来的发展红利，通过数字化赋能竞技体育高质量发展。尽管从前文研究热点分析可知，科技创新与竞技体育是学界长期关注的议题，但作为第四次科技革命的标志性成果，数字技术在竞技体育领域的相关研究仍处于起步阶段。因此，学界在横向上要持续追踪数字技术先进成果转换，从社会学的视角深挖数字技术在竞技体育领域的价值指向，从管理学的视角分析数字技术参与竞技体育治理的现状与路径，从伦理学的视角思考数字技术在竞技体育领域的道德挑战；在纵向上要不断探索数字技术在竞技体育垂直领域的应用边界，通过加强对赛事组织数字化转型、后备人才选拔培养数字化转型、运动训练数字化转型、体育行政数字化转型等方面的研究，提升竞技体育全要素效率，以数字化转型创新培育竞技体育发展新动能。

3. 聚焦新视角：竞技体育运动项目分类治理研究

运动项目是竞技体育工作开展的基本单元与具体形式，运动项目的多样性特

---

[1]　新华社：《中华人民共和国国民经济和社会发展第十四个五年规划和2035年远景目标纲要》，https://www.gov.cn/xinwen/2021-03/13/content_5592681.htm，2021年3月13日。

点为竞技体育提供了广阔的发展空间。国家体育总局在《"十四五"体育产业发展规划》中明确指出，要"巩固和保持优势项目，挖掘和培育潜在优势项目，推动夏季项目和冬季项目均衡发展，促进项目科学布局""大力发展运动项目产业""依据项目特点和发展水平，稳步推进运动项目管理体制机制改革，构建多元化项目发展新模式"①。面对百年未有之大变局背景下错综复杂的国际竞技体育竞争格局，我们在保持原有竞争实力的基础上，需要树立从局部到整体的战略思维，合理布局竞技体育运动项目，优化竞技体育结构体系，通过对各运动项目的精细化、分类化治理，实现我国竞技体育综合实力的整体性跨越。新时代全面推进我国竞技体育运动项目分类治理，首先，需要加强对竞技体育运动项目的认知水平，在原有项群理论等分类标准的基础上，通过不断的交流研讨，达成更为科学合理的分类共识。其次，需要完善各竞技体育运动项目间的综合评价体系，明确各运动项目发展水平，发挥评价功能的"诊断""导向""激励"作用，以评促进，引导我国竞技体育运动项目发展方向。最后，需要认清各运动项目发展特点，从管理体制改革、后备人才培养、国家队建设等方面探索适合运动项目发展特点与发展水平的治理模式。以上内容需要在今后的研究中加以突破，并形成系统化、高水平的理论成果。

4. 探索新模式：竞技体育发展方式创新转变研究

进入新阶段，如何立足我国竞技体育发展基本国情，借鉴国外有益发展经验，创新我国竞技体育发展模式，成为提升竞技体育发展韧性、活力与综合实力的关键。虽然学界围绕我国竞技体育体制机制进行了大量的研究，但无论是在核心概念界定与理论基础构建上，研究方法科学性上，还是路径方案的针对性上都需要进一步向纵深发展，迫切需要一系列打破路径依赖、实践价值高的学术成果指导我国竞技体育改革进程。因此，首先，从整体来看，要从理论层面加强"坚持和完善举国体制，推动举国体制与市场机制深度结合"的学理论证，聚焦如何处理好新旧体制之间的"守正与创新"，发挥出"新型举国体制"的综合效能。其次，发展方式的转变在一定程度上是利益再分配的过程，要从实践层面通过动力模型构建与案例分析相结合的方法，在后备人才培养、职业赛事运营、奥

---

① 国家体育总局：《关于印发〈"十四五"体育发展规划〉的通知》，https://www.gov.cn/zhengce/zhengceku/2021-10/26/content_5644891.htm，2021 年 10 月 26 日。

运备战等方面优化设计，政府、社会、市场、家庭等多元主体共同参与、协同治理的新模式，充分调动社会各方资源办体育的积极性，实现由"大政府，小社会"向"强政府，强社会"的模式转变。同时，要持续关注单项体育协会实体化改革、职业体育体制机制创新等竞技体育重点领域的研究，以此为我国竞技体育战略转型与发展模式创新提供决策参考，为实现中国式竞技体育现代化发展提供锦囊智慧。

五　研究结论

1992 年以来，随着社会主义市场经济体制改革的提出，我国竞技体育发展方式与发展目标不断革新。30 多年的发展历程得益于竞技体育理论层面的探索与助力，在竞技体育后备人才培养、发展政策评价、体制机制创新、运动训练优化、运动专项探究、多元价值挖掘、中外奥运实力对比、科学技术影响等方面产出了大量的探索性成果。进入新时代，竞技体育发展面临更加严峻的内外部挑战，亟须不断探索质量革新、动力革新、效率革新，立足新视角，发现新问题，提出新方案，通过推动竞技体育领域学术研究的深化与细化，力争实现在成果转化中提升竞技体育实践活动的效率与效益。

Chinese Competitive Sports Research Hotspots: Retrospect and Prospects

Fang Tai

Abstract: Competitive sports are an essential component of China's sports industry. This paper utilizes the core database of CNKI as the data source and employs clustering analysis methods such as BICOMB and gCluto to analyze the research hotspots in China's competitive sports, tracking research development trends. The research findings indicate the following: (1) Research on competitive sports in China can be divided into four stages: the slow development period (1992—2000 年), the rapid development period (2001—2008 年), the sustained development period (2009—2014

年), and the steady development period(2015 年至今). (2) The research hotspots are relatively broad, mainly focusing on areas such as the development of reserve talents in competitive sports, policy evaluation for development, innovation in institutional mechanisms, optimization of sports training, exploration of specific sports, exploration of diverse values, a comparison of the strengths of domestic and foreign Olympic athletes, and the influence of science and technology. (3) The research suggests that future trends will revolve around themes like benchmarking new goals for high-quality development in competitive sports in the new era, harnessing new energy through digital transformation to promote competitive sports development, focusing on new perspectives in the classification governance of competitive sports, and exploring new models for innovative transformation in the development of competitive sports.

Keywords: Competitive Sports; Bicluster Analysis; High-quality Development

中国式现代化进程中推进体育教师队伍建设的价值、问题与路径[*]

尹志华　刘皓晖　降佳俊　陈伟峰^{**}

【摘　　要】党的二十大报告明确指出要"培养高素质教师队伍"，这为中国式现代化进程中大力推进体育教师队伍建设指明了方向。中国式现代化进程中推进体育教师队伍建设的重大价值体现在：助力体育现代化建设，全面推进中华民族伟大复兴；落实"立德树人"根本任务，促进德智体美劳全面发展；提升自身核心竞争力，为开展高质量体育教学奠定基础。从中国式现代化的五大特征审视：人口规模巨大的现代化凸显体育教师配备不均衡；全体人民共同富裕的现代化对体育教师专业水平提出了巨大挑战；物质文明和精神文明相协调的现代化要求破解体育教师发展的"唯能力观"；人与自然和谐共生的现代化要求体育教师队伍建设坚持可持续性；走和平发展道路的现代化要求构建体育教师命运共同体。未来应以人民主体性为中心，坚持党对体育教师队伍建设的绝对领导；以提升质量为基点，秉持体育教师队伍建设的高质量发展观；以软硬实力为组合，全面培养体育教师核心素养；以师德师风建设为核心，贯彻落实体育教师素质第一标准；以弘扬尊师重教社会风尚为抓手，提升体育教师幸福感和成就感。

【关 键 词】中国式现代化；体育教师；师德师风；核心素养；高质量发展

---

*　本文系国家社会科学基金后期资助一般项目（项目编号：21FTYB006）、华东师范大学人文社会科学青年预研究项目（项目编号：2023ECNU-YYJ036）的研究成果。
**　尹志华，博士，华东师范大学体育与健康学院教授，博士生导师，清华大学博士后，研究方向为体育教师教育与课程教学；刘皓晖，华东师范大学体育与健康学院；降佳俊，华东师范大学体育与健康学院；陈伟峰，上海市闵行中学附属实验中学教师。

　　现代化是当今世界各国发展的主旋律，也是人类进步与文明发展的基本标志。中国式现代化是现代化发展史和人类社会发展史上的伟大创造，它深刻影响和改变了世界发展的格局、进程和方向，具有重构人类新文明体系的世界历史意义①。党的二十大报告指出，"在新中国成立特别是改革开放以来长期探索和实践基础上，经过十八大以来在理论上和实践上的创新突破，我们党成功推进和拓展了中国式现代化"。中国式现代化为新时代建设社会主义现代化强国、实现第二个百年奋斗目标、全面推进中华民族伟大复兴奠定了基调并指明了方向。教育现代化是中国式现代化的重要组成部分，党的二十大报告明确指出，"要坚持教育优先发展、科技自立自强、人才引领驱动，加快建设教育强国、科技强国、人才强国，坚持为党育人、为国育才，全面提高人才自主培养质量，着力造就拔尖创新人才，聚天下英才而用之"。高质量的教师队伍建设是推进教育在中国式现代化进程中发挥关键作用的引擎，这从党的二十大报告中有关"加强师德师风建设，培养高素质教师队伍，弘扬尊师重教社会风尚"②的表述可窥见一斑。除此之外，党的二十大报告还指出要"广泛开展全民健身活动，加强青少年体育工作，促进群众体育和竞技体育全面发展，加快建设体育强国"。实际上，无论是对于落实党的二十大关于教育现代化和教师队伍建设的要求，还是推进体育工作的发展，都离不开高质量体育教师队伍的支撑和引领。因此，基于中国式现代化的时代背景，从重大价值、面临的问题与推进路径的角度思考中国式现代化进程中如何推进体育教师队伍建设，是助力教育强国、体育强国和现代化中国建设的重要抓手。

一　中国式现代化进程中推进体育教师队伍建设的重大价值

（一）助力体育现代化建设，全面推进中华民族伟大复兴

　　习近平总书记在党的二十大报告中明确指出，要以中国式现代化全面推进中华民族伟大复兴。而体育作为中国式现代化进程中举足轻重的一环，是国家综合

---

　　①　庞立生：《大历史观与中国式现代化的三重意蕴》，《思想理论教育》2022 年第 12 期，第 12~18 页。
　　②　习近平：《高举中国特色社会主义伟大旗帜　为全面建设社会主义现代化国家而团结奋斗——在中国共产党第二十次全国代表大会上的报告》，《人民日报》2022 年 10 月 26 日。

实力和软实力的象征，也是中国式现代化的重要组成部分①。广泛开展全民健身活动，加强青少年体育工作，促进群众体育和竞技体育全面发展，加快建设体育强国，是实现体育现代化并为中国式现代化助力的重要路径。体育现代化的目标是到 2035 年建成体育强国，实现这一目标不仅需要外部政策、制度和精神层面的协调配合，更需要实现内部的竞技体育、青少年体育和群众体育等的全面协调发展。

而体育教师作为学校体育工作的直接落实者和承担者，作为青少年体育、竞技体育和群众体育工作的重要参与者和推动者，其建设水平将直接影响体育工作高质量发展和体育现代化进程。因此，在新时代推进体育教师队伍建设的意义在宏观层面主要表现为以下两点。第一，为实现体育现代化奠定人力资源基础。实现体育现代化是体育发展的核心所在，其代表着我国体育事业全面、高质量的发展，是实现中华民族伟大复兴和中国梦的重要组成部分，其进程的推进需要体育工作者的共同努力。体育教师为体育现代化的实现奠定人力资源基础体现在两个层面，即体育教师是开展学校体育工作的直接践行者，也是推进青少年体育工作的关键抓手，还是推进竞技体育和群众体育的重要助力者，其自身具备的体育专业素养是体育现代化建设的重要人力资源；同时，体育教师的重要使命是培养身心健康全面发展的青少年，以学校为依托打造高水平的竞技体育后备人才队伍，很多体育教师还在家庭体育或社区体育等场景中指导人们开展健身活动，因此体育教师在不同层面和不同领域所培养的高素质人才为体育事业高质量发展也奠定了人力资源基础。因此，立足于党的二十大精神的关键要点，加快推进体育教师队伍建设已成为教育事业内涵式发展的内生力量，同样也是实现体育现代化的重要举措。第二，为依托体育全面推进中华民族伟大复兴助力。体育现代化是中华民族伟大复兴的重要标志之一，体现在政治、经济、社会、文化、生态文明建设5 个层面②。在政治层面，体育教师过硬的思想政治修养既体现了体育人的政治站位和政治定力，又是落实社会主义核心价值观教育的政治保障；在经济层面，以增强供给侧结构性改革为主线的新时代经济政策框架和"双循环"为导向的

---

① 杨国庆：《中国式现代化进程中加快建设体育强国的新思考》，《天津体育学院学报》2022 年第 6 期，第 1~8 页。

② 赵富学：《体育成为中华民族伟大复兴标志性事业的要义指向、释析理路与推进方略》，《中国体育科技》2022 年第 58（1）期，第 3~11 页。

经济政策为体育事业繁荣提供了方向性指引，而体育教师在引导青少年开展健康的体育消费，参与学校体育产业规划与兼职体育健身指导者等方面有着广阔的前景；在社会层面，体育作为改善民生与推动和谐社会建设的重要载体，需要体育教师既能通过引导学生健康成长而辐射至家庭健康，又能在校外体育和社区体育中发挥公益性的指导作用；在文化层面，人民群众美好生活图景的实现离不开体育文化的浸润，而体育教师在营造体育文化氛围，以学校为依托传承中华优秀传统体育文化中功不可没；在生态文明建设层面，体育是建设和谐、美丽、健康中国的源头性工程，而《"健康中国 2030"规划纲要》则对体育教师提出了明确要求。由此可见，建设一支高素质的体育教师队伍，是推进体育现代化建设并进而实现中华民族伟大复兴的重要抓手。

（二）落实"立德树人"根本任务，促进德智体美劳全面发展

党的二十大报告指出，教育、科技、人才是全面建设社会主义现代化国家的基础性、战略性支撑。还指出要办好人民满意的教育，就要全面贯彻党的教育方针，落实立德树人根本任务，培养德智体美劳全面发展的社会主义建设者和接班人。因此，要想实现中国式教育现代化，必须始终以"立德树人"为根本任务，体育作为教育事业的重要组成部分，在其全面、高质量迈向现代化的过程中，也必须落实好该项任务。2020 年中共中央、国务院印发的《关于全面加强和改进新时代学校体育工作的意见》提出，"学校体育是实现立德树人根本任务、提升学生综合素质的基础性工程，是加快推进教育现代化、建设教育强国和体育强国的重要工作"。

体育教师在学校体育中扮演着关键角色，不仅是"传道授业解惑"的践行者，还是落实"立德树人"根本任务的基础工作者。推动体育教师队伍建设的价值意蕴主要表现在以下几方面。第一，加快推进体育教师队伍建设是落实"立德树人"根本任务的现实要求。自党的十八大提出将"立德树人"作为教育的根本任务以来，无论是教育政策的顶层设计，还是课程改革的具体实施，都努力将该任务落实到具体行动中，并取得了令人瞩目的成效，为中国式教育现代化的进程贡献了重要力量。教师队伍建设作为落实"立德树人"根本任务的基础工程，承担着培养德智体美劳全面发展的社会主义建设者和接班人的使命。而体育教师队伍作为教师队伍的重要组成部分，在党的二十大精神的引领下，仍当继续加强自身建设，坚持高质量发展道路，完成"立德树人"根本任务所赋予的现实使命。第二，加快推进体育教师队伍建设是以"立德树人"根本任务为依托实现德智体美劳全面发展的关键举措。"立德树人"的核心要义就是培养什么人、怎样培养人和为谁培养人，而体育是开展德育、智育、美育、劳动教育的前提和基础，没有身心健康、体魄强健的青少年学生为基础，其他"四育"将无法落到实处，也就无法全面落实"立德树人"根本任务。当前，我国中小学体育教师还存在结构性失调等困境，尤其是一些乡村学校，虽然通过兼职体育教师可以充实体育教师队伍，但与学校体育和"立德树人"根本任务对师资队伍的要求还相差甚远。作为教育事业的基础性工作，如果连教师队伍的数量都难以保证，"立德树人"和德智体美劳全面发展目标的实现将会困难重重。因此，根据中国式教育现代化的要求，努力推进体育教师队伍建设，积极填补体育教师队伍建设中存在的不足，是落实"立德树人"根本任务、实现德智体美劳"五育"并举的关键举措。

（三）提升自身核心竞争力，为开展高质量体育教学奠定基础

习近平总书记在党的二十大报告中明确指出，教育是国之大计、党之大计。培养什么人、怎样培养人、为谁培养人是教育的根本问题，而教师在解决这一问题上发挥着关键作用。近年来，核心素养导向的体育课程改革已成共识[1]，传统的"以知识和技能为中心"的教学已转变为"以核心素养为导向"，这一嬗变的发生离不开体育现代化进程中高质量体育教师的参与和支持。《关于全面深化新时代教师队伍建设改革的意见》《关于加强和改进新时代师德师风建设的意见》以及习近平总书记提出的"四有好老师""四个引路人""四个相统一"等要求，均体现了国家对教师队伍发展的关注。众所周知，为了培养学生的体育核心素养，体育教师首先应该具备相应的核心素养[2]。而多年来，受到传统的"知识中心观""学科中心观"思想的影响，"学生体质健康水平持续下降""学了9年或12年体育课，绝大多数学生一项运动技能也未掌握""学生喜欢运动却不喜

① 尹志华、汪晓赞：《国家意志与体育新课标表达：论〈课程标准（2017年版）〉对十九大精神的落实》，《武汉体育学院学报》2019年第3期，第81~88页。
② 尹志华、付凌一、孙铭珠：《中小学体育教师核心素养的结构与特点：基于美国阿肯色州的解析》，《河北体育学院学报》2022年第6期，第67~76页。

欢体育课"等问题频繁出现①。另外，师德师风建设的滞后性和缺乏针对性，也导致体育教师在实现以德施教、以德立身的目标，将师德师风融入教育教学、科学研究中时面临一定的困扰②。实际上，体育教师自身所存在的这些问题以及由此产生的负面影响最终都会反映在学生的体育学习质量上。

因此，基于中国式现代化进程中对教师队伍建设的高度重视，立足新时代新征程，应提升体育教师的核心竞争力，加强体育教师队伍建设迫在眉睫，其意义在微观层面主要体现在以下几方面。第一，有助于拓宽体育教师的素养范围，为教学质量的提升提供保障。在"素养本位"的时代背景下，体育教师仅具备专业的教学能力是远远不够的，这是现代化进程对教师提出的高标准和高要求，以能力为中心的发展观在某种程度上割裂了"专业人员的完整性"③。因此，需要依托体育教师队伍发展的契机，在继续重视体育教学能力、体育教研能力、课外体育执行能力、学习与反思能力等关键能力的基础上，注重培养体育教师的教学价值观、必备品格等不易察觉的核心素养，如正确的制度观、职业观和学生观，以及体育人文底蕴、体育科学精神和体育品德等，为体育教师的教学从"操作性工作"转向"人的完整培养"保驾护航。第二，有助于强化体育教师的师德师风意识，为教学质量的提升匡正方向。党的二十大报告中对教师提出了更高的要求，强调加强师德师风建设，培养高素质教师队伍，弘扬尊师重教的社会风尚。但从现实情况来看，体育教师在整个教师队伍建设中处于相对劣势的地位。研究表明，体育教师在职业道德、工作投入、专业提升动力、学术追求、精神成长等方面均存在不同程度的不足和偏差④。如果体育教师缺失了师德师风的引领，其教学行为将面临重大风险。因此，需要通过强化师德师风意识来匡正体育教学的价值取向。第三，有助于改善体育教师的教学习惯，优化体育教学行为。近20年来，我国青少年体质健康呈下降趋势，这一现象与无运动量、无战术和

---

① 季浏：《对中国健康体育课程模式理论和实践问题的再研究》，《北京体育大学学报》2019年第6期，第12~22页。

② 王耀东、李昊灿、杨卓等：《新时代加强体育教师师德建设的价值意蕴、维度指向与对策思考》，《天津体育学院学报》2022年第5期，第511~517，531页。

③ 尹志华、田恒行：《新时代体育教师应具备的核心素养与提升策略》，《中国学校体育》2020年第7期，第33~36页。

④ 赖锦松、田学礼：《社会转型期普通高校体育教师职业价值取向研究——以珠三角为例》，《成都体育学院学报》2015年第3期，第121~126页。

无比赛的"三无"体育课有直接关系。体育教师作为体育教学的主要实施者，长期按照"知识中心观""技术中心观"的思路进行授课，导致体育教学质量受到严重影响。例如，习惯性地将发展运动能力误解为在单一运动技能练习的基础上加入战术练习、规则讲解等，而没有认识到应在完整的比赛情境中让学生体验技术、战术、规则等元素之间的内在联系①。这些陈旧的教学习惯积弊已久，亟须改变，以优化体育教师的教学行为。因此，在立足党的二十大新征程之际，需要大力推进体育教师队伍建设，全力提升体育教师的核心竞争力，提高体育教学质量，促进学生高质量的体育学习，以帮助学生实现"享受乐趣、增强体质、健全人格、锤炼意志"的"四位一体"的学校体育目标。

二 中国式现代化进程中推进体育教师队伍建设面临的问题

（一）人口规模巨大的现代化要求凸显体育教师配备不均衡

中国式现代化是人口规模巨大的现代化。我国 14 亿多人口整体迈入现代化，规模超过现有发达国家人口的总和，艰巨性和复杂性前所未有。2020 年第七次全国人口普查结果显示，我国总人口为 141178 万人，其中，全国小学教育阶段、初中教育阶段、高中教育阶段和高等教育阶段在校学生总数约为 23527.68 万人。这样的人口规模决定了我国极度复杂的教育国情②，在人口基数庞大的现实条件下，我国教育资源分配，尤其是师资配备面临巨大挑战。虽然党和国家一直致力于构建最大规模、最高效率、最优结构的教育体系③，但体育教师队伍数量不足仍是推进学校体育现代化过程中的一个重大问题。

首先，从全国整体情况来看，体育教师队伍总体数量存在严重短缺现象。袁圣敏曾对我国学生人口及体育教师配备进行了深入研究，指出在高课时占比、工作强度较低的情况下，义务教育阶段体育教师达到最佳配备量时，小学体育教师在 2020 年时仍然缺少 165500 人，初中体育教师的缺额在 2020 年达到 50000 人

---

① 尹志华、刘皓晖、侯士瑞等：《核心素养时代体育教师专业发展的挑战与应对——基于〈义务教育体育与健康课程标准（2022 年版）〉的分析》，《体育教育学刊》2022 年第 4 期，第 1～9 页。

② 胡鞍钢、王洪川：《中国式教育现代化与教育强国之路》，《新疆师范大学学报》（哲学社会科学版）2023 年第 1 期，第 7～22 页。

③ 张志勇、袁语聪：《中国式教育现代化道路刍议》，《教育研究》2022 年第 10 期，第 34～43 页。

以上。由此可见，在人口规模巨大的现代化背景下，我国体育教师在总体上面临着数量短缺的现实问题，而且这一问题在西部地区尤为突出。其次，不同地区体育教师队伍数量分布不均衡。我国不同地域之间人口分布呈现不均衡、增长不稳定的局面①。数据显示，人口发展主要呈现向经济发达区域、城市群集聚态势②，体育教师也更倾向在发达区域就业，导致我国中部、西北部欠发达地区的体育教师数量远少于沿海发达地区，难以满足这些欠发达地区学生的体育学习需求③。最后，我国城乡体育教师队伍数量分布不平衡。研究表明，乡村体育教师数量虽然在不断增加，但与城市体育教师相比仍存在较大差距，且随着乡村学生数量的增加和撤点并校的政策实施，乡村体育教师的工作量随之上升，教师队伍数量紧缺的现象更加明显④。因此，在全面迈进社会主义现代化进程中，我国人口规模巨大的国情带来的教育资源分配问题尤为尖锐与紧迫，未来还需继续解决体育教师总体数量短缺、师资分布不均衡和不平衡的现实问题。

（二）全体人民共同富裕的现代化对体育教师专业水平提出了巨大挑战

中国式现代化是全体人民共同富裕的现代化。党的二十大报告指出，共同富裕是中国特色社会主义的本质要求，在全国人民共同富裕的现代化过程中，党和国家始终坚持把实现人民对美好生活的向往作为现代化建设的出发点和落脚点，着力维护和促进社会公平正义，促进全体人民共同富裕，坚决防止两极分化。关于全体人民共同富裕的重要精神落实到学校体育中，即指体育教师要实现所有学生体育学习的"共同富裕"，在增加学生学习机会的基础上满足所有学生的学习需求⑤。实现共同富裕的前提是要厘清社会主要矛盾，而党的十九大报告中明确指出，中国特色社会主义进入新时代，我国社会主要矛盾已经由人民日益增长的物质文化需要同落后的社会生产之间的矛盾，转化为人民日益增长的美好生活需要和不平衡不充分的发展之间的矛盾，而党的二十大报告则进一步明确了社会面

① 杨桦、任海：《论新时代中国特色体育学构建》，《体育科学》2022 年第 8 期，第 3～20 页。
② 国务院第七次全国人口普查领导小组办公室：《第七次全国人口普查公报》，国家统计局，2021。
③ 袁圣敏、吴键：《新时代义务教育阶段体育教师的数量配备现状与队伍建设路径》，《首都体育学院学报》2022 年第 4 期，第 393～401，412 页。
④ 徐雪芹、袁凤梅、徐宏远：《从"量"到"质"：新时代乡村中小学体育教师队伍建设路径研究》，《牡丹江教育学院学报》2021 年第 12 期，第 51～55，101 页。
⑤ 李春玲：《教育发展的新征程：高质量的公平教育》，《青年研究》2021 年第 2 期，第 1～8，94 页。

临的这一主要矛盾。对于学生的体育学习而言，其面临的矛盾已经由过去"是否有机会接受体育教育"转变为"能否为全体学生提供公平而又高质量的体育教育"。基于此，就必须大力提升体育教师的专业水平。

首先，在为全体学生提供公平的体育与健康教育机会方面，随着人们对健康需求的不断增长，当前我国体育与健康课程的实施情况较之以往已有了较大程度的改善，但部分地区和学校仍然存在"体育教师被生病""体育教师被出差""文化课教师上体育活动课"等现象。"分数至上"和"高考至上"的理念导致主科教师往往会强迫性地向体育教师索要体育课时，从而无法满足学生的体育学习需求，致使学生难以公平地获得体育学习机会。针对此现象，体育教师需要坚守理想信念、明确体育教育的重要育人价值，并通过合理沟通婉拒其他学科教师的要求，这对体育教师的职业精神提出了较高的要求。其次，在满足所有学生多样化学习需求与发展需要方面，《课程标准》（2017 年版）设置了体能、专项运动技能与健康教育等课程内容①，《课程标准》（2022 年版）设置了基本运动技能、体能、健康教育、专项运动技能、跨学科主题学习等课程内容②。其中专项运动技能包括球类运动、田径类运动、体操类运动、水上或冰雪类运动、中华传统体育类运动、新兴体育类运动等。不同学生对以上各课程内容及运动项目均存在不同程度的学习兴趣与需求。体育教师若要实施以上课程内容，则首先需自身掌握并能设计基本运动技能、科学体能练习、系统化健康教育、各项运动技能、跨学科学习任务等，这对当前体育教师的核心素养与专业能力提出了巨大挑战。最后，在全纳教育理念指导下开展体育教育，秉承共同富裕原则的体育教师应做到"一切为了学生，为了一切学生，为了学生一切"，不落下任何一位学生，全面关注每一位学生，特别是对那些在生理、心理方面存在特殊需求甚至缺陷的学生给予重点关注。这就要求体育教师在掌握以上各项课程内容、各类型体育运动的基础上进一步提升与特殊学生交流、关怀特殊学生、教育特殊学生的专业能力，将共同富裕的精神落实到每一位学生的体育教育中。因此，在我国全体人民共同富裕的中国式现代化进程中，体育教育也需要满足全体学生学习体育的需

---

① 中华人民共和国教育部：《普通高中体育与健康课程标准》（2017 年版），人民教育出版社，2018。

② 中华人民共和国教育部：《义务教育体育与健康课程标准》（2022 年版），北京师范大学出版社，2022。

求，在为全体学生提供公平的体育与健康教育机会、满足所有学生多样化学习需求与发展需要、全纳教育理念指导下开展体育教育等方面对体育教师专业水平提出了巨大挑战。

（三）物质文明和精神文明相协调的现代化要求破解体育教师发展的"唯能力观"

中国式现代化是物质文明和精神文明相协调的现代化。物质富足、精神富有是社会主义现代化的根本要求。物质贫困不是社会主义，精神贫乏也不是社会主义。在新时代实现中华民族伟大复兴的道路上，只有把物质文明建设和精神文明建设都做好，国家物质力量和精神力量都增强，全国各族人民物质生活和精神生活都改善，中国式现代化才能顺利向前推进。物质文明与精神文明共同发展的现代化理念对体育教师队伍建设具有重要的指导作用，物质文明可对应体育教师的"硬性"关键能力，而精神文明则对应体育教师的"软性"价值观念与必备品格。但是，传统的体育教师专业发展是典型的"唯能力观"，即主要重视体育教师显性的教学能力，而忽视体育教师隐性的价值观与品格等要素，因此导致了很多困境。

首先，"唯能力观"的体育教师专业发展导致少数体育教师"能力突出但精神贫乏"。近年来，随着国家对青少年体质健康下降问题的高度重视以及基础教育体育与健康课程改革的不断推进，中小学对体育教师的需求急剧增加，这使体育教育专业所培养的体育教师在短时间内难以满足学校对教师的需求，大量其他体育专业的人才进入教师岗位，如运动训练、武术与民族传统体育等，这些专业的人才在进入大学时均为单招方式，运动水平至少为二级运动员以上，因而运动能力水平相对更高，经过短时间的培训之后，他们的教学能力与课外体育活动执行能力也能在短时间之内提升。这一问题在大学体育教师招聘时同样很明显，一些高校为了招聘具有高水平运动能力的教师，招聘要求适当放宽，导致教师水平参差不齐。然而，一部分教师在对教师职业的感知、对学生身心发展规律的认识、自身具备的人文底蕴与品德等方面较为欠缺，有些教师甚至热衷于炫耀自己的运动能力而主观忽视在精神素养方面的提升。其次，"唯能力观"的体育教师专业发展导致体育教师师德师风失范现象时有发生（见表1）。正是因为各地各校在招聘、考核和培训体育教师时过于注重显性能力的培养，而忽视了隐性的精神文明建设，在体育教师群体中出现了一些师德师风失范问题，如索要钱财、言行不端、行为举止粗鲁等，这些问题虽然不是普遍现象，但凸显了体育教师精神文明建设缺失所产生的后果。因此，在物质文明与精神文明相协调的现代化背景下，亟须破解体育教师专业发展的"唯能力观"，重视培养和提升体育教师的精神文明素质。

表 1　体育教师师德师风失范的典型事件列举

年份	失范事件	处理结果	违反类别
2015	西南某大学教师向体育成绩不及格学生收取人均 500 元押金	清退费用、公开检讨、岗位降级、职称评聘受限	诚信自律
2015	南京某学院 3 名体育教师醉酒踹坏电梯并打伤员工	处理结果未知	言行举止
2016	湖南某大学体育教授发表论文与他人硕士论文雷同	党内警告和行政警告、撤销教授职称和行政职务	科学研究
2018	宿州市某小学体育教师让学生在操场上爬行导致学生受伤	向家长和学生道歉、停职接受检查	教书育人
2019	成都某学院体育副教授要挟女学生发生不正当关系	开除党籍、岗位降级、撤销教师资格；取消人才计划和导师资格	遵纪守法
2020	山东淄博某职业院校体育教师以成绩为威胁，迫使女学生与其发生不正当关系	解除合同、撤销教师资格、刑事拘留	遵纪守法
2021	陕西某中学体育教师违规开办体育培训公司	警告处分、注销公司、退回费用	社会服务
2022	郑州某大学体育学院领导在微信工作群发布不雅言论后谎称微信号被盗	停职处理	言行举止

（四）人与自然和谐共生的现代化要求体育教师队伍建设坚持可持续性

中国式现代化是人与自然和谐共生的现代化。习近平总书记在党的二十大报告中指出，"坚持可持续发展，坚持节约优先、保护优先、自然恢复为主的方针，像保护眼睛一样保护自然和生态环境，坚定不移走生产发展、生活富裕、生态良好的文明发展道路，实现中华民族永续发展"。就体育教师而言，人与自然和谐共生的现代化要义在于走可持续发展的体育教师队伍建设之路，不仅关注短期需求，还要放眼未来发展前景，遵循"创新、协调、绿色、开放、共享"五大发展理念以实现永续发展。

　　对于体育教师队伍建设而言，实现可持续发展是永葆体育教师队伍活力的关键。第一，创新发展指向解决发展动力的问题，因此要结合体育教师社会地位偏低等现实困境激发体育教师的发展动力。体育教师的边缘化和污名化等导致很多教师仅将工作当作养家糊口的工具，发展动力严重不足，部分地区体育教师队伍缺乏活力，专业成长缺乏激情，这需要从多方面着手解决，以提升体育教师发展的内在动力。第二，协调发展注重解决发展不平衡问题。面对当前我国体育教师队伍建设的不均衡问题，需要不断注入优质的新鲜血液，优化教师队伍年龄结构和区域分布结构，保持教师队伍活力。例如，在欠发达地区，本地培养的优质年轻职前体育教师往往更愿意到发达地区的大城市任教，使欠发达地区难以补充后备力量，仅依靠老教师完成基本体育教学任务，给体育教师队伍建设与学校体育发展带来巨大难题。第三，绿色发展注重解决发展中的和谐问题。体育教师队伍的绿色发展不是指对自然环境的修复，而是指要为体育教师营造一个良好的工作环境，一方面体现为体育教师所处的自然环境，另一方面是指体育教师所处的社会环境。前者主要体现为广大农村体育教师和西部贫困地区体育教师所处的自然环境恶劣，连开展基本的教学活动都难以保障；后者主要表现为体育教师所处的社会环境友好性较差，他们需要承受太多的不平等观念，这些问题都需要予以解决。例如，职业倦怠是体育教师存在的普遍现象，一般是指长期超负荷工作得不到缓解，产生身体和心理的懈怠状态，对工作甚至对生活失去动力和激情，消极负面地面对工作[①]。在体育教师数量本就不足的背景下，再加上校园足球、一校一品、课程改革等专项计划大力推进，一些体育教师长期超负荷工作，便可能导致职业倦怠，进而出现工作消极、抵触教师队伍建设工作等现象，导致体育教师队伍质量下降，不利于可持续发展。第四，开放发展重在解决封闭性问题，这需要与时俱进地更新教师教育理念、形式与内容。当前部分体育教师教育与培训存在在理念、手段、内容上未能紧跟课程改革步伐的现象，导致体育教师难以在培训中获得先进的育人理念、知识与技能等，进而形成恶性循环，阻碍体育教师队伍建设与发展。第五，共享发展重在解决社会公平正义问题。我国各地对体育教师队伍建设的经费投入和重视程度差别较大，导致其待遇和获得专业发展的机会

---

① Michael P. Leiter, David Clark, Josette Durup., "Distinct Models of Burnout and Commitment Among Men and Women in the Military", *Journal of Applied Behavioral Science*, 1994, 30(1) : 63-82.

也千差万别，使欠发达地区体育教师流失的可能性逐渐增大。因此，未来需要通过加大经费投入、强化公费师范生培养、推进网络信息化培训等措施来缓解体育教师发展的不公平问题，并最大限度地实现专业发展效益的共建共享。总体而言，体育教师队伍可持续发展是一项从宏观到微观、从整体到个体的综合性复杂任务，需要以五大发展理念为引领实现可持续发展。

三　中国式现代化进程中推进体育教师队伍建设的有效路径

（一）以人民主体性为中心，坚持党对体育教师队伍建设的绝对领导

党的二十大报告强调，中国式现代化是中国共产党领导的社会主义现代化。这一论断揭示了中国式现代化的本质属性，阐明了中国式现代化的价值方向。中国式现代化秉持人民主体性思想，实现了对以资本逻辑为中心的西方现代化发展模式的历史性超越，遵循了以人民为中心的现代化发展逻辑。实际上，历史和人民之所以选择了中国共产党，归根结底是因为中国共产党是牢固树立人民中心地位、坚守人民价值立场的政党，是以马克思主义理论为思想武装、具有强烈的理论自觉和坚定理论自信的政党，是永葆建党初心、勇于自我革命从而始终保持先进性和纯洁性的政党，是坚持实事求是和解放思想、独立自主开拓前进道路的政党。体育教师是人民的教师，建设体育教师队伍的最终目的是为人民服务。因此，在中国式现代化进程中推进体育教师队伍建设，必须坚持以人民主体性为中心①，坚持党对体育教师队伍建设的绝对领导。

要厘清体育教师队伍建设的"人民主体性"的内涵，人民主体性在本质上是指要尊重每一位体育教师，这体现在以下三个层面。一是重视体育教师的价值，破除社会中"四肢发达、头脑简单"的标签化效应，行政管理部门要从解决体育教师编制、提高体育教师待遇、减轻体育教师工作负荷等角度出发，让体育教师感受到上级部门的真诚关怀，激发体育教师的职业奉献意识。二是体育教师在自身层面要实现主体意识的觉醒，每一位体育教师都要觉醒、自觉与自为，充分认识到个体利益应该服从国家利益、部门利益和学校利益，认识到青少年健

---

① 李红梅、周文华：《新时代人民主体性的层次性分析》，http://ex.cssn.cn/mkszy/yc/202005/t20200506_5124180.shtml，2020年5月6日。

康成长与中国梦的实现与个体利益密切相关，在工作岗位上以集体利益为重，充分发挥个体的主体性价值。三是在学生层面要激发学生对体育教师重要性的认识，要尊重体育教师的人格，尊重体育教师为人师表的基本尊严，即要引导学生建立对体育教师的正确职业观。以上三个层面的体育教师"人民主体性"的凸显，都必须以党的领导为基础，这是因为坚持中国共产党的领导有助于保证体育教师队伍建设沿着正确的价值方向前进，与社会主义核心价值观和落实"立德树人"的根本任务保持一致；有助于为体育教师队伍的思想政治建设保驾护航，以马克思主义和习近平总书记有关体育的重要论述为指导，加强体育教师队伍建设；有助于引导各部门的工作和政策执行成为党与体育教师的"连心"工程，体育教师通过党的领导而深切感受到党的温暖。

（二）以提升质量为基点，秉持体育教师队伍建设的高质量发展观

高质量发展是全面建设社会主义现代化国家的首要任务，该原则既是中国式现代化发展的必然要求，也是体育现代化推进和体育强国建设的根本遵循，应当从多方面、多角度予以落实。未来 15 年特别是今后 5 年，是全面实现社会主义现代化建设的战略攻坚期，对以中国式现代化推进中华民族伟大复兴影响深远。推动教育高质量发展、建构高质量教育体系，是当前以及今后相当长的一个时期教育领域的重点工作①。党的二十大报告指出："中国式现代化的本质要求是：坚持中国共产党领导，坚持中国特色社会主义，实现高质量发展……"因此，在中国式现代化进程中推进体育教师队伍建设，必须以提升质量为基点，始终秉持体育教师队伍建设的高质量发展观，具体体现在以下几个方面。

一是落实体育教师配备的高质量。如前文所述，当前我国体育教师队伍配备存在比较严重的不均衡现象，欠发达地区的体育教师数量短缺现象非常突出，发达地区虽然基本解决了数量短缺问题，但体育教师的整体质量还有待进一步提升。从国际可比口径来看，显著改善教师队伍建设质量的"五个重要参数"是"人员投入比、班额、生师比、教职员比和教师薪酬水平"，这些也是衡量体育教师配备是否高质量的可靠参数。因此，未来需要进一步增加体育教师的数量，尤其要解决体育课班级学生人数过多的问题，提高体育教师与学生的比例，增加

---

① 郑金洲：《"中国式现代化"的教育意蕴》，《中国教育学刊》2022 年第 12 期，第 1~7 页。

体育教师在全体教职工中的比例，大幅提升体育教师的薪酬水平，尤其要杜绝体育教师与其他学科教师之间存在的"同工不同酬"现象。

二是实现体育教师培养的高质量。体育教师的培养包括职前培养和在职培养两个环节。对于职前体育教师的高质量培养而言，需要从招生体制、培养方案、培养目标、课程设置、教学实践等多角度进行协同优化。以招生体制为例，近年来，由于升学等多种功利性原因，大量在短时间内进行体育培训后进入高校体育教育专业学习的学生不断增加，这些学生从事体育运动的时间较短，基本功不扎实，且对体育缺乏热爱，更多将体育当作上大学的跳板，对体育教师队伍质量构成了严重的威胁。因此，未来在体育教育专业招生环节，建议增加面试环节，考察学生是否适合从教及其从教意愿，以确保在源头上招收一批高质量的职前体育教师。在在职体育教师的高质量培养方面，应该首先把好体育教师招聘关口，保证体育教师通过师范教育或职前体育教师培训进入工作岗位，避免部分学校面向社会招收退役军人、保安、健身教练等人士从事体育教师工作。地方教育局要加强体育教师资格审查，防止不合格人员进入体育教师队伍[1]。在选拔优秀的体育教师进入工作岗位后，要有组织、有计划地进行长期培养，强化教师培训的有效性和质量，避免将在职体育教师培训异化为仅仅为了"拿学分"的继续教育。

三是落实体育教师评价的高质量。建设高质量教师队伍，必须改革教师评价方式[2]。在评价指导思想上要"去唯纠偏"，要符合体育教师职业属性特性，体现正确的导向，尊重体育教育规律，反映体育教师工作特点和成长规律。尤其是要破解过于"唯运动能力""唯竞赛成绩"的体育教师评价指导思想，从全方位评价体育教师的综合素养。在评价对象上要进行精细化分类，要针对大学体育教师、中小学体育教师、职业院校体育教师、特殊教育体育教师等建立不同类型的考核评价体系，强化与特定类型体育教师职业岗位的匹配；在评价内容上要体现多元化，在重视体育教师关键能力的基础上，强化对体育教师价值观念和必备品格的评价；在评价方法上要落实"减负"要求，以不给体育教师增加工作负担为原则，做到既简单有效，又要坚持高标准、严要求。

---

① 刘世磊：《我国近代军国民教育思想下的体育教学特征及其当今镜鉴》，《哈尔滨体育学院学报》2021年第4期，第16~22页。
② 管培俊：《改革教师评价方式 建设高质量教师队伍》，《中国高等教育》2022年第Z2期，第22~23页。

（三） 以软硬实力为组合，全面培养体育教师核心素养

党的二十大报告明确指出"培养什么人、怎样培养人、为谁培养人是教育的根本问题"，这是充分发挥教育现代化在中国式现代化中重要作用的基本着力点。上述问题体现了"立德树人"的根本内涵，反映了新时代对人才培养的价值取向。为了落实"立德树人"根本任务，全面培养学生的体育与健康核心素养，就必须落实全面培养体育教师核心素养的基本前提，而这又要以体育教师软硬实力组合为统领[①]。换言之，体育教师核心素养在本质上是对"唯能力观"的根本突破，是对体育教师既要具备"硬实力"，又要具备"软实力"的内在要求。

首先，要构建以软硬实力为组合的体育教师核心素养体系，这一体系涵盖了体育教师的价值观念、必备品格和关键能力等要素[②]。其中，关键能力是体育教师应该具备的"硬实力"，价值观念和必备品格是体育教师应该具备的"软实力"（见图 1）。关键能力包括体育运动能力、体育课程领悟能力、体育教学实施能力、课外体育执行能力、体育教研能力、学习与反思能力等，这些能力可以进一步划分为基础层、实施层和拓展层三个层次。体育教师的运动能力是关键能力的基础层，在帮助学生掌握 1~2 项运动技能的过程中，体育教师首先自己必须掌握该运动技能，明确动作技术关键要点及运用情境等。课程领悟能力、教学实施能力、课外体育执行能力等是关键能力的实施层，体育教师需要领悟国家课程标准的相关精神，并能将其落实到教学中，进而开展以核心素养为导向的体育教学实践，通过一体化教学设计、教学情境创设、表现性评价等促进学生核心素养生成[③]。此外，在课外体育活动中，体育教师还需要能够组织体育社团、体育竞赛、体育节等活动，充分引导学生在课余时间开展实践活动。教研能力、学习与反思能力是关键能力的拓展层，是体育教师审视自我教学行为、进行自我提高的拓展能力，这些能力能够促进体育教师实现自我专业发展。与关键能力相比，价

---

① 易宏：《"综合实力=硬实力软实力"——软实力和硬实力及综合实力关系的拟数学模型解读》，《中国科技信息》2014 年第 9 期，第 275~276 页。
② 尹志华、付凌一、孙铭珠等：《体育教师发展核心素养的结构探索：基于扎根理论的质性研究》，《体育学刊》2022 年第 4 期，第 104~111 页。
③ 尹志华、孟涵、孙铭珠等：《新课标背景下体育与健康课程落实核心素养培养的思维原则与实践路径》，《首都体育学院学报》2022 年第 3 期，第 253~262 页。

值观念与必备品格则是体育教师发展核心素养的"软实力",指引着体育教师立德、立身和立学。体育教师的价值观念包括制度观、职业观与学生观,必备品格包括体育人文底蕴、体育科学精神及体育品德。体育教师的价值观念与必备品格非常重要,如果体育教师由于个人原因或外界诱惑出现价值观错误、品格不端等现象,即使该教师具备高水平的关键能力,也无法将能力转化为体育教学价值输出。反之,体育教师即使拥有正确价值观与必备品格,但若存在掌握运动项目不精不全、难以深入理解课程标准并展开实施、无法组织有效的课外体育活动、未掌握正确教研方法、难以进行有效教学反思等问题,也同样无法培养学生的核心素养,落实"立德树人"的根本任务。

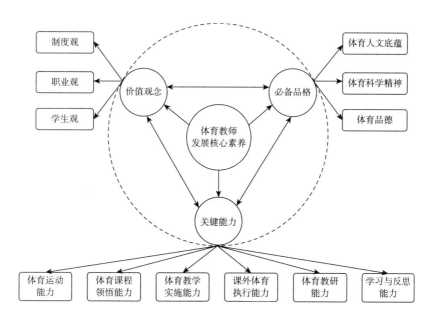

图 1 体育教师核心素养体系结构

其次,要基于体育教师核心素养体系全方位培养体育教师的核心素养。在国家层面,要在政策文件中强化以核心素养为导向的教师发展观,尤其要在"一流本科专业建设"、体育师范类专业认证、国培计划等重大顶层设计中强化对体育教师核心素养的要求;在地方层面,高等院校要及时优化体育教育专业培养方案,从目标设置、课程安排、教学实践等多方面注重培养职前体育教师的核心素养;而地方教育行政部门则需要在体育教师招聘、教师质量考核、教学比武、教研课题申报等活动中强化体育教师核心素养的重要性；在体育教师个体层面尤其要重视转变"唯能力"的价值观，精准弥补自身在价值观念和必备品格方面的"软实力"短板，转向重视自身核心素养，锻造既具备"硬实力"又具备"软实力"的体育教师立身之本。

（四）以师德师风建设为核心，贯彻落实体育教师素质第一标准

党的二十大报告将加强师德师风建设作为培养高素质教师队伍的核心，这是落实教师素质第一标准的根本指向。顾明远①教授指出，改革开放以来，特别是党的十八大以来，我国教师队伍建设取得了巨大的成就，探索出了一条坚持党的领导、以师德建设为核心、不断提升质量和岗位吸引力的中国特色社会主义教师队伍建设之路，但随着教育普及率的不断提高，教师规模不断扩大，区域及城乡之间不可避免地出现了教育发展不平衡、不充分的问题，教师队伍建设也不例外。由此可见，师德师风建设是现代化进程中推进我国教师队伍建设的核心所在。2021 年 4 月，习近平总书记在参加清华大学建校 110 周年校庆时发表重要讲话，提出教师要成为"大先生"，做学生为学、为事、为人的示范。2022 年 4 月，习近平总书记在考察中国人民大学时提出教师要做"经师"和"人师"的统一体。习近平总书记的上述讲话不仅充分表达了对教师的尊重，也凸显了对新时代教师师德师风的殷切期望。师德师风主要是指教师的职业道德修养、行为习惯和风气等②。近年来，习近平总书记多次发表重要讲话，强调要把师德师风作为"教师素质的第一标准"，而各部委也出台了《关于加强和改进新时代师德师风建设的意见》《深化新时代教育评价改革总体方案》《关于全面加强和改进新时代学校体育工作的意见》等政策文件，为教师的职业规范和行为道德明确了底线。因此，加强体育教师师德师风建设，落实体育教师素质的第一标准，是保证我国体育教师队伍建设向着正确方向前进的根本遵循。

加强体育教师师德师风建设要做好以下几方面。一是要深刻领会师德师风建设的重要性，尤其要解决以往在体育教师队伍建设过程中，对于部分教学科研能力突出但出现师德师风问题的教师采取"不处理"、"冷处理"、"软处理"或

---

① 顾明远：《加强教师队伍建设，实现教育现代化》，《河北师范大学学报》（教育科学版）2022 年第 4 期，第 1~4 页。

② 彭琛探：《新时代我国高校师德师风建设研究》，西北师范大学硕士学位论文，2020。

"从轻处理"的现象。始终将师德师风作为教师素质评价的第一标准，以师德师风的底线为准绳，确保体育教师队伍建设的一切措施都基于师德师风的要求，强化体育教师队伍的纯洁性。二是重视师德师风建设的"具身体验"。以往在加强体育教师队伍思想政治教育工作的过程中，通常重视对文件精神的传达和政策内涵的理论解读，却忽视了体育教师对师德师风失范现象的真实体验，使体育教师对师德师风的感知停留在理论层面，导致理论感知与实践行动的脱节。因此，应通过案例剖析、情境体验、现象反思等具体手段将体育教师师德师风建设落实到实践层面。三是建立体育教师师德师风评价标准。虽然党的二十大报告以及之前的多项政策文件都强调了师德师风对教师队伍建设的重要性，但如何细化"第一标准"并予以落实还存在很大空间。因此，未来应开发有针对性的体育教师师德师风评价体系，明确体育教师在师德师风方面的底线与红线，确立评价的操作性指标和程序，并在体育教师队伍建设中严格执行师德师风评价标准。

（五）以弘扬尊师重教社会风尚为抓手，提升体育教师幸福感和成就感

尊师重教是中国优秀的传统文化，"一日为师，终身为父"的观念体现了对知识分子的尊重与爱护，党的二十大报告也明确指出要"弘扬尊师重教社会风尚"。众所周知，一个社会是否尊师重教，与教师的社会地位高低密切相关。但近年来在各级各类学校中，体育教师往往难以受到应有的重视。实际上，社会上贬损体育教师形象等言论和事例，虽有大众的主观臆断，但大多是基于普遍存在的客观事实[1]，导致体育教师的被认同程度较低，其幸福感和成就感也偏低。因此，在新时代推进中国式现代化进程中，应在体育教师队伍建设中积极落实党的二十大关于"弘扬尊师重教社会风尚"的要求。

首先，国家应从舆论层面进行积极引导。当前社会上所产生的对体育教师的各类不尊重的言论和行为，除了体育教师在工作场所、日常穿戴、教学行为等方面与传统观念中的"文化人"形象有较大差异外，更多是舆论导向产生的负面引导。实际上，体育教师虽然教授的并非"认知性"知识，但是对"默会性"知识进行传承与发扬是其重要的手段。因此，国家应该要对体育教师所教的知识类型进行公共释义，在政策文件、政府报告、学术成果、媒体宣传等舆论层面进

行正向引导，尤其要加强对微信、抖音、b 站、小红书等自媒体对体育教师的不当宣传的监督，形成风清气正的社会风尚。其次，要全面落实体育教师的各项待遇。"同工不同酬"的现象是社会对体育教师不尊重的重要原因，虽然在一些政策文件中屡次提及要解决这一问题，但地方在政策执行时并不彻底。因此，各地政府要加大对学校体育的投入，在基本工资、教学经费、训练津贴、服装补助、场地器材添置等层面予以保障，让体育教师感受到主管部门的关怀。最后，大力推进体育教师的荣誉表彰制度建设。可通过教育部教师工作司和教育部体育卫生与艺术教育司牵头，设立国家体育教师荣誉制度，设立国家体育教师奖，对在边远地区任教或在学校体育工作中有重大突出贡献的体育教师，依照国家有关规定授予人民体育教育家、全国体育教书育人楷模、全国模范体育教师、全国优秀体育教师等称号，从制度层面进一步强化尊师重教的社会风尚，从而显著提升体育教师的幸福感和成就感。

The Value, Problems and Ways of Promoting the Construction of Physical Education Teachers in the Process of Chinese Modernization

Yin Zhihua, Liu Haohui, Jiang Jiajun, Chen Weifeng

Abstract: The report of the 20th National Congress clearly proposed to "cultivate high-quality teachers", which pointed out the direction for vigorously promoting the construction of physical education (PE) teachers in the process of Chinese modernization. The great value of promoting the construction of PE teachers in the process of Chinese modernization is reflected in the following aspects: helping the construction of sports modernization and comprehensively promoting the great rejuvenation of the Chinese nation; To carry out the fundamental task of "fostering morality and cultivating people" and promote all-round development of moral education, intellectual education, physical education, aesthetic education and labor education; enhance their core competitiveness, make the foundation for development of high quality physical education. From the five characteristics of Chinese modernization: the modernization requirement of huge population scale highlights the imbalance of PE teachers; The modernization of common prosperity of all the people has put forward a great challenge to the professional level of PE teachers. The modernization of harmony between material civilization and spiritual civilization requires cracking the "only ability view" of PE teachers' development; The modernization of harmonious coexistence between man and nature requires the construction of PE teachers to insist on sustainability; The modernization of the road of peaceful development requires the construction of a community of shared future for PE teachers. In the future, we should take the people's subjectivity as the center and insist on the Party's absolute leadership to the construction of PE teachers. Based on improving the quality, uphold the high-quality development concept of PE teachers' construction; With soft and hard strength as a combination, comprehensively cultivate PE teachers' key competencies; With the construction of teachers' ethics as the core, the first standard of PE teachers' quality should be implemented; To promote respect for teachers and emphasis on teaching social fashion as the starting point, to improve PE teachers' happiness and sense of achievement.

Keywords: Chinese Modernization; Physical Education Teacher; Teacher Ethics; Key Competencies; High Quality Development

以体育人之路

——北京市体育特级教师谢学军口述访谈录

付云超 张红雪 刘家良 孙 科*

【摘 要】谢学军是北京市特级、正高级教师，是一位具有丰富执教经验的一线体育教学专家。综观其从事的体育教育教学工作经历，他不仅能够做到勤于思考，突破自我，还能够认真从事体育教研工作，通过教研来提升自我能力水平。本访谈从其求学轨迹、工作经历开始叙述，讲述了其多年从事体育教育的心路历程，分享了其体育教育教学的观念与方法。笔者认为：（1）加强能力建设、锤炼"体育教学科研"能力，是一名体育特级教师成长的关键，是体育教师成长成才的重要途径；（2）"严师出高徒""教学先做人"是体育教师应该秉承的人生信条，要坚守体育教学主阵地，重视自我品德修养；（3）体育是挫折教育，只有激发起学生的竞争意识，让学生在挫折中学会生存、生活，才是真正的体育教育；（4）创新体育教学方法，运用多样化的手段辅助体育教学，进而形成自己的体育教研风格，是体育特级教师应具备的基本素养。

【关 键 词】体育特级教师；体育教学；体育科研

---

* 付云超，北京中学体育教师，小学部篮球项目负责人；张红雪，北京石油化工附属小学体育一级教师，研究方向为体育教学与训练；刘家良，北京大兴区第七中学体育二级教师，研究方向为体育教学与训练；孙科，通信作者，副教授，博士，主要研究方向为体育政策。

一　误打误撞投入了体育怀抱

我父亲曾经是一名小学教师，后来响应国家号召回村务农，成为了村支部委员；母亲也务农操持家务，家里人并没有从事体育工作的。我小时候比较好动、爱玩，但也没有把体育发展成为一项运动爱好，更没有想到将来我的人生会和体育结缘。从 1975 年开始，我在北京大兴区曹辛庄上小学，对体育课几乎没有什么印象。1980 年，我到北京大兴区郭家务中学（现已合并至北京大兴区榆垡中学）上初中，才开始对体育课有了印象。那时候学校条件很艰苦，全是大泥场子，几块篮球场地也是泥地的。我们只有一位体育教师，主要教武术。放学以后，我们主要是打篮球、做游戏。实事求是地说，我在大兴区最南端农村上初中的时候，成绩还是比较好的，总能考到年级前三名，还担任班里的学习委员。我比较喜欢数学、物理、化学等理科科目，不太喜欢语文。由于偏科，我语文中考考了不到 80 分，因此没有考上县里唯一的重点高中，而是考上了北京大兴区旧宫中学，当时这是一所次重点高中。在这所高中，我才对体育课有了比较深刻的印象。与以前的体育课不同，在这里我们的体育教师开始教体操等一些技术类的运动项目。

说实话，高中阶段，我对体育虽没有什么特殊爱好，但对体育并不排斥。当然，我也很认真地去上体育课，积极参与一些体育活动。我在体育方面真的是平淡无奇，没有任何特长，甚至没有参加过学校的运动会，只是看台上的一名普通观众。有一次，在高三校运动会 100 米赛跑项目中，有一个同学生病，就建议我替他参加，说我平时跑得也不慢。我想，试试就试试吧。结果一跑，获得了全校该年级组的第一名。也是这次机会，使我对自己的运动能力有了初步的认识。但是，因为我的学习成绩还可以，从来没有想过考体育类的大学，还是想考一所比较好的理工类大学。

高中阶段，我还是以学习为主，思想最大的变化是认识到了语文的重要性，并开始认真学习。这主要有两个原因：一是我们的班主任是语文教师，我必须好好学习；二是我要吸取中考语文失利的教训，吃一堑长一智，认真关注并增强学习语文的意识，就会有好的结果。高考时，我的语文成绩在高考科目中是最好的。现在看来，学好语文很重要。在体育教案的编写、工作计划的制订以及理论知识学习方面，我都体会到了语文的重要性。教学、科研不仅需要理论和实践知识，更需要强有力的文字表达能力。后来，我发表了一系列的体育科研成果，就是得益于比较扎实的文字功底。可以说，语文的学习，为我今后体育教学事业的发展奠定了坚实的基础。

命运真是难以捉摸。在我看来，考上一所理工类的大学是一件十拿九稳的事情。结果，事与愿违，高考时发挥失常，没有考出理想的成绩，加上当年高考理工类大学分数线大幅提高，我不幸落榜了。我很不服气，没有填报合适的大专、中专类学校，而是直接去了榆垡中学复读。复读这一年我经历了人生的第二次大考。这一次为是因为北京市师资不够，要求高三学生都要参加师范院校的定向考试，毕业后做教师，考上了就不用再参加全国高考了。我不愿意当教师，宁愿去一个厂矿企业工作。我虽然对考师范类院校很茫然，有些不情愿，但第一次师范类定向考试又不得不参加，总觉得毕竟是一次机会。当时，班里很多男生都准备考北京体育师范学院。我想来想去，也决定去试试。就这样，我报名参加了北京体育师范学院的体育加试。结果凭着比较好的身体素质，通过了体育加试项目，误打误撞地考入了北京体育院校。

那个成绩我至今还记得：100 米跑了 12.8 秒，立定跳远跳了 2.69 米，800 米跑了 2 分 25 秒。因为力量稍差些，抛实心球抛到了近 9 米。我没有参加过学校的运动队，也没有受过专业训练，只凭自己过硬的身体素质考出来了，这样的成绩，已经让我觉得不可思议了。虽然体育加试过关了，但我还是犹豫不决，以致后来的文化考试都心不在焉，结果成绩没有达到本科录取分数线，只达到了大专录取分数线。1987 年，我就被北京体育师范学院（现名称为首都体育学院）录取了，成为了一名体育师范生。我的老师们从来没有想过我将来会考上体育师范院校，成为体育教师。当我去上体育院校的时候，我的高中老师仍然不相信，仍感到很惊讶，大大出乎了他们的预料。

踏入北京体育师范学院的那一刻，我感觉就像在做梦。我的心里极度忐忑不安，因为我的体育基础薄弱，对于自己能否通过两年的各项运动科目的考核，能否合格毕业，将来能否成为一名体育教师感到很茫然。那时学生毕业除了所有文化科目、体育项目成绩都要合格外，还要额外学会三套操，院长亲自考核，否则不允许毕业。带着这些疑问，我开始了在北京体育师范学院的大学生活。求学期间，我按部就班地学习，加强自己薄弱的体育科目，课下经常练习一些技术项目。这时，我发现自己喜欢上了田径项目，见到跑道就跃跃欲试，参加体育竞赛时感到非常兴奋。我也比较喜欢体操类项目，如双杠、技巧、跳跃和单杠，考核的分数都比较高。两年后，我的疑问有了答案，由于自己有坚定的信心，刻苦训练，认真对待每一门课程，业余时间经常去阅览室、图书馆学习知识，上课多做笔记，对于自己薄弱的体育项目加强了课下练习，因此，各项运动科目及相关理论知识的考核全部合格，文化科目更是轻松顺利通过。总体来看，通过在北京体育师范学院两年的锤炼，不仅提高了我的运动技能，增强了我的理论学习能力，还为我以后从事体育教学，成为一名体育教师打下了良好的基础。

二 认认真真做了一名体育教师

1989年我从北京体育师范学院顺利毕业，被分配到大兴区最南端的农村学校——榆垡中学，开始了体育教师的执教生涯。刚踏入榆垡中学执教时，我有刚走出校门的学生的青涩，也有刚参加工作的喜悦和迷茫，但更多的是期待自己能在工作岗位上作出一番成就。在榆垡中学工作的12年里，我担任了8年初中体育、4年高中体育的教育教学工作。在这12年间，我坚定了专心、认真做一名体育教师的决心和努力工作的信念。工作之初，我获得了学校内的专业荣誉奖项，随后辅导的运动队获得了"榆、大、南"片区团体冠军。我辅导的学生有30余人获得县级运动前6名的奖项，所任教班级的学生体育测试成绩都能过关。在学校教职工大会上，我被时任的校长表扬为榆垡中学的两颗"新星"之一。辛勤的付出总会有收获，我还获得了很多县级、区级专业项目奖励，并拿到了北京市中小学体育教学评优二等奖。

为了进一步提升自己的专业能力、提升执教水平，我于1994年参加了全国成人高考，再次被母校录取，进行了不脱产的三年本科学习，获得了大学本科学历和教育学学士学位。2001年9月，由于工作的需要，我调到了大兴区西北的农村学校——芦城中学任教，其间还兼任了教研组组长、德育主任、团支部书记及安全保卫等一些行政工作。在此期间，尽管我一人身兼数职，工作比较辛苦，却从来没有放弃过体育教学，也没有脱离过体育课堂。功夫不负有心人，我在此期间获得了北京健康促进校先进个人、大兴区学科带头人、大兴区优秀骨干教师、大兴区优秀研究课一等奖等奖项。当时，芦城中学还新建了校舍，我本以为会在这所学校工作到退休。然而，2007 年 8 月，区教委对学校进行了合并调整，将芦城中学合并到了区直属的大兴七中。学校合并后，我放弃了行政工作，开始专心投入到体育学科的教育教学中。正是这个决定成就了我，使我成长为一名业务骨干，并为以后的发展找到了更明确的方向。

回想在这三个单位的工作经历，我心潮澎湃、感慨万千，也是收获颇多。2007~2016 年，我连续三届被评为北京市中学骨干教师；2015 年，我远赴西部边远地区参与实地调研活动，并担任实践指导专家。同时，我被聘为"国培计划（2015）"体育美育骨干教师培训项目实践的指导教师和主讲教师，以及北京教育学院体育与艺术学院的实践指导专家。我曾是两届北京市学科带头人与骨干班优秀学员，被评为北京市建促校先进个人、北京市首届万名"孝星"评比活动中的孝星，以及区级优秀体育教师、区级学科带头人和优秀骨干教师。我还被聘为大兴区课程教材评审、指导专家；参与过多项市级以上的课题研究，主持过区级课题研究。我撰写的数十篇科研论文多次获得市区级、国家级奖励，指导和培养的教师如李明欣、李建军等也多次在市区级各类教学、论文等评比中获奖，其中李建军教师获得过大兴区优秀体育教师和优秀教练员荣誉称号。

2007 年，我被评为市级骨干教师后，参加了三届体育与教育学院市级骨干学习班。学习期间，我沉下心来读书，并聆听了许多名家讲座，如陈雁飞、季浏、毛振明、耿培新等专家的讲座，让我受益匪浅。在此期间，我参与了北京教育学院体育与艺术教育学院的"义务教育体育与健康学科教师培训课程标准""促进农村学校体育教育和体育活动项目视频研制""教学名师项目——农村体育名师教学技法研究初中项目"等课题的研究，并成为课题组的核心成员。通过参加这些市级以上课题研究，提升了我的学术水平，参与了学术课题研究，开始了初中体育室内实践等系列研究，并获得了 4 个市级二等奖、1 个三等奖。这些经历给了我很多启示，就是人在成长的关键时期，特别需要专家的引领与点拨。从青涩的大学生成长为北京市骨干教师，我的教育生涯实现了质的飞跃。我认识到只有真心地想成为好教师，才能咬紧牙关去磨砺自己，才能认识到专家的引领与点拨对成长的重要意义，这样才会有比较大的发展。

三　不辞辛苦地从事体育育人

"严师出高徒""教学先做人"是我的人生信条和工作宗旨。人们传统观念中对体育学科抱有很大的偏见。实际上，体育学科蕴含着丰富的品行教育内容。毛泽东在《体育之研究》中指出，"体者，为知识之载而为道德之寓者也。其载知识也如车，其寓道德也如舍。体者，载知识之车而寓道德之舍也"，特别强调了德育、智育、体育三育并重的教育思想。那么我们如何发挥体育课的教育作用呢？我认为，关键在于上好每一节体育课，尤其是学生新入学及每学期的开学第一节体育课。我经常将这节课比作衣服上的第一粒"纽扣"，它应该受到大家的特别重视和关注。体育的第一节课之所以重要，是因为它为以后所有体育课打下了基础，是解决学生思想意识问题、培养学生良好习惯的关键一步。在这个时期，我们需要严格要求他们，必须让学生具备"站如松""坐如钟""行如风"的纪律性和品格。

体育课不仅是学生学习知识的课堂，也是培养学生正确的学习态度和良好的学习习惯的重要途径。做人做事都要有一丝不苟的态度。我基本上对犯错的学生不留情面，但对于表现好的学生，我会给予表扬和鼓励，以起到用先进带动后进的作用。为什么要这样？就是想用自己的态度来影响学生的态度。并且，我从来不认为严厉有什么不好。如果这种严厉是为了孩子好，是真正关心孩子，家长是能够理解的。有一次元旦，我收到了一封家长的来信。他在信中写道："敬爱的谢老师，您好，听孩子们说您是一位对学生要求严格的老师，很严厉，一丝不苟！但是您的教育方式又是以鼓励为主，可谓严爱有加，我们七班的家长与您素未谋面，但已深感您强烈的责任心，在此表示深深的感谢！"我想，这就是我的严厉得到了回报吧。在教学中，许多人倡导微笑、鼓励式教学，这固然有其好处，但也有其不足之处。我一向认为体育是挫折教育的一种形式。学生在体育活动中遇到挫折，就会激发起好胜心，自然就会努力竞争。

当然，教师首先要作出表率，要重视自我品德的修养及法规知识的学习。我一向严格要求自己，也不断学习法规知识。2004 年，我参加了大兴区中小学德育法规及相关知识比赛，获得了一等奖。在平时的教学中，我也注意收集教学案例，根据自己的教学经验和学生的不良习惯问题，撰写出论文供同行们参考。例如，2010 年的《谈对不良行为学生的"惩罚"教育》获得北京市教育学会中学德育研究会二等奖；《对行为不良的体育特长生进行"惩戒教育"的思考》一文，获得 2012 年北京市初中教师"实践德育"三等奖；2014 年的《初三体育特长生叛逆、蜕变的故事》荣获"大兴区青春期健康教育故事"征文二等奖；2016 年的《初中体育教师如何在教学中渗透德育教育的实践与思考》获得首届京津冀教育合作与发展教师论坛三等奖。

从教学方面来看，我还有一个感受就是用心抓牢教学的"主阵地"，这是体育教师成长的奠基石。我信奉的是"认真教课只会把课教对，用心教课才会把课教好"。课堂教学是每个体育教师最重要的基本功，是体育教师的"主阵地"。把课教好就是教师的责任，这个信念伴随着我的教学生涯。我一般会根据学生的情况和教学的需要，采用不同的教学模式，如对"分层分组教学""自主式教学""游戏融入教学法""音乐融入教学法"的尝试和探索。我着重谈一下体育课采用的音乐融入教学法。在体育课堂教学中，我时常思考怎样增强学生对体育课的乐趣。如果体育课有了乐趣，学生有了兴趣，就会提高课堂效率，这节课就成功了一半。兴趣才是最好的老师，很多学生喜欢听音乐，我就想能不能把音乐融入体育课堂中。在一次区级队列体操录像课评比中，我就尝试着把音乐融入课堂中，收到了不错的效果。实际上，要做到把音乐融入课堂中并不是一件简单的事情，需要花费大量的心血，需要教师制作出比较好的融合教案。要根据课堂教学内容、节奏、项目特点，选择适合的音乐，课堂气氛才会活跃，师生之间都有美好的享受。当时，北京市《中小学体育通讯》还报道了这次体育与音乐的融合课，在《大兴区教学研讨会创新》标题下这样写道："谢学军老师的课自始至终配有音乐，学生在欢快的课堂教学中既学到了知识，又陶冶了情操。"

我还创新了"寒假期体育作业检查法"。这种方法源于防止产生 5+2＝0 或 5+1＝0 的不好效果。学生在学校大约 5 个月，其间的体育课及课外活动能有效促进学生的身体健康，能有效增强学生的体质。但在放暑假的 2 个月，或放寒假的 1 个月期间，学生很难去主动运动，积极参加体育锻炼活动。开学后，我们看到学生的体质明显下降，教学效果很差。为了防止这些负面现象发生，我就布置了寒暑假期间的体育家庭作业。作业假期前发到每个学生手中，假期间每周要求每个学生发给我 1~2 个锻炼小视频，并记录每次锻炼的感受，开学后上交。我再逐一给他们批注，加上鼓励的话语，这样就起到了很好的监督作用。

此外，"学生先学习、教师后讲解"是一个有效的新教学法。现代信息技术的发展日新月异，互联网时代的到来，尤其近年来5G技术的迅猛发展，学生的视野都很开阔。通过多次上课的观察我发现，只要是授新课，教师在黑板前面按部就班地宣讲，学生就会心不在焉，不注意听讲。针对这样的现况，我就思考如何让学生真正地听进去、学起来，让学生"入戏"。我观察到，学生在放学后自由锻炼的热情高涨，那么可不可以在教授新课时赋予学生"自由活动的空间"呢？于是，我在一次教授"原地单手肩上投篮球"技术时开始了尝试，改变我讲、学生听的套路，先让学生根据自己的理解进行投篮动作自由练习5分钟。我就在旁边观察学生有什么表现。过了一会儿，有很多学生就来问我，他为什么总投不进去？而有些同学怎么一下子就投进去了？这时，我觉得是授新课程的最好时机。我就把学生集中到一起，开始分析学生投篮不进去的原因，自然他们听得就很认真，成为了主动的学习者，教学效果事半功倍，而且学生学习效果也非常好。

教学之初，有些茫然，要想把课教好，首先要写好教案。当时组内有一位老教师告诉我，要先学会写教案，就得先抄教案。他给了我一本体育教案书，让我按照这个去抄。的确，抄别人的教案，可以从中吸取别人的智慧。但我认为一味地去抄别人的教案是不行的，这样教学水平永远不会有真正的提高。在接过体育教案书之后，我首先学习别人是怎么写的，然后再琢磨还有哪些拓展的空间，能不能在这个基础上改得更好。我就又去翻阅教材，领会教学大纲的精神，按照季节、场地、项目分配不同的教学内容，充分了解班级学生的情况。于是我就编写了适合我自己班级学生的教案。因此，大家一定不要偷懒，一定要在借鉴的基础上，用自己的语言写出符合教学实际带有自己特色的教案。这个习惯我一直保留了下来，并且也的确获益颇丰。教学期间，我曾获得了全国优秀教案、优秀课件奖；先后获得市级优秀设计、区级优秀教案及优秀课件等15个奖项。通过这些经历，我也真正体会到：写一辈子教案可能只是一名教书匠，而写三年的教育反思则可能成为教育家。

教案弄懂弄通之后，为上课打好了基础。我们每个人都要迈出"跌跌撞撞"的第一步，就像临帖毛笔字一样，由生疏到熟悉，一步一个脚印艰难地走着，都要经过常规性的适应过程。我们平时好好教学，就是要随时迎接公开课的检验，就是为了较快地走上教学的正轨。我上过的区级、市级的评优课、公开课、研究课我上过不少于 20 节。上完课以后，我就会反问自己有没有收获？有没有进步？有没有用心上课？只有这样不断质问、反问自己，才能有成长和进步。前文提到，1997 年 12 月，我获得过北京市中小学体育教学评优二等奖。这次评比我虽然没有拿到一等奖，但是给了我很大的鼓励。如果我没有积极用心参加校级、（县）区级多次的研究课、评优课，就不会有这次的二等奖。当时，学校推荐我参加了区级体育评优，然后由区教委上报参加市内体育评优。在评选的时候，学校推荐了 33 节各学科课程，结果只有 3 节课获得了市级教研员的优秀评定，其中就包括我的这节体育视导课。因此，我的课就顺理成章地被学校推荐到市级评选，进而获得了市级评优课奖项。这给了我很大的信心。从那之后，我就不断地去争取上评优课、公开课和研究课，其中 10 多节课获得了区级一等奖、二等奖等奖项，以及市级优质课奖项。有了区级骨干、学科带头人、市级骨干、特级教师等荣誉称号。

在这里，我要跟大家分享另一个经验。我个人认为，课余训练是体育教师成长的助推器。课余训练是课堂教学的拓展和补充，只要真心、辛勤地付出，一定会有较好的收获。我在大兴区榆垡中学工作之初，就开始了学生的课余训练。上大学时，我喜欢并重点学习了田径专业，因此在教学中我也选择带领学校的田径队，先后带过 10 个左右投掷、短跑、中长跑、跳跃项目组的训练。我之所以开展运动队训练，最单纯的想法就是要把在体育院校学到的专业本领传承下去，最好的办法就是组建一个暑期全项目田径队。后来学校领导同意了我的申请，但是强调没有任何补助或者报酬，并且学校也不负责队里的各种费用。那个时候我年轻气盛，热爱田径项目，就没有退缩，于是就自愿开展了田径队的训练，并坚持训练了整个暑假。开学后，在"榆、大、南"片区田径运动会上，我带领田径队取得了团体总分第一名的好成绩。

课外训练也有助于学生升学。我在榆垡中学给全校 6 个班三个年级的高中生上体育课。我们学校的生源质量很一般，很多学生想通过体育这条路实现大学的梦想，但学校又没有安排专业的师资来满足学生的需求。我也知道，报考体育院校是这些学生最好的选择之一。于是，我很快组建了"体育院校报考小组"，将有需要的学生集合起来，根据学生不同的身体条件，选择了适合自身条件的运动项目。为了不耽误学生的文化课学习，我们只能选择每天学生放学后的 5 点半开始训练。我住的地方离学校有 25 公里，当时每天给学生训练完骑车回家，到家天基本已经黑了，家里人经常说我在上"夜班"。不过功夫不负有心人，自从 1997 年我接手高中体育训练工作，到 2001 年调离榆垡中学期间，我先后培养了 10 名体育特长生。他们在体育院校早已毕业，如今，有的在大兴"示范"小学任教，也有的在职高和市内学校任教，有的还成长为区级骨干教师和教研组组长。

总的来看，尽心做好体育教育教学工作，积极从事体育课改研究，不间断地撰写文章是我成长的点金石。教研是教学进步的动力，是教育教学水平提高的有效手段，更是教学形成特色的根本途径。而改革教学手段、方式和方法是提高体育教学质量的根本出路，也是形成教学风格的关键过程。作为教师，我们应因材施教，与时俱进。走上工作岗位之初，不太懂得这个道理，只觉得教学课改、教学风格是"高大上"且难以触及的东西。有一次，我参加了学校举行的一次论文评选比赛，一下子改变了我的想法。我给学生上跨越跳高时，忽然灵感一闪，用学生学到的物理学知识，给学生讲解跳高技术原理，学生听完后很快就掌握了跳高技术。于是，我就用这次讲课的灵感和经验写了一篇文章，得到了专家的认可并获得了奖项。这件小事不仅改变了我的观念，还激发了我对教研的热情，从此我对教研产生了浓厚的兴趣，先后在《北京科技报》《北京法制报》《京郊日报》《体育教学》等报刊上发表了一系列文章，撰写的论文获得国家级一等奖 4 篇，市级一等奖 5 篇，区级一等奖 5 篇。2011 年，北京市第九届中小学体育科学论文报告会上，由我撰写的两篇论文同时获得一等奖，并作为北京市初中体育教师代表在大会上发言，受到了当时主管此项工作的北京市教育委员会副主任郑萼的表扬。

我认为教学风格应该是多种多样的，不同的教师有不同的教学风格。有的教师喜欢旁敲侧击，不断启发；有的教师喜欢开门见山；有的教师在课堂上诙谐幽默；有的教师和风细雨；有的教师朴实无华；有的教师喜欢巧妙引入。平时我听其他教师的课，常常被他们的精彩说辞打动，在教学中总是想将他们的优点展示出来，最终却做不到。一名教师的教学风格，一是与其个人性格有关；二是与其个人经历有关；三是与其个人知识素养有关。在我看来，只要有利于学生的知识与技能的掌握，有利于学生心智的开发，有利于促进学生思维与情感的发展，采用什么样的教学方法、教学风格都是好的。那我的教学风格是什么样的呢？什么样的教学风格才适合我？回顾我从教二十几年的经历，从初出茅庐的稚嫩与青涩，教学中的探索与努力，到现在的一种平和与成熟。我不知道自己的教学风格是怎样的，但我坚信风格就是做人。那如何在体育教学中体现教学风格呢？

首先是要把素质教育贯穿其中，使学生成为一名独立正直的人。例如，上体育课的时候，要加强对学生组织性、纪律性的培养，培养学生良好的身体形态。采取有效的手段就是军训式的队列训练。在训练过程中，采取"分组训练法"。在分组训练时，采取让每位学生都体验当一次"小老师"，即每位同学出列喊口令、做动作的方法。让学生有自我表现的机会，展示自己的能力。前提是教师要统一对学生进行总体训练。另外，我们要抓住课间操这个契机，促进学生良好行为习惯的养成。课间操是全校性的有组织、有领导的集体活动，最能反映一个学校的校风和学生的精神面貌。因此，我们想真正上好每一节课间操，真正做到"快""静""齐"，姿势正确，动作协调有力，不仅能锻炼学生，而且能向学生进行优良作风教育。

其次，高标准要求自己，要拿出真功夫，用智慧点亮课堂教学。在教学中要注重寓教于乐，要让课堂气氛活跃，教学过程流畅，教学不仅要注重面向全体，更要关注个体差异，师生关系要融洽，这样才会使教学效果显著、教学目标达成度高、练习密度和练习强度大，才能充分体现出教师的智慧。体育课的教学目标要符合《体育与健康标准》的要求和教材特点，符合学生的实际，体现体育健康知识、基本技术和基本技能的传授；教学内容应符合课程标准，内容选择要科学，符合学生生理、心理、身体健康状况和体育水平的实际，重点、难点突出；教学过程严而不死，活而不乱，教学步骤要清晰，教学方法应符合学生特点；教学能力突出，教学基本功扎实，口令清晰，示范正确，课堂教学基本达到教学目标，教学效果好。

四　小结

苏霍姆林斯基说过，如果你想让教师的劳动，能够给教师带来一些乐趣，那么，就应当引导每一位教师走上从事研究的这条幸福的道路上来。我很喜欢体育教学研究，并把它当作自己的乐趣和爱好，然后用心上好每一节课，不断通过教研、教改提高我的理论水平和教学能力，不断从实践中总结出理论，进而形成自己的教学思想和教学风格。我认为，一个教师要有"要么不做，做就要做好"的自我准则，要把自己从事的体育教育教学工作做到最好，就要有一股不甘落后、勇于争先的劲头。我觉得不管自己获得什么样的荣誉，要始终告诫自己不忘来时的路，不能忘记自己就是一名普通的体育教师，更不能忘记体育教师的职责和使命。这么多年以来，我一直认认真真、任劳任怨，踏踏实实、扎扎实实地工作。我所教班级学生的中考成绩和高中会考成绩均超过区平均水平，并名列前茅；学生的健康体质测试达到优良的标准，不同体质学生的体能均得到有效的提高，始终贯彻体育教学"健康第一"的指导思想。我想，这才是一名体育教师应该做的事情。我给年轻教师的建议：要想成为一个有思想、有魅力、能吸引学生的教师，首先要做一个完整的人，一个爱国、爱家的人，一个性情中人；其次就是要读书、学习和思考，不断发现问题、解决问题；最后就是要突破自己，完善自己的人格与教学风格。

Self-Empowerment and Growth in the Sun: An Oral Interview Record with Xie Xuejun, a Special-Grade Physical Education Teacher in Beijing

Fu Yunchao, Zhang Hongxue, Liu Jialiang, Sun Ke

Abstract: Xie Xuejun, a special-grade and senior teacher in Beijing, is a highly experienced frontline expert in physical education. Reflecting on his career, Xie demonstrates not only diligence and self-improvement but also a commitment to rigorous research in physical education to enhance his capabilities. This interview delves into Xie's educational background, work experience, and his journey in physical education, sharing his insights and methods. The interview underscores: (1) The importance of honing "physical education research" skills as a key aspect of growth for special-grade physical education teachers; (2) Upholding the principles of "strict teachers cultivate outstanding students"and "teaching begins with personal character" is vital for moral development; (3) Physical education serves as a platform for teaching resilience, nurturing students' competitive spirit, and guiding them to thrive in adversity; (4) Innovating teaching methodologies and adopting diverse approaches are essential for developing one's unique style in physical education research.

Keywords: Physical Education Special-Grade Teacher; School Physical Education; Physical Education Teaching

尽从勤出：本色·转型·品质

——北京市体育特级教师王立新口述史

王　恒　程　志　孙　科[*]

【摘　　要】王立新是北京市特级、正高级教师，长期致力于小学体育教育教学工作。从语文到体育，王立新实现了跨学科的飞跃，破除了学科间的壁垒，并成长为一名优秀的体育教师。从一定程度上来讲，王立新的生命历程是广大体育教师艰难转型成长过程的一个缩影。访谈认为：（1）职业转型要有专业基础，否则难以克服转型风险，实现职业跃迁，获得较好的职业体验；（2）系统学习体育教育的理论知识，不断提升自身的专业素养和教学艺术，提高组织体育课堂教学和开展体育教学方法创新的能力，实现体育理论与实践的融合；（3）体育教学要发挥学生的主体作用，做到内容充实，运动量适宜，积极创新传统的体育教学模式；（4）体育特级教师的成长需要名师的"传帮带"，找到让学生和教师适合的个性发展和能力提升路径，才能扬起人生理想的风帆。

【关 键 词】体育特级教师；体育与健康；体育教育；体育课程

一　平凡经历，温暖人生

我出生在一个传统的家庭，母亲贤惠，父亲能干，整个家都充满了温暖的味

---

* 王恒，北京医学院附属中学体育教师，一级教师，研究方向为体育教学；程志，齐齐哈尔市拜泉县第三中学体育教师；孙科，通讯作者，中国科学院大学，副教授，研究方向为体育政策、体育口述史。

道。我的家庭只有我选择了从事体育工作。20世纪80年代，父亲曾是一家大型养鸡场和饲料厂的厂长，为我们姐弟三人提供了所能提供的一切。与同代人相比，我是比较幸福的，被保护得很好，从来没有挨过饿，而且吃得还不错，从来不用担心安全问题，也不用担心被欺凌，过得一直比较安逸。可以说，从小到大，无论是工作、学习还是生活，我都一直比较顺利。苏联著名教育学家马卡连柯说过，"父母是孩子人生第一任老师，他们的每句话、每个举动、每个眼神，甚至看不见的精神世界都会给孩子潜移默化的影响"。我深刻感受到了这句话的深意，也体会到了家庭生活、教育的重要性。受父母的影响，我的个性比较温和，也比较要强，不太喜欢表现自己，但是绝不委屈自己，也永不妥协。在做事情方面，我也比较守规矩，从来不会逾越道德底线。

当然，我也有不同于父母的一面，就是在做事上更加果断，无论做什么工作都能热情似火，充满激情，全身心投入。这或许就是体育带给我的宝贵财富。小学三年级时，我的体育天赋就有所表现。那时，我热爱运动，跑得快，班里无论男生还是女生都跑不过我，因此我经常参加学校、区里的运动会。那时的体育课没有现在这么丰富，就是很简单的游戏，如跳皮筋、丢沙包、接力跑等。这些游戏虽然简单，但是符合孩子爱玩的天性，因此大家都很喜欢体育课。小学五年级时，我代表乡镇参加了区里的运动会，并受到了区体校教练的关注。我上小学时学习成绩特别好，在班里总是名列前茅。区里选我去体校，但我没有去，还是想在学习方面有所突破。后来，我升入了平西府中学重点班，仍然坚持以学习为主，没有从事体育运动的想法，也没有想过成为一名运动员，去参加各种比赛。

不过，在我上初一的时候，体育老师就发现了我的体育特长，我就被选入了足球队、田径队。当时学校足球队兼田径教练的是王洪山老师，他对我帮助很大。当时，王老师带着我们校足球队参加了20世纪50年代守门员徐福生举办的集训队，训练了一个暑假。那时候，通过王老师推荐，我还曾到先农坛体育场参加过女足运动员的选拔比赛，曾获得了区里足球杯亚军。田径方面，我主攻的是跨栏项目，也取得过不错的成绩。通过王老师的仔细指导，我进步很快，加上平时训练比较刻苦，在区春季运动会上超过了当时体校的运动员，拿到了这个项目的第一名，引起了昌平区师范学校体育教师高峰的关注。高老师直接找到我，让我报考昌平区师范学校。考虑到自己是农村户口，有了转户口的机会，家里人就同意了我报考昌平师范学校。于是我就以体育特长生的身份进入了昌平区师范学校。因此，在昌平区师范学校的三年中，我一直参与了高强度的运动训练。

每次训练的时候，我都是从一个村跑到另一个村，去十三陵水库跑台阶。一想起日常训练的生活，我就有一种不再想从事体育的念头，真的是太苦了。不仅是平时训练，假期也是如此，几乎天天都在训练。有时候练到体力不支的时候，我真想放弃。但是，我第一次参加北京市中专运动会，就打破了女子跨栏纪录，这又激发了我前进的动力和继续刻苦训练的劲头。在昌平区师范学校学习的三年间，我参加了多次市级比赛，均取得了前三名的好成绩。鉴于我平时出色的表现，我被学校推选到了昌平县城任教，成为仅有的 3 个学生之一。如果没有我平时的刻苦训练和出色的体育成绩，我是没有机会被推选的。因此我要感谢体育和给予我帮助的每一位老师，因为在我人生的每一个十字路口，都是体育老师狠狠地推了我一把，让我有了更好的生活和人生经历。

1998 年 7 月，我毕业分配到了昌平镇中心五街小学。出乎意料的是，我任教语文学科，并担任了一名班主任。大家可能疑惑，怎么练体育的最后教了语文？我在昌平区师范学校的时候，并没有所谓的体育系、体育专业，而是与普通学生一样，上的都是文化课。分配的时候，用人单位可能也没有注意到这一点，就直接把我定位成了文化课教师。刚工作的时候，我住在六街的学校。每次下班回到六街学校的时候，就经常看到学生在操场训练的场景。尤其是操场上摆上栏杆的时候，我都会情不自禁地给学生做示范，告诉他们怎样去训练。尽管教了语文，我也从没有放弃过体育锻炼。每天早晨都要跑 2000 米，还经常代表教育局参加职工运动会。过了一年后，五街小学与二毛小学合并成为昌平区二毛学校，我仍然教语文并担任班主任，课余时间经常带领我们班的学生打篮球、踢足球。在每次校运动会上我们班都能拿到年级第一名的好成绩。

1998 年，我调入体育教研组后，很快就成了体育教研组组长。从事体育教学工作后，我深感肩上责任重大，作为新任体育教师，为了提高自己的工作能力和业务水平，更新自己的教育观念，符合创新教育和素质教育的要求，进一步发展自己的个性特长，有鲜明的教育和教学风格，更好地为教学工作服务，我首先做的是提升自己的学历，于 1998～2005 年在首都体育学院进修了专科和本科学历。

在进修的过程中，我系统地学习了教育学的理论和专业知识，不断提高自己的专业素养和教学艺术。在 6 年的进修中，我正确处理了工作与学习的矛盾，按照学校的有关规定，利用业余时间自学各门课程，积极参加集中面授，珍惜每一次的学习机会，并做好培训记录，使自己的业务素质在原有基础上得到进一步的提高，加强自己的实际能力和教育创新能力，转变教育理念和教育行为，把教育理论落实到实处。通过 6 年的学习，我完成了所有课程，掌握了所学知识，并通过了所有课程的考核。在学习期间，我能够将所学的知识用于指导小学体育教学实践，极大提高了自己组织课堂教学和开展教学法创新的能力。所带班级学生的成绩和体育素质在学校一直位于前列。

这么多年来，我一直从事小学体育教学工作，成为了一名普通的体育教师，勤勤恳恳地工作。我始终相信一句话：勤劳创造人生，体育改变人生，人品决定人生。曾国藩曾说过的"心存敬畏，方能行有所止"，我一直崇尚这句话，也从来没有肆无忌惮地做过违背良心的事情，总是心怀敬畏，努力约束自己的行为。我坚信做人只要踏实、肯干，就一定会赢得别人的尊重和认可。同事也开始越来越认可我的坚持、努力以及守规矩，我们还成了不错的朋友。每个人的人生或许都很平凡，每个人的工作或许都很普通，但是，我们应该在平凡的人生中、普通的工作中，依靠勤劳的双手，努力去绽放自己的青春，努力去实现自己的理想或目标。

二　敞开心胸，力学力耕

刚开始教体育课时，我基本上是从零开始的。尽管我练了多年体育，但是教体育课还是第一次，教学与训练还是有一定区别的。不过，多年扎实的运动训练，为我奠定了比较好的体育教学基础。为了上好每一节体育课，我就拜昌平城北中心小学的张桂霞老师为师。张桂霞是昌平区有影响力的体育教师，具有丰富的体育教学经验。我想系统接受一下体育教师的培训，就从备课开始学习。那时候没有网络，只能观看录像带。我就从区里电教中心借阅录像带，每天都要观看三节以上课程，来开阔眼界，提升水平。周末时，我就去找张老师学习备课和教学方法。有时，也会和张老师交流自己上课的情况与感受，向张老师请教一些不懂的问题。但提高最快的方式还是观摩张老师上课。这种观摩课不仅能直观地学到不少知识，而且效率很高。通过虚心学习，我开始有了进步。2003 年，我参加了北京市评优课并荣获一等奖，撰写的论文获得北京市科报会三等奖，那个年代全区能在北京市科报会获奖的教师很少。于是，这增加了我的自信心，让我更加热爱体育教学，刻苦钻研，2002 年曾被评为昌平区体育学科骨干教师，2003 年被评为北京市骨干教师，2006 年被评聘为北京市教育学会体育研究会理事。

自从被评为北京市骨干教师后，我每周到北京教育学院体育与艺术学院培训。在培训班中，专家的现场授课让我大开眼界。他们深厚的文化底蕴、严谨的治学态度、平易近人的教学风格，为我的思想注入了新鲜的"血液"，让我有了更加明确的方向。因此，我珍惜每一次学习的机会，准时参加，认真记录，回来后写出自己的学习体会，力求把这种教育教学理念运用到自己的教学中。现在回想起来，我非常幸运在培训班得到了专家的指导，也感谢北京教育学院给我创造了很多机会。在昌平区教委的安排下，我先后拜索玉华和陈雁飞两位为师。两位师傅在课题研究、体育用书编写、体育课指导等方面，给予了我很大的帮助和支持。经过不懈努力，我连续五届被评为北京市骨干教师，并评上了高级教师。后来，我参加了孙科博士主持的卓越特级教师工作室，成为工作室的学员，再次在观念上和行动上提升了自我认知，坚定了自我，最终被评为正高级教师。

有了前期的科研积淀，我积极参与了全国课题"体育教学中的合作教育研究"，以及"信息技术与学科整合的研究""新基础教育课程教材开发的研究与实验"课题之子课题"开发配合新课标教材的教学资源库的研究""发掘校本教育资源，促进师生可持续发展"等课题的研究。在研究过程中，我查阅文献资料、收集分析资料，围绕课题开展深入的科研活动，引导学生积极主动参与，学会并掌握探究发现、交流合作的学习方式，从而有效地促进学生的主体性和持续性发展。大胆改革传统的学习内容，创新出学生喜闻乐见的学习内容，并付诸实践，深受同学们的喜爱。几年来，多篇论文获得全国、市级、区级一等奖和二等奖。

自从我担任教师以来，就一直热衷于学校体育活动的开展，致力于体育课教学的研究和思考。特别是刚到学校的体育组时，我为学校课外体育兴趣小队的训练带来了可喜的变化，特别值得一提的是，我所带的田径队，曾获得昌平区团体第一名。我用爱赢得了学生的尊重，也让学生在体育课中收获了成功与自信。学生对体育课的喜爱和向往，使我不断学习和探究新的教学方法，并努力将其应用到实践中。不管是体育课、阳光体育大课间，还是运动会，都会有我忙碌奔波的身影。我要让学生感受到体育教师阳光般的气息。

在教学实践过程中，我认识到一名优秀的体育教师应理论与实践相结合，具备扎实的教育教学能力和丰富的教育教学经验，进而形成富有个性的教育教学风格。这些认识都是在积极探索体育课程与教材改革实践中获得的。在基础教育课程改革实验研究中，我十分注重学习现代课程理论，深入学习现代教学理论与主题教育理论的思想，努力构建"以人为本，适应个体差异发展"的课程与教学体系。在课堂教学中，我将美术课上的画面美、健美操中的形体美、音乐韵律中的节奏美整合到体育课中，使学生在美的旋律中、美的视觉中、美的感受中，心情愉悦地享受体育锻炼的乐趣，让身心得到健康发展。在教学中，我以课标教材为要求，结合学校实际情况和学生的体能状况，合理制订学年、学期与单元计划，认真备写教案，有质量、有效果地上好每一堂课。

在课堂上，我比较重视充分发挥学生的主体作用，做到内容充实，运动量适宜，融入分层次、情感、创新等多种方法。随着新教材的实施和新课程标准的出台，传统的教学思想和教学模式已经不能满足学生身心发展的需要。因此，在认真学习新课程标准的基础上，我彻底转变教学思想，积极构建一个宽松有序、和谐民主，以学生为主体，师生平等参与的体育教学模式。经过努力的摸索、不断的创新、大胆的尝试，我的日常体育课正在实现以下四个转变：变一味的传授知识、技能为教会学生怎么学、怎么练；变教师的主导地位为以学生的地位为主；变以考核内容安排教材教学为关注学生运动兴趣的形成；变单纯的体质训练为着眼于学生生理、心理和社会适应的和谐发展。因此，体育课质量明显提升，学生们都带着期盼的心态，愉悦地走进体育课堂。

作为北京市骨干教师，我积极开展骨干教师"帮带"活动，努力发挥专业引领作用，增强骨干教师的示范性。我积极参与北京市骨干教师开放型实践活动，每次观摩结束后，我都会针对这一堂课进行详细指导分析，引领和辐射更多一线教师同步成长。参与活动的教师都感到收获很多，受益匪浅。对其他教师我总是拥有一颗热心和耐心，诚恳地对待前来请教的教师，为他们出谋划策，查找资料，不断引领和帮助年轻教师成长。我还与本校教师沈玉海、张洁，以及天通苑学校的安子洲、童磊、王长兴、宗辰等建立了师徒关系，利用业余时间主动和他们一起研究教材、编写教案、听试讲，共同寻找课上调动学生积极性的方法。每次听完课或讲座，我都会主动与他们分享笔记和学习材料。5 年来，我所带的徒弟沈玉海、安子洲、张洁老师，在昌平区体育教师评优大赛中获得了一等奖，沈玉海老师已成为北京市骨干教师。

三　精研教学，创新方法

在语文教学的时候，我就针对学生的实际情况采取适合学生的措施，勇于实践，积极探索，大胆进行班级管理，积极进行课堂教学改革。例如，我在班中设立了一个知心信箱，每周打开一次。学生有什么问题或是对教师、家长有何看法，需要教师帮助解决困难等，都可以写进去。记得我班刘××同学在知心信箱中这样写道："王老师，我今年已经 11 岁了，但我有一个秘密，想请您帮我想个办法，那就是我每天睡觉时总得搂着姥姥睡，不然就睡不着，您说该怎么办呢？"后来我给他写了一封信，信中是这样写的："刘××，谢谢你对我的信任，说出了自己多年的秘密，俗话说，人无完人，十个手指头还不一般齐呢，你这点儿小毛病算不了什么，至于方法，我觉得你身为一个男子汉，时刻想着'我能行'，那就会逐渐改正，试试这个方法，看行不行。"过了几天，这位学生在知心信箱中写道："王老师，谢谢您给我的启迪，昨晚是我长这么大第一次一个人睡，感觉还真的不错呢！'我能行'，这是我感受最深的一句话，请您相信我在今后的学习生活中，我一定能行的。"通过这件事，我深深地体会到，学生已把我当成了他们的知心朋友，于是在六一儿童节的前一天，我向少先队"红领巾广播站"投了一篇稿："亲爱的同学们，明天就是你们的节日了，我真为你们感到高兴，谢谢你们对我工作的支持，最后点一首歌——《让我们荡起双桨》的歌，祝你们节日快乐。"

这些虽是一些小事情，但能感染学生、感动他人。我认为，一名优秀的教师还要激发学生的学习兴趣，培养学生的创新能力。兴趣是引导人们探索某种事物或某种活动的心理倾向，是最好的老师。教育家夸美纽斯也曾说过："兴趣是创造一个快乐和光明的教学环境的主要途径之一。"小学阶段是一个人成长的关键时期，从小培养和提高小学生的体育学习兴趣，对体育教学质量的提高乃至其终身体育能力与习惯的养成都具有重要的意义。因此，了解小学生体育兴趣的发展态势，掌握不同年级（性别）学生对体育教学内容与方法的不同要求，有利于更好地确立学生在体育教学中的地位，科学地选择和更新教学内容，采用不同的教学方法，激发学生的求知欲望和培养学生体育学习的兴趣。

首先，在平凡中创新，引发兴趣。在体育教学过程中的开始部分，如果精心设计一个"开场白"，即宣布本课教学目标要求时，根据教材内容设计，创新一些教学手段和方法，引发学生的兴趣，使其感到"课伊始，趣已生"。例如，我在教学枯燥的耐久跑时，开场白是这样设计的：同学们你们愿意旅游吗？如果我们组建一个摩托车队去旅游，是不是十分潇洒、威风！那么今天老师就带领同学们到各地旅游。在教学过程中，让学生根据教师的口令、哨音进行变速：一挡、二挡、三挡、四挡、加快、五挡、减一挡、再减一挡……一堂课下来，尽管学生很累，但从他们的表情看，他们相当兴奋。又如，利用准备活动引兴趣，青少年学生精力充沛、活泼好动，乐于接受新东西，他们不喜欢机械重复、老是"车轱辘"转似的练习模式，而喜爱变化多样、手段新颖的练习内容和教学方法，这是符合学生年龄特征的。准备活动时，如果每次都是慢跑加广播操，学生就会产生抵制情绪、提不起劲，效果也不会好。假如能结合课程任务，运用竞走、矮步走、侧身跑、后退跑、转身跑、变速跑、双人体操、多人体操、活动性游戏，以及各种队形变化练习，学生就会兴趣高涨，就能取得良好的教学效果。

再如，在教学仰卧推起成桥时，我是这样设计开始的队列练习的：在练习原地转法时，结合奥运精神，我让学生边转边喊口号"绿色奥运，有我一个，努力拼搏，永争第一"，学生们兴趣高涨，转得也齐了很多。在进行准备活动时，我创编了"拍手操"，并配上了"打花巴掌"的音乐，学生易于学习且乐于参与。拍手操是这样的，两人一组，相互拍手，"你拍一，我拍一，扩胸振臂要用力；你拍二，我拍二，活动手腕和脚腕；你拍三，我拍三，大家一起抖抖肩；你拍四，我拍四，体前侧屈做几次；你拍五，我拍五，纵跳落地要稳固；你拍六，我拍六，立卧撑须坚持住；你拍七，我拍七，双腿紧并活动膝；你拍八，我拍八，背手后仰姿势佳；你拍九，我拍九，十字交叉扭一扭；你拍十，我拍十，高抬腿时上身直；蹲一蹲，起一起，幅度大小靠自己；转一转，绕一绕，关节活动很重要。"这套拍手操深受同学们喜爱，同时也达到了活动各关节的目的。

其次是求同存异，激发兴趣；因材施教，强化兴趣。在体育教学实践中，在教学手段和方法上，我刻意求新，使学生在心理上产生一种新鲜刺激从而产生兴趣，激发求知欲。例如，在弯道跑教学中，我在场地上设计了一个较大的圆，将学生分成若干组，以接力游戏的形式在圆上练习，同样能够学习变道跑的技术。如果把教材要点编成顺口溜，学生的兴趣会更加浓厚。例如，在弯道跑教学中，我编了这样的顺口溜："直道进弯道，身体向内'倒'；右肩高，左肩低，跑起来像一架战斗机；右脚内，左脚外，克服惯性向左倾；右臂摆幅大，左臂摆幅小；在弯道上实现了加速跑。"又如，我在教学仰卧推起成桥时，顺口溜是这样的："仰卧屈肘手在后，分腿屈膝脚靠臀，挺伸臂推同用力，一座小桥真美丽。"这样不仅激发了学生的学习兴趣，同时也帮助他们掌握了动作要领。学生经过一定的努力能掌握新的知识技能会感到高兴，从而产生兴趣。因此，教学要因材施教，对学得好的学生提高目标要求，对学得差的学生加强个别辅导，如在跳高教学中，我根据学生的起始水平将他们分成 1、2、3 组，不同的组跳不同的高度，并给予分类指导，学生可以根据自己的进步自由选择等级。只要学生有收获，就很容易激发兴趣。

再次，利用游戏教学，激发兴趣。游戏对小学生来说具有特殊的吸引力，爱玩、爱活动是他们的本性。借助游戏的形式，把本来比较枯燥的内容变得富有趣味性，是激发学生兴趣的重要手段。例如，在学习队列、队形知识时，我将教学内容化整为零，分别放到几个游戏中去教学。集合、解散、立正、稍息就是通过占圈的游戏边做边提要求来完成的，课前用白粉笔画好与学生人数同样多的圈，每种不同的圈又组成一种队形图案。一上课，我们先做游戏占圈，让每个学生自由选择一个圈站好，看谁动作快。然后又指挥学生出圈，比一比谁最听指挥，重复几次，每次提要求，学生很自然地理解了集合、解散的含义，学会了立正、稍息的站姿，并能根据教师的口令作出规范的动作。以占圈游戏为基础，又让学生用所站不同形状的圈做高人和矮人的游戏。高人和矮人在游戏中互相衬托，并在方形、圆形、三角形等不同的队形图案中，依次变化着展现在学生们眼前，这时大家都兴奋起来。我抓住时机，再把换位的游戏串进去，两个游戏交替进行，使每个学生都有选择在不同队形里出现的机会，亲自体验站队的乐趣，欣赏队形千变万化的美感，享受亲自参与创造美的收获和成功的兴奋，激发了学生学习体育的兴趣。这样用游戏的形式把枯燥的练习贯穿起来，犹如给苦的良药包上一层糖衣，在增加了趣味性的同时也增加了锻炼身体的实效。

最后，重视鼓励，发展兴趣；多样放松，保持兴趣。在体育教学中，学生取得了一定的成绩，就容易产生兴趣，而且这种兴趣还会不断发展，形成某种爱好。因此，在教学中要肯定学生的成绩，积极鼓励进步，特别是对学得差一些的学生，有一点点进步也要给予肯定和表扬。体育教学有其自身特点，一堂课结束时，学生疲劳，注意力分散，兴趣淡化，这时需要采取各种生动有趣的教学形式来强化这一环节，结合教材选用游戏放松、逗笑放松、音乐放松、抖动放松等方法。例如，在雪天，随着"雪绒花"乐曲播出，学生和教师一起想象雪花在空中飞舞的种种舞姿，一起跳起雪花舞蹈，鼓励学生尽量舒展自己的身体，使学生在欢乐愉快的气氛中结束课程，做到"课已尽，趣犹存"，为上好下一堂课做好情绪方面的准备。

总之，课堂教学的改革给我们体育教师带来了全新的挑战。在体育课堂中培养学生的创新能力是一种最根本、也是最有效的方法。只有这样，才能使学生的创新能力、创新思维、观察力等得到更充分的发挥，也为学生今后达到更高层次的创新能力打下基础。在 21 世纪的今天，创新犹如夏天半空中的惊雷，敲醒了每个人的头脑，震撼了每个人的灵魂。要发展，必须创新；要立足于世界强国之林，必须创新；要培养新时代的人才，也必须创新。相信在新课程标准的指引下，未来的体育教学中，教师将不再站在学生的对面发号施令，而更像一个好朋友，备受学生的欢迎，师生之间必将形成友好的平等关系。

四　结语

上文以王立新老师的口吻讲述其从教经验。下文是笔者对王立新老师的评价。

通过多年的努力，王立新教师在北京市小学体育教学界有了较好的声誉和威望。回顾王立新教师 32 年的教学生涯，她始终热衷于体育教学研究，不断创新教学方法，勇于奉献，团结同事。凭着强烈的事业心和严谨的治学态度，她为学生的健康成长扮演了指导者和引路人的角色，在全面推进素质教育中发挥了引领和示范作用，让学生更好地感受体育课的快乐。她认为，体育教师应不断提升自己的教育教学专业水平，增强自己的课堂授课能力、科研能力、创新能力，丰富自己的教育教学理论素养，综合提升个人素质和体育素养。孔子曾说："三十而立，四十而不惑，五十而知天命。"有时候，她觉得自己不停地学习、提升、修炼，只是为了面对天命。有人说，人生中真正重要的问题不会有答案，只有选择和取舍。她说，她选择成为一名优秀教师，就要保有激情地做教育，诚恳待人、待同事。正是王立新老师本色做人、勤劳付出，才为她赢得了精彩的"体育人生"和"教育人生"。

Sport Rooted in Diligence: An Oral History of Wang Lixin, a Special-Grade Physical Education Teacher in Beijing

Wang Heng, Cheng Zhi, Sun Ke

Abstract: Wang Lixin, a special-grade and senior teacher in Beijing, has long been dedicated to primary school physical education. Transitioning from language to physical education, Wang Lixin has achieved interdisciplinary leaps, breaking down barriers between subjects and evolving into an outstanding physical education teacher. To some extent, Wang Lixin's life journey epitomizes the challenging transformation and growth of many physical education teachers. The interview suggests: (1) Professional transformation requires a solid foundation; otherwise, it's difficult to overcome risks and achieve career advancement, obtaining a better professional experience; (2) It's crucial to systematically study theoretical knowledge of physical education, continuously improve professional literacy and teaching skills, enhance the ability to organize physical education classes, and innovate teaching methods, thus achieving the integration of theory and practice in physical education; (3) Physical education teaching should empower students, ensuring substantial content, appropriate exercise intensity, and actively innovating traditional teaching models; (4) The growth of special-grade physical education teachers requires mentorship, finding suitable paths for students and teachers to develop their individuality and enhance their abilities, thus setting sail for their life ideals.

Keywords: School Physical Education; Special-Grade Physical Education Teacher; Sport and Health; Physical Education

征稿函

《体育文化与产业研究》是中国学术界第一本体育类集刊，由社会科学文献出版社出版，目前每年出版 2 辑，集刊常设栏目有名家语道、文史沉思、产业观察、青衿论坛、蒙以养正、域外传真等。

集刊来稿要求具体如下。

一、文章类型：本刊倡导学术创新，凡与体育文化及产业相关的理论研究、学术探讨、对话访谈、国外思想动态、案例分析、调查报告均可投稿。

二、基本要求：投稿文章一般以 1 万~1.5 万字为宜，须未公开发表，内容严禁剽窃，学术不端检测重复率低于 15%，文责自负。

三、格式规范：符合论文规范，包含标题、作者（姓名、单位、职务、研究方向）、摘要（100~300 字）、关键词（3~5 个）、正文（标题不超过 3 级，各级标题用阿拉伯数字连续编号）、参考文献（也可文中采用页下注释体例，每页编序码，序号用①②③标示）、英文标题、英文摘要等。

四、注释规范如下。

1. 专著

（1）标注顺序

责任者与责任方式：文献题名、出版者、出版年份、页码。

（2）示例

赵景深：《文坛忆日》，北新书局，1948，第 43 页。

谢兴尧整理《荣庆日记》，西北大学出版社，1986，第 175 页。

〔日〕实藤惠秀：《中国人留学日本史》，谭汝谦、林启彦译，生活·读书·新知三联书店，1983，第 11~12 页。

2. 析出文献

（1）标注顺序

责任者：析出文献题名，"载"文集责任者与责任方式文集题名，出版者，出版年份，页码。

文集责任者与析出文献责任者相同时，可省去文集责任者。

（2）示例

杜威·佛克马：《走向新世界主义》，载王宁、薛晓源编《全球化与后殖民批评》，中央编译出版社，1998，第247~266页。

鲁迅：《中国小说的历史的变迁》，载《鲁迅全集》第9册，人民文学出版社，1981，第325页。

3. 古籍

（1）标注顺序

责任者：析出文献题名，文集责任者与责任方式：文集题名卷册次数，丛书项，卷册次数，版本或出版信息，页码。

（2）示例

肯志道：《答屠仪部赤水文书》，《续问辨牍》第2卷，《四库全书存目丛书》第88册，齐鲁书社，1997，第73页。

4. 期刊

（1）标注顺序

责任者：文献题名，期刊名年期。

（2）示例

何龄修：《读顾诚（南明史）》，《中国史研究》1998年第3期。

5. 网络

若存在相同内容的纸质出版物，应采用纸质出版物的文献来源。若唯有网络来源则标注顺序为：

责任者：电子文献题名，站名，文献标注日期，访问路径。

五、其他说明

1. 来稿请注明作者姓名、工作单位、职务或职称、学历、主要研究领域、通信地址、邮政编码、联系电话、电子邮箱地址，以便联络。

2. 来稿请勿一稿多投，自投稿之日起一个月内未收到备用或录用通知者，可自行处理。编辑部有权对来稿进行修改，不同意者请在投稿时注明。

投稿邮箱：tywhycy@163.com　　　　　联系电话：18519253001

《体育文化与产业研究》编辑部

图书在版编目（CIP）数据

体育文化与产业研究. 第 5 辑 / 孙科主编. -- 北京：
社会科学文献出版社，2024.7. -- ISBN 978-7-5228
-3949-3

Ⅰ. G80-054；G812-53

中国国家版本馆 CIP 数据核字第 2024BV7819 号

体育文化与产业研究（第 5 辑）

主　　编／孙　科

出 版 人／冀祥德
组稿编辑／任文武
责任编辑／王玉霞
责任印制／王京美

出　　版／社会科学文献出版社·生态文明分社(010)59367143
　　　　　地址：北京市北三环中路甲 29 号院华龙大厦　邮编：100029
　　　　　网址：www.ssap.com.cn
发　　行／社会科学文献出版社（010）59367028
印　　装／三河市东方印刷有限公司

规　　格／开 本：787mm×1092mm　1/16
　　　　　印 张：17　字 数：297千字
版　　次／2024 年 7 月第 1 版　2024 年 7 月第 1 次印刷
书　　号／ISBN 978-7-5228-3949-3
定　　价／98.00 元

读者服务电话：4008918866

▲ 版权所有 翻印必究